대한민국의 마지막 기회

제4차 산업혁명

대한민국의 마지막 기회 제4차 산업혁명

2019년 11월 10일 초판 인쇄
2019년 11월 15일 초판 발행

지은이 김문수
펴낸이 이찬규
펴낸곳 북코리아
등록번호 제03-01240호
주소 [13209] 경기도 성남시 중원구 사기막골로 45번길 14
우림 2차 A동 1007호
전화 02-704-7840
팩스 02-704-7848
이메일 sunhaksa@korea.com
홈페이지 www.북코리아.kr
ISBN 978-89-6324-677-2(03320)

값 15,000원

대한민국의 마지막 기회

제4차 산업혁명

김문수 지음

북코리아

목차

3부 미·중 문명 교체 헤게모니

4부 세계는 그리고 우리나라는

프롤로그

4차 산업혁명의 본질적 의미를 한마디로 요약한다면 '현대 문명의 패러다임 변화'라고 말할 수 있다. 이런 변화를 몰고 온 것은 먼저 스마트폰 하나로 일상의 모든 것을 해결하며 살아가는 신인류의 출현이다. 여기에다 디지털 소프트웨어에 기반한 다양한 신기술의 발전으로 초(超)연결 사회가 구축되면서 4차 산업혁명이 문명교체의 새로운 패러다임으로 그 실체를 드러내고 있다.

무엇보다 신인류가 체득해 온 디지털 세계의 경험치가 기성세대와는 전혀 다르다. 신인류의 사고구조와 눈높이가 기성세대와 완전히 차별화될 수밖에 없는 이유이다. 그들이 추구하는 소비욕망과 생활양식 그리고 디지털 소프트웨어 기술의 융합에 따른 새로운 차원의 이해가 전혀 다른 세계를 펼쳐 나가고 있는 것이다.

4차 산업혁명은 이미 3년 전인 2016년 스위스 <다보스포럼>의 의제였음에도 불구하고 여전히 일각에서는 기술적 문제를 놓고 왈가왈부하고 있다. 특히 《엔트로피》, 《소유의 종말》, 《바이오테크 시대》의 저자로 유명한 경제학자 제레미 리프킨은 3차 산업혁명은 있어도 4차 산업혁명은 없다고 말한다. 지금 변화하고 있는 각종 현상은 3차 산업혁명의 연장선상에 있을 뿐이라고 주장한다.

그러나 이들이 4차 산업혁명을 부정하는 것은 이 혁명의 기술적인 한 면만 바라보고 포노 사피엔스(Phono Sapiens), 폰을 든 신인류의 도래라는 또 다른 측면을 간과하고 있거나 이해가 턱없이 부족한 탓이다. 4차 산업혁명은 1~3차 산업혁명에 이어 진보한 기술의 발전으로 이룩되는 기존의 '산업혁명'과는 차원(dimension)이 근본부터 다르다.

무엇보다 데이터(data)를 보면 스마트폰을 든 신인류의 선택에 따라 거대한 움직임이 일어나고 있음을 분명하게 알 수 있다. 이들 신인류의 행동 변화를 정확히 포착하지 못하면 이젠 누구도 살아남기 어렵다는 것을 데이터가 잘 증명하고 있다. 스마트폰족이 좋아하는 삶의 방식에 새로운 비즈니스 모델을 적용해 기존 문명을 가차 없이 파괴하면서 성장한 거대 기업들이 4차 산업혁명 시대의 주역으로 속속 등장하고 있기 때문이다.

또한 냉혹한 자본의 눈은 언제나 미래 주역 기업을 정조준해 왔다. 2019년 10월 19일 현재 시가총액 기준으로 거대 기업들의 면모를 들여다보자. 문자 그대로 모든 것을 한꺼번에 바꿔 버리는 가히 '혁명'이라고밖에는 달리 말할 수 없다. 특히 신인류의 등장과 함께 디지털 전환(digital transformation) 기술에 기반한 기업들이 기존의 제조업 공룡기업들을 완전히 무력화하고 있다.

이러한 엄청난 변화는 불과 몇 년 사이에 스마트폰이 대중화하면서 벌어지고 있는 현상이다. 그리고 이 엄청난 변화에 자본이 주목하면서 현대 문명의 시스템을 빠르게 교체하고 있다. 바로 이런 자본의 흐름이야말로 새로운 패러다임의 주체인 4차 산업혁명의 핵심(core) 메시지로 읽히기에 충분하다.

특히, 필자는 이 책을 통해 현재 우리의 눈앞에서 국내는 물론 전 세계적으로 치열하게 펼쳐지고 있는 4차 산업혁명의 분명한 모습을 데이터와 팩트로 증명하면서 설득력을 제고하려고 노력했다. 따라서 독자들은 이 책 한 권으로 4차 산업혁명의 모습을 가장 쉽고 분명하게 이해할 수 있을 것이라고 확신한다.

1부 '폰을 든 신인류가 왔다'에서는 4차 산업혁명의 주역인 스마트폰을 든 신인류가 어떻게 현대문명사회를 파괴하며 문명교체의 거대한 변화를 이끌고 있는가를 데이터를 통해 논증하면서 현실의 변화를 직접 눈과 피부로 느낄 수 있도록 정리했다.

2부 '4차 산업혁명의 핵심기술'은 현재 이 혁명을 이끌고 있는 10가지 핵심기술에 대한 구체적인 이해를 바탕으로 이들 기술이 어떻게 진보하고 있으며, 또 서로 초(超)융합을 통해 기존의 현대문명을 교체하고 있는가를 팩트를 근거로 이해할 수 있도록 제시했다.

3부 '미·중 문명교체 헤게모니'는 전 세계 1, 2위 경제대국인 미국과 중국 사이에 2018년 7월부터 본격적으로 벌어지고 있는 무역전쟁의 본질은 바로 4차 산업혁명이라는 것을 분명한 데이터와 팩트로 정리했다.

4부 '세계는 그리고 우리나라는'은 전반부에서 미국과 중국을 중심으로 벌어지고 있는 국제사회의 패권 헤게모니 싸움에서 과연 누가 승자인가를 분명하게 알리려고 집중했다. 중후반부는 우리 대민한국 4차 산업혁명의 현주소를 데이터로 분석하고 우리가 직면한 문제점과 이를 극복할 방법, 그리고 미래 자랑스러운 대한민국의 모습을 그려보았다.

끝으로, 《대한민국의 마지막 기회: 4차 산업혁명》이라는 이 책은 현재까지 나와 있는 기존의 4차 산업혁명 관련 책들과는 본질적으로 다르다는 것을 자신한다. 지금까지 나와 있는 책은 대개 4차 산업혁명 기술에 치우쳐 있어 전문가가 아니면 이해하기 어렵다. 그러나 이 책은 누구든 국제사회가 변화하고 있는 현재와 미래를 정확히 파악할 수 있도록 했다. 따라서 대한민국 젊은이를 비롯해 일반 대중과 지식인은 물론, 특히 관료와 지도층이 이 책을 반드시 읽기를 권한다.

1부 폰을 든 신인류가 왔다

새로운 산업혁명의 물결

세계는 지금 새로운 변화의 물결이 쓰나미(지진해일)같이 덮쳐오고 있다. 어린 시절부터 컴퓨터에 익숙하고 스마트폰을 손에 쥐고 성장한 새로운 유형의 인류(new human beings)와 더불어 디지털 소프트웨어(digital software) 기술이 결합해 현대 문명의 패러다임(paradigm)을 송두리째 바꿔 가고 있다.

1980~1996년에 출생해 벌써 20대 중반에서 40대로 훌쩍 성장한 스마트폰족은 기성세대와 전혀 다른 행동양식을 보인다. 이들은 스마트폰으로 음악을 감상하고 영화를 보고 뉴스를 검색한다. 그리고 은행업무, 카드결제, 택시비, 백화점 쇼핑, 호텔 및 항공권 예약 등 일상에서 일어나는 다양한 일을 시간과 공간의 제약을 받지 않고 해결해 버린다.

스마트폰을 신체의 일부처럼 여겨 온 신인류(포노 사피엔스: Phono Sapiens)가 치열하게 추구하는 욕망과 디지털기술의 혁명이 어우러져 전혀 다른 차원(dimension)의 문명사회를 구축하고 있다. 포노 사피엔스는 영국 시사주간지 이코노미스트 2015년 특집기사 "포노 사피엔스 시대가 도래했다"에서 유래한다. 이는 지혜가 있는 인간이라는 의미의 호모 사피엔스에 빗대 포노 사피엔스라는 용어를 처음 사용했다.

현대 문명 질서를 바닥부터 뒤흔들고 있는 이 혁명적 변화를 지켜보던 세계경제포럼 회장인 클라우스 슈바브(Klaus Schwab) 박사는 급기야 2016년 1월 이 문제를 스위스 다보스포럼의 의제(agenda)로 상정했다. 당시 포럼(forum)에는 전 세계에서 온 19명의 의제 관련 석학 및 전문가들을 비롯한 각국의 전·현직 대통령과 총리, 경제장관, 다국적기업 총수 등 전 세계 지도자 400여 명이 한자리에 모였다. 참가자들은 심도 있는 주제 발표와 격렬한 토론을 벌였다. 현대 문명이 급변하는 원인과 함께 미래 사회의 방향과 변화를 집중 분석하고 조명한 것이다.

이 엄청난 변화가 과거 제1~3차 산업혁명에 이어 새롭게 진보한 또 다른 하나의 기술발전은 아니라는 것이 밝혀졌다. 기존의 산업혁명은 기술발전이 문명사회의 변화를 주도했다. 하지만 지금 구미 선진국을 비롯해 아시아 중국과 일본 등지에서 거세게 불고 있는 이 혁명적 변화는 전혀 다른 양상을 띠고 있다는 것이다. 포노 사피엔스라는 신인류의 출현과 디지털 기술혁명이 맞물려 전례 없는 문명의 교체가 빠르게 진행되고 있다는 것을 간파한 셈이다.

당시 포럼은 디지털 기술에 기반한 '인공지능(AI)', '빅데이터', '로봇', '사물인터넷(IoT)', '자율주행자동차', '3D프린터', '5G(차세대 통신장비)', '드론(Drone)', '플랫폼', '블록체인', '생명공학(Bio-tech)' 등을 현대 문명 교체를 주도하고 있는 핵심 기술로 꼽았다. 디지털 소프트웨어가 신인류의 욕망을 구현하는 도구로 활용되고, 디지털 가상세계와 오프라인 현실 세계가 융합하면서 변화·발전하는 미래 세계는 가늠조차 어렵다고 토로한다. 신인류의 욕망과 디지털 소프트웨어가 지구상 75억 명의 전 인류를 문명 교체의 격랑 속으로 몰아넣고 있다고 진단한 것이다.

당시 포럼에서 밝혀진 가장 충격적인 사실은 제4차 산업혁명이 진행되면서 새로운 패러다임의 틀(frame)이 어느 정도 세팅될 향후 10년쯤에는 현재 직종 가운데 63% 이상이 사라진다는 것이다. 특히 라이선스(licence) 하나로 반세기 이상 최고의 수익과 인기를 누려온 의사, 약사를 비롯해 변호사, 회계사, 변리사 등의 고급 일자리는 80% 이상 종적을 감추게 된다는 사실이다. 이와 함께 가장 안정되고 유망한 직장으로 불리는 방송과 신문, 은행, 대형 유통산업, 대기업, 공기업, 공직 등 양질의 '철밥그릇'들도 인공지능을 장착한 로봇이 활동하는 날 대부분 자취를 감추게 된다는 것이다.

현대 문명세계를 근본부터 뒤흔드는 이 거대한 변화의 바람은 이미 2011년부터 북미의 미국에서 비롯됐다. 이어 서유럽 선진국 독일, 영국, 프랑스, 이탈리아, 네덜란드, 덴마크, 벨기에 그리고 중동의 이스라엘과 아시아의 이웃 중국과 일본에서도 강하게 불고 있다. 지금 세계는 선진국을 중심으로 디지털로 구성된 사이버 세상의 새로운 기술 융합을 통해 업종 및 산업 간 경계를 허물며 불꽃 튀는 신산업, 신기술 경쟁이 벌어지고 있다.

2016~2019년 불과 4년 사이에 미국 산업계에는 일대 변혁이 일어나고 있다. 30년 이상 최고 지위를 누려온 엑손모빌 등 거대 에너지기업과 JP모건, 골드만삭스 같은 글로벌 금융 리더, GE와 GM, 코카콜라, 맥도널드 등 굴지의 제조회사가 모두 순위권 밖으로 밀려났다. 그리고 그 자리를 스마트폰을 든 신인류가 창업한 페이스북을 비롯해 구글, 애플, 아마존, 마이크로소프트, 알리바바, 텐센트 등이 꿰찼다. 이들은 디지털 기술에 간단한 아이디어 하나로 혁신을 이룬 거대 공룡기업이다. 불과 몇 년 전만 해도 상상조차 하지 못한 일들이 지금 눈앞에서 생생하게 펼쳐지고 있다.

다보스포럼은 이제 시장에서 소비자의 선택을 받은 기업만이 생존하는 방향으로 패러다임이 거칠게 재편되고 있다는 결론을 내린다. 그리고 이를 현재 진행되고 있는 냉혹한 문명 전환의 가차 없는 메시지라고 진단한다. 클라우스 슈바브 회장은 지금 미국과 선진 문명사회에서 일어나고 있는 이 엄청난 변화를 '제4차 산업혁명(The Fourth Industrial Revolution Or Industry 4.0)'으로 명명한다. 그리고 제4차 산업혁명의 핵심은 디지털, 물리적, 생물학적 경계가 없는 새로운 기술의 초(超)융합으로 정의한다.

제4차 산업혁명은 아직 우리 눈에 그 모습이 잘 보이지 않는다. 하지만 이미 그에 따른 변화는 분명 엄청난 힘을 발휘하고 있다. 지금 국내서도 많은 전문가가 2~3년 전부터 제4차 산업혁명 시대 도래를 주창하며 '전도'에 열을 올리고 있다. 문제는 다양한 분야에서 진행되는 제4차 산업혁명을 저마다 자신의 전문분야만을 집중 조명하고 있다는 것이다. 그러나 이 혁명은 폰을 든 신인류와 디지털 기술에 기반한 다양한 기술의 초연결을 통해 매우 복합적이고 광범위하게 진행되고 있다. 그래서 그 누구도 제4차 산업혁명을 쉽게 이해할 수 있도록 총체적 해설을 내놓지 못하고 있는 실정이다. 이런 부분이 제4차 산업혁명과 관련한 강의를 수없이 듣고도 도무지 뭐가 뭔지를 이해하기가 어렵다고 말하는 이유이다.

제4차 산업혁명을 제대로 이해하려면 먼저 스마트폰이 없이는 일상생활이 어려운 20~40대를 이해하고 그들이 몰고 온 거대한 변화의 원인을 제대로 파악해야 한다. 그리고 제4차 산업혁명의 핵심 기술이 무엇이며 이들 기술이 앞으로 인류사회를 어떻게 변화시켜 나갈 것인가를 알아야 한다. 필자는 2016년 1월 다보스포럼에서 나온 자료를 읽고 미래 인류 앞에 펼쳐질 변화에 큰 충격을 받았다. 그 후 제4차 산업혁명을 좀 더 정확하게 알기 위해 노력했다. 지난 4년 동안 국제문제 분석과 전문 기자의 눈으로 광범위한 취재와 심도 있는 진단을 통해 제4차 산업혁명을 누구나 쉽게 이해할 수 있도록 조명해 보았다.

신인류와 자본이 주는 메시지

제4차 산업혁명의 본질적 의미를 '현대 문명의 패러다임 변화'라고 한마디로 요약할 수 있다. 이런 변화를 몰고 온 것은 먼저 스마트폰 하나로 일상의 모든 것을 해결하며 살아가는 신인류의 출현이다. 여기에다 디지털 소프트웨어에 기반한 다양한 신기술의 발전으로 초연결 사회가 구축되면서 제4차 산업혁명이 문명교체의 새로운 패러다임으로 그 실체를 드러내고 있다. 무엇보다 신인류가 체득해 온 디지털 세계의 경험치가 기성세대와는 전혀 다르다. 신인류의 사고구조와 눈높이가 기성세대와 완전히 차별화될 수밖에 없는 이유이다. 그들이 추구하는 소비욕망과 생활양식 그리고 디지털 소프트웨어 기술의 융합에 따른 다른 차원의 이해가 새로운 세계를 펼쳐 나가고 있는 것이다.

제4차 산업혁명은 이미 4년 전 다보스포럼의 의제였음에도 불구하고 여전히 일각에선 기술적 문제를 놓고 왈가왈부하고 있다. 특히 《엔트로피》, 《소유의 종말》, 《바이오테크 시대》 저자로 유명한 경제학자 제러미 리프킨(Jeremy Rifkin)은 제3차 산업혁명은 있어도 제4차 산업혁명은 없다고 주장한다. 지금 변화하고 있는 각종 현상은 제3차 산업혁명의 연장선상에 있다고 말한다. 이들이 제4차 산업혁명을 부정하는 것은 이 혁명의 한 면만 바라보고 신인류의 도래라는 또 다른 측면을 간과하고 있거나 이해가 턱없이 부족한 탓이다.

무엇보다 데이터(data)를 보면 스마트폰을 든 신인류의 선택에 따라 거대한 움직임이 일어나고 있음을 분명하게 알 수 있다. 이들 신인류의 행동 변화를 정확히 포착하지 못하면 누구도 살아남기 어렵다는 것을 데이터가 잘 증명하고 있다. 스마트폰족이 좋아하는 삶의 방식에 새로운 비즈니스 모델을 적용해 기존 비즈니스를 가차 없이 파괴하면서 성장한 거대

스마트폰을 신체의 일부처럼 여겨 온 신인류(포노 사피엔스: Phono Sapiens)가 치열하게 추구하는 욕망과 디지털기술의 혁명이 어우러져 전혀 다른 차원(dimension)의 문명사회를 구축하고 있다. 대부분 4차산업혁명을 대표하는 거대 기업은 이들 신인류가 새롭게 구축해가고 있다.

기업이 제4차 산업혁명 시대의 주역으로 속속 등장하고 있기 때문이다.

또한 냉혹한 자본의 눈이 항상 미래 주역 기업을 정조준해 왔다. 2019년 11월 1일 현재 시가총액 기준으로 거대 기업들의 면모를 들여다보자. 문자 그대로 모든 것을 한꺼번에 바꿔 버리는 가히 '혁명'이라고 밖에는 달리 말할 수 없다. 특히 신인류의 등장과 함께 디지털 전환(digital transformation) 기술에 기반한 기업이 기존의 제조업 공룡기업을 완전히 무력화하고 있다.

이러한 엄청난 변화는 불과 몇 년 사이에 스마트폰이 대중화하면서 벌어지고 있는 현상이다. 그리고 이 엄청난 변화에 자본이 주목하면서 현대 문명의 시스템을 빠르게 교체하고 있다. 바로 이런 자본의 흐름이야말로 새로운 패러다임의 주체인 제4차 산업혁명의 핵심(core) 메시지로 읽히기에 충분하다.

[2019년 11월 1일 기준, 전 세계 10대 기업 시가총액]

1	애플(미국)	1,068억 달러
2	마이크로소프트(미국)	1,057억 달러
3	아마존(미국)	869억 달러
4	구글(미국)	862억 달러
5	페이스북(미국)	530억 달러
6	버크셔 헤서웨이(미국)	511억 달러
7	알리바바(중국)	440억 달러
8	텐센트(중국)	403억 달러
9	JP모건 체이스(미국)	385억 달러
10	존슨앤드존슨(미국)	337억 달러

[2019년 11월 1일 기준, IT·인터넷 부문 전 세계 10대 기업 시가총액]

1	애플(미국)	1,068억 달러
2	마이크로소프트(미국)	1,057억 달러
3	아마존(미국)	869억 달러
4	구글(미국)	862억 달러
5	페이스북(미국)	530억 달러
6	알리바바(중국)	440억 달러
7	텐센트(중국)	403억 달러
8	삼성전자(대한민국)	280억 달러
9	TSMC(대만)	245억 달러
10	인텔(미국)	227억 달러

[2019년 11월 1일 기준, 자동차 부문 전 세계 15대 기업 시가총액]

1	도요타(일본)	221억 달러
2	폭스바겐(독일)	95억 달러
3	메르세데스 벤츠(다임러)(독일)	64억 달러
4	우버(미국)	54억 달러
5	제너럴모터스(GM)(미국)	51억 달러
6	BMW(독일)	48억 달러
7	혼다(일본)	48억 달러
8	테슬라(미국)	46억 달러
9	아우디(독일)	39억 달러
10	상하이자동차(중국)	38억 달러
11	포드(미국)	36억 달러
12	볼보(스웨덴)	31억 달러

13	닛산(일본)	26억 달러
14	현대차(대한민국)	26억 달러
15	푸조(프랑스)	24억 달러

2019년 11월 1일 시가총액 기준으로 데이터가 보여 주는 전 세계 10대 기업의 면모다. 특히 미국의 애플, 마이크로소프트, 아마존, 구글, 페이스북 등 5개 ICT 기업의 약진이 두드러진다. 미국에서는 흔히 이들 기업을 '독수리 5형제'라고 부른다. 바로 이들이 스마트폰을 든 신인류가 주목하는 제4차 산업혁명의 주력 기업이다. 이들의 시가총액은 무려 4,386억 달러에 달한다. 태어난 지 불과 10~40여 년밖에 안 되는 5개 청년기업이 100년 또는 적어도 반세기 이상 전통을 이어 온 거대 기업을 모두 10위권 밖으로 내몰아 버렸다.

이 어마어마한 자본은 모두 스마트폰을 들고 일상을 즐기는 신인류가 직접 창업했거나 현재 제4차 산업혁명을 선도하는 기업에 주목하고 투자한 돈이다. 이미 전 세계의 엄청난 자본은 현대 문명을 교체하는 새로운 패러다임을 정확히 읽고 있는 것이다.

이젠 누가 뭐래도 냉혹한 자본의 눈은 제4차 산업혁명을 현실에서 직접 피부로 느끼게 한다. 그리고 스마트폰족이 이끄는 이 혁명은 먼저 미국과 중국을 중심으로 요원의 불길처럼 번지고 있다. 이들 세계 10대 기업 가운데 미국의 '독수리 오형제' 기업과 이미 세계 톱10 반열에 오른 중국의 유통업체 알리바바와 게임업체 텐센트 등 제4차 산업혁명을 주도하는 7개 기업의 시가총액만도 5,229억 달러이다. 이미 거대 자본은 폰을 든 신인류가 추구하는 신문명을 선택했다는 것을 보여 준다.

언제나 그랬듯 자본의 힘이 곧 문명을 교체하는 중요한 핵심 요인이라는 것은 두말할 필요가 없다. 우리나라가 이제는 머뭇거리거나 좌고우면할 겨를이 없다. 자본은 이미 빠르게 제4차 산업혁명 쪽으로 방향을 잡고 문명 교체를 위한 당찬 진군의 팡파르를 울려버린 것이다. 이들 세계 10대 기업 외에도 스마트폰족을 대상으로 한 벤처(Start-up) 기업이 수없이 등장하고 있다. 디지털 기술에 간단한 아이디어 하나 달랑 보태어 수십조 원 가치의 기업으로 성장한 업체가 속속 등장하고 있다.

세계 10 브랜드 가치

애플이 2,342억 달러로 1위, 2위 구글(1,677억 달러), 3위 아마존(1,253억 달러), 4위 마이크로소프트(1,088억 달러), 5위 코카콜라(634억 달러) 등 미국에 거점을 둔 기업이 차지했다. 6위 삼성전자에 이어 7위는 토요타(562억 달러), 8위 메르세데스-벤츠(508억 달러), 9위 맥도널드(454억 달러), 10위 디즈니(444억 달러) 순이있다.

삼성전자가 2019년 10월 17일(미국 현지시간) 글로벌 브랜드 컨설팅 전문업체 인터브랜드(Interbrand)가 발표한 '글로벌 100대 브랜드(Best Global Brands)'에서 브랜드 가치가 사상 최대인 611억 달러를 기록했다. 올해 삼성전자 브랜드 가치는 지난해 599억 달러보다 2% 상승해 처음으로 600억 달러를 돌파했다. 순위는 6위로 지난해와 동일하다.

1조 원 기업 벤처 유니콘 속속 등장

호텔방을 단 한 개도 가지고 있지 않은 에어비앤비(AirBnB: Air Bed and Breakfast)가 시가총액 43조 원을 넘어섰다. 이는 전 세계 8만 개의 호텔방을 가진 100년 전통의 글로벌 기업 힐튼(30조 원)보다 기업가치가 더 높다. 또 차 한 대 소유하고 있지 않은 우버(Uber)는 어떤가. 승객과 운송차량을 연결해 주는 모바일 서비스라는 간단한 아이디어 하나로 기업가치가 1,200억 달러에 달한다. 이는 연간 1,500만 대의 차를 생산하는 GM(516억 달러)과 피아트 크라이슬러(342억 달러), 포드(209억 달러) 등 미국의 3대 자동차회사의 기업가치를 합친 것(1,067억 달러)보다 더 높다. 중국에서는 알리페이(Alipay), 위챗페이(WeChatpay)가 모바일 서비스로 14억 인구 대국의 카드문화를 모조리 바꾸어 놓았다.

이처럼 스마트폰족 신인류의 욕망과 함께 디지털 기술의 새로운 패러다임이 이제는 방송, 금융, 유통, 호텔, 택시, 의료, 법조 등은 물론이고 제조업 분야까지 엄청난 변화를 주도하고 있다. 새로운 일자리가 생기는 곳에서는 어디서나 제4차 산업혁명이 우리의 일상 속으로 파고들고 있다. 이제 우리가 애써 지키고 방어하려고 하는 기업은 점점 힘이 약해지면서 설 자리를 잃어 가고 있다. 반면 스마트폰족의 소비패턴이나 행동양식과 관련한 새로운 아이디어를 조금만 보태면 모든 것이 엄청난 성공의 기회로 다가오고 있다. 그야말로 이전엔 듣도 보도 못한 문명 교체의 시대가 도래한 것을 누구도 부인할 수 없다.

지금 성공한 기업들은 모두 소비자의 미세한 욕구에 따라 편의를 제공하고, 그들이 좋아하는 분야를 개척해 숨 막히는 경쟁에서 승리한 자들이다. 지금 이 시간에도 기업가치 1조 원이 넘으며 유니콘(Unicorn)으로 불리는 벤처기업들이 빠르게 모습을 드러내고 있다. 특히 스마트폰족의 행동양식을 먼저 이해하고 있는 미국과 중국을 중심으로 우후죽순처럼 생겨나고 있다. 2014년까지만 해도 25개에 불과했던 유니콘이 2019년 말까지 500개를 넘어설 것으로 예상된다. 이들 기업이 성장하고 있는 것은 세계 벤처시장의 유동성을 바탕으로 기존 대기업과 협력해 혁신 성장을 빠르게 이룩한 결과이다.

무엇보다 이들 대부분이 스마트폰족을 대상으로 한 마케팅 기업이다. 이제 시장에서는 소비자에게 선택받은 기업만이 생존할 수 있다는 것은 법칙(Rule)이 돼버렸다. 소비자에게 외면받는 기업은 투자를 받을 수 없다. 투자가 이뤄지지 않는 기업은 퇴출할 수밖에 없는 것이 냉혹한 기업문화다. 그리고 지금 이런 방향으로 세계 자본의 패러다임이 재편되고 있다는 것을 그 데이터가 증명하고 있다.

우리가 일상에서 피부로 확연히 느낄 수 있는 변화는 현재 미국과 중국에서 거세게 휘몰아치고 있다. 실제로 지금 미국과 중국에서 벌어지고 있는 폰을 든 신인류가 그려 가는 거대한 변화의 모습을 '제4차 산업혁명'이라고밖에 달리 부를 수 없는 노릇이다. 물론 나라마다 자국의 경쟁력 있는 선진 신기술과 관련해 이를 다양한 이름으로 표현하고 있다. 하지만 근본적인 의미는 바로 이 제4차 산업혁명의 또 다른 이름일 뿐이다.

뉴욕대학(NYU)의 스콧 갤러웨이(Scott Galloway) 교수는 최근 자신이 쓴 책《더 포(The Four)》에서 제4차 산업혁명을 선도하는 애플, 아마존, 페이스북, 구글 등 4개 기업이 현대 문명과 인류의 습관을 바꿨다고 주장한다. 그러면서 이들 4개 기업의 제품이나 소프트웨어 콘텐츠(software contents)를 잘 활용하는 것이 곧 현대 사회의 표준(model)이라고 갈파한다.

이미 미국 유수 대학에서는 제4차 산업혁명을 선도하는 이들 기업과

산·학·연 협동으로 새로운 비즈니스 프로그램을 만들어 실행하고 있다. 핵심 교육과정은 제4차 산업혁명이라는 신문명을 어떻게 올바로 이해하고 함께 발전해 나갈 것인가에 대한 전략적 고민이 깊게 배어 있다. 어떻게 스마트폰을 잘 사용하는 신인류를 자신들의 고객으로 모셔올 수 있을까. 신인류가 추구하는 미디어 소비패턴은 무엇일까. 광고를 하지 않아도 고객이 스스로 찾아오게 하는 방법이 무엇일까를 연구하고 있는 것이다. 다시 말해 어떻게 하면 전혀 다른 이 시장의 생태계에서 모든 걸 바꿀 힘을 가질 것인가를 교육의 핵심 내용으로 삼고 있다.

이제 우리는 스마트폰족이 끝없이 추구하는 소비욕망과 함께 가상세계와 현실세계를 융합하는 디지털 트랜스포메이션의 파워가 주도하는 새로운 문명의 패러다임이 바로 제4차 산업혁명의 본질이라는 것을 인정해야 한다. 그리고 이 엄청난 혁명적 변화의 대열에 동참할 채비를 갖추지 않으면 안 된다. 지금도 한발 늦었다. 하루빨리 준비하지 않으면 미래에 설 자리가 없어진다는 것을 명심해야 한다. 우리는 이미 1780년대 영국에서 일어난 제1차 산업혁명의 대열에서 탈락하면서 이후 200년 동안 가난의 설움과 선진국의 횡포를 뼈저리게 경험한 바 있다.

실제로 우리나라는 지금 이 혁명의 대열에서 성공할지 탈락할지 모르는 절체절명의 기로에 서 있다. 이 대열에서 성공하게 된다면 이전 제1~3차 산업혁명에서 누리지 못한 엄청난 각종 특혜를 톡톡히 누리게 될 것이다. 반대로 탈락할 경우 새로운 현대 문명의 질서에서 과거 산업혁명에서 탈락했을 때보다 더 가혹한 시련을 겪어야 한다는 것은 불을 보듯 뻔하다.

이제 올바른 선택과 집중, 미래 성공을 위해 제4차 산업혁명의 가장 기본적인 상식부터 이해할 필요가 있다. 그래야 현재 우리 국민 모두 갇혀 있는 대중의 시선에서 벗어날 수 있다. 그리고 이 제4차 산업혁명의 대열에 동참하게 될 동력을 얻게 될 것이다. 지금부터라도 이미 우리 곁에 와 있고 또 상상하기조차 힘든 거대한 변화의 미래 물결인 제4차 산업혁명에 전 국민이 관심을 가지고 올바른 방향을 함께 모색해 가야 할 것이다. 그렇지 않으면 우리의 미래는 암울하다.

살갗까지 파고든 위기의 산업들

방송과 신문의 위기

혁명적 변화가 일상의 곳곳에서 나타나고 있다. 이는 단순한 디지털 기술의 진보에만 의존한 변화가 아니다. 우리가 당장 현실에서 피부로 느낄 수 있는 것은 디지털 기술발전과 함께 스마트폰을 든 신인류 때문이다. 이들은 과거 대중매체가 던져주는 정보에 종속된 기성세대와는 차원이 다른 사고구조를 지닌 세대이다. 신인류는 기존의 기업문화와 전혀 다른 문화를 만들어 내고 있다. 기존 시장 질서를 재편할 만큼 고객의 마음을 얻을 수 있는 매력적인 제품이나 서비스, 아이디어를 가진 '킬러 콘텐츠(killer contents)'에 새로운 스토리를 입혀서 혁신적인 벤처기업 창업을 착착 진행하고 있다. 이는 선진국을 중심으로 전 세계 40억 명 이상이 일상으로 모바일을 손에 들고 살아간다는 점에 착안한 것이다.

가장 현저하게 변해 가는 곳이 바로 미디어 생태계다. 미국에서는 백악관 위에 군림한다는 방송과 신문이란 철옹성 기업이 급속히 허물어지고 있다. 미국은 2008년 이후 신문·방송 소비자 중 50% 이상이 기존 시장을 떠났다. 우리에게 매우 익숙한 신문인 뉴욕타임스(NYT)와 워싱턴포스트

(WP)는 2010년 이후 수차례 파산 위기에 내몰리고 있다. 신인류 미디어 소비자들은 유선 TV와 종이 신문 구독을 끊고 인터넷 포털 사이트에서 뉴스를 검색한다. 유튜브 같은 소셜네트워크서비스(SNS)를 통해 자신이 원하는 것에만 집중한다. 또 영화나 드라마는 넷플릭스(Netflix) 같은 VOD서비스로 교체한다. 미디어 생태계가 바닥부터 흔들리고 있는 이유이다. 모두 스마트폰을 든 신인류의 출현과 맞물려 있다.

미디어 생태계 위기는 우리나라가 특히 심각하다. KBS, MBC, SBS 등 지상파 3사의 매출이 스마트폰이 본격 대중화된 2012년 이후 불과 6년 만인 2018년에 반 토막 났다. MBC는 2019년 7월 비상경영을 선포했다. 신문은 방송보다 더 심각하다. 2007년 구독률 73%에서 2017년 34%였다가 2019년 현재 10%대로 추락해 버렸다. 이미 20~40대는 신문과 방송을 거의 보지 않는다. 문제는 시간이 지나면서 시청률과 구독률 감소가 더욱 심화된다는 것이다. 일반 기업논리로 보면 이미 미디어 관련 종사자들은 구조조정으로 50% 이상 자리를 떠났어야 마땅하다.

미국에서는 스포츠 중계나 주식 등 주로 수치 데이터에 기반한 기사는 거의 인공지능(로봇)이 작성하고 있다. 향후 5년이면 현재 기자들이 쓰는 기사뿐 아니라 칼럼, 사설까지 인공지능이 대신 작성하게 된다. 많은 분야에서 인공지능이 쓴 기사가 기자들이 쓴 글보다 더 낫다는 평가를 받고 있다. 하물며 인공지능이 시와 그림, 예술 분야까지 섭렵하지 않았는가. 미국의 방송사들은 2015년 대부분 구조조정을 마치고 미래 먹거리와 관련한 인수합병(M&A)까지 끝냈다.

이제 언론생태계의 변화는 매우 절박한 상황으로 내몰리고 있다. 그동안 거대 자본과 엘리트 지식인이 결합해 정보화 시대의 여론을 주도했다. 심지어 정보 조작까지 서슴지 않았다. 불과 7년 전까지만 해도 대중의

73% 이상이 매일 신문과 방송이 기획하고 취재한 내용에 의지해 일상을 살았다. 언론권력이 '무관의 제왕'이란 칭호를 받기에 부족함이 없었다. 하지만 언론은 이제 스스로 그 지위를 내려놓을 준비를 해야 한다.

이런 미디어 환경에 급속한 변화를 몰고 온 것은 다름 아닌 제4차 산업혁명이다. 이 혁명의 '전령사'가 바로 페이스북, 구글의 유튜브(YouTube), 네이버, 다음, 카카오 같은 SNS이다. 이들이 미디어 혁명군을 자임하며 광고수익을 절반 이상 챙겨 가고 있다. 문제는 그 기세가 더욱 맹렬해지고 있다는 것이다. 이에 따라 전 세계 미디어 생태계 기반이 빠르게 허물어지고 있다. 특히 대한민국의 가장 대표적인 미디어 플랫폼인 네이버라는 단 한 개 업체의 2018년 광고매출(약 4조3,000억 원)이 지상파 3사와 조선, 중앙, 동아 등 메이저 3사를 비롯한 나머지 중소 종이 및 인터넷 매체 5,000여 업체를 합친 것보다 많다.

그래서 이젠 네이버(Naver) 시대인가 했더니 그새 수많은 사람이 구글의 유튜브로 옮겨갔다. 유튜브가 네이버와 카카오를 밀어내고 단연 1위 자리를 차지한 것이다. 이미 유튜브가 우리나라의 모바일에서 유통되고 있는 전체 동영상의 30%를 훌쩍 넘어섰다. 유튜브 사용자 수의 급속한 증가에 기여한 것은 개인방송이다. 1인 미디어 콘텐츠 시대가 열린 것이다. 유튜브는 동영상을 올리고 개인방송을 할 수 있는 플랫폼 무대라는 새로운 미디어 생태계를 빠르고 단단하게 구축해 가고 있다.

이제 누구나 재능과 전문성이 있는 사람은 진실하고 정정당당한 개인방송을 할 수 있다. 또 킬러 콘텐츠를 통해 수많은 고객을 끌어들이는 유튜버(YouTubers)에게 엄청난 돈까지 벌게 해 준다. 구글의 유튜브가 광고수익 모두를 능력 있는 개인에게 나눠주겠다고 선언한 것이다. 스마트폰을 든 신인류가 이끄는 새 문명의 특징은 킬러 콘텐츠로 몰려드는 팬덤(Fandom, 헌신적인 팬들의 집합)이다. 따라서 기존의 대중매체 광고가 더는 소비자에게 먹힐 수가 없는 현실이 된 것이다.

골리앗(방송) 허무는 다윗(유튜브)

이제 우리나라 사람들이 가장 많이 보고 있는 앱(App: Application)은 단연코 유튜브다. 그러나 방송 하면 누구나 PD를 비롯한 전문 제작자가 참여해 만들어 내는 뉴스, 다큐, 드라마, 뮤직 등 전문 프로그램을 연상한다. 이 전문 제작자가 만드는 프로그램에 비하면 유튜브 방송은 그야말로 초라하기 짝이 없다. 유튜브 동영상은 대부분 1인 미디어 콘텐츠 크리에이터(creator, 새로운 광고를 만드는 사람)가 진행하는 아마추어 수준이다. 그런 유튜브 방송이 어떻게 거대 골리앗, 방송을 허물 수 있을까.

그 해답은 역설적이게도 성경에 있다. 누구도 기대하지 않았던 다윗이 단연 승자가 아니던가. 유튜브라는 다윗의 승리에는 두 가지 숨은 이유가 있다. 폰을 든 신인류의 등장이 첫 번째 이유이다. 스마트폰으로 텔레마케팅을 하고 폰뱅킹을 하는 20~40대가 이미 우리나라 전체 소비시장의 30% 이상을 커버하고 있다. 게다가 그 기세는 갈수록 더 맹렬하다. 신인류는 이제 기존의 방송이나 신문에 주목하지 않는다. 무엇보다 이들은 매우 이기적이다. 자신들이 원하는 것을 시공간의 구애를 받지 않고 자기 마음에 드는 것만 골라서 보고 사용한다. 그러니 방송 시간대에 자신을 맞출 리 만무하다.

또 다른 이유는 그동안 방송·신문 등 미디어 권력이 쌓아온 그들의 업보다. 지금도 방송·신문은 정권이 바뀔 때마다 권력의 눈치를 보면서 나팔 수 노릇을 한다. 게다가 방송·신문이 스스로 권력이 돼 자기 입맛에 맞게 세상을 재단하고 편집한다. 심지어 조작까지 서슴지 않는다. 그런 대중매체는 이제 신뢰의 기반을 상실했다. 스마트폰족은 몇 년 전부터 뉴스를 생산하는 기자를 기레기(기자와 쓰레기 합성어)라고 부르기 시작했다. 기레기가 만드는 뉴스를 외면하는 것은 당연하다.

누가 봐도 유튜브 개인방송은 아마추어다. 하지만 다양한 분야에서 고객의 이목을 끄는 킬러 콘텐츠를 가진 나름대로 전문가인 유튜버가 점점 많이 참여하면서 고객의 주목을 받고 있다. 게다가 기존 대중매체의 약한 고리로 작용했던 것이 바로 진실 존중 마인드가 없었다는 점이다. 하지만 유튜브에서는 기본적으로 신뢰가 생명이다. 적어도 사실에 기반하지 않으면 유튜브 생태계에서는 누구도 생존할 수가 없기 때문이다.

유튜브 총아(favorites) 방탄소년단(BTS)

현재 유튜브에서 가장 대표적인 성공자는 우리의 자랑스러운 아이돌그룹 방탄소년단(BTS)이다. BTS는 이미 빅데이터 분석을 통해 2017년 미국의 10대에게 가장 영향력 있는 가수로 결정됐다. 그 당시 미국 빌보드차트 1위는 거대한 문화권력 엔터테인먼트사를 등에 업고 무려 5년간 음반계의 최강자로 군림해온 저스틴 비버다. 그녀는 전 세계인의 아이돌 가수였다. 그 엄청난 아성을 우리 BTS가 허물어버린 것이다. 거대 자본과 토양마저 미국이라는 철옹성의 강자를 아시아의 작은 나라 코리아 출신 젊은 청년들이 깨부수고 그 자리를 차지한 것이다.

그뿐이 아니다. BTS은 우리나라의 모든 문화 권력의 아성도 동시에 허물었다. 대한민국에서 세계적인 아이돌이 되려면 무엇보다 엔터테인먼트사 소속이 아니면 불가능하다. 흔히 공룡으로 비유되는 3대 엔터테인먼트사가 YG, SM, JYP다. 이들은 과거 방송국의 소유물을 자본과 기술, 콘텐츠 파워로 빼앗은 뒤 거대 문화 권력으로 탄생했다. 제아무리 재능이 있어도 이들 문화 권력의 힘에 의존하지 않으면 안 된다. 이것이 이 생태계에서는 불변의 진리로 통한다. BTS가 그 철옹성을 허물기 전에는 단 한 번도 그 아성에 도전은커녕 생각조차 언감생심이었다. 그런데 이름마저 변변치 않은 벤처기업 소속인 BTS가 지금까지의 룰과 질서를 과감히 깬 것이다. 성균관대 최재붕 교수는 "BTS가 진짜 대단한 것은 공룡과 같은 문화권력이 구축해 놓은 아성을 깨뜨린 방식(tool)"이라고 평가한다.

BTS는 전 세계 10대가 가장 사랑하는 명실공히 최고의 스타그룹이다. 그런 BTS가 바로 2013년 유튜브로 데뷔했다. 다윗이 유튜브를 통해 골리앗을 무너뜨린 것이다. 이들은 정말 유튜브라는 전혀 새롭고 열악한 미디어 환경에서 세계 최고 스타가 된 그룹이다. 유튜브에서 출발한 지 4년 만에 전 세계적으로 엄청난 팬이 생기면서 세계 1위의 가수가 된다는 것은 상상조차 할 수 없다. 기존 미디어 생태계에서는 그야말로 기적이라고밖에 달리 표현할 방법이 없다. 2006년 이후 12년 만인 2018년 영어가 아닌 '한국어'로 부른 노래가 1위에 오르는 기염을 토했다. BTS의 미국 빌보드차트 1위 곡 '가짜 사랑(Fake Love)'은 가사 전체를 한국어로 부른다.

이 작은 벤처기업의 대표는 방시혁이라는 작곡가다. 그가 BTS의 모든 노래를 직접 작곡한다. "우린 돈이 없으니 '문화권력'을 통한 마케팅은 할 수 없다. 저마다 자기가 할 수 있는 역량을 최대한 발휘하자!" 방시혁 대표의 모토(moto) 아래 엄청난 끼와 재능을 가진 BTS는 뼈를 깎는 훈련으로 모든 프로그램을 소화한 뒤 2013년 유튜브 방송으로 데뷔한다. 작은 벤처기업(Start-up)에서 돈도, 백도, 아무것도 없이 재능 하나에만 의지해 자신들의 음악 열정과 음악성, 춤 그리고 팬들을 사랑하는 마음으로 유튜브 방송을 시작한 것이다. BTS는 누구보다 노래와 춤을 사랑하고 엄청난 양의 연습을 소화한 뒤 데뷔한 것이다.

BTS가 팬덤의 열렬한 지원에 힘입어 전략을 짜고 빠른 시간 안에 자신들을 전 세계로 알려 나갔다. BTS가 팬덤과 함께 엄청난 활약을 펼치면서 기적과 같은 일이 벌어졌다. 성공 배경은 무엇보다 탁월한 능력이 있기 때문이다. '음악성과 춤'이라는 재능과 그들만의 끼가 고객을 사로잡는 힘의 원천이 된 것이다. 이러한 킬러 콘텐츠에 그들만의 스토리를 채색한 것이다. 이들의 열정과 재능은 불과 4년 만에 1,500만 명이 넘는 어마어마한 팬클럽 마케팅 군단(fandom)을 구축했다. BTS가 기존의 네트워크나 자본 그리고 어떤 광고의 힘에도 기대지 않고 오르지 자신들의 땀과 열정으로 세계 최강의 아이돌그룹으로 탄생한 것이다.

정말 놀라운 사실은 전 세계의 BTS 팬들이 아시아의 작은 나라 코리아의 언어인 한국어로 노래를 따라 부른다는 것이다. 게다가 BTS는 비틀스 이후 가장 강력하고 많은 팬덤을 만들어 낸 가수라는 점이다. BTS는 성장 환경이 기존의 가수들과는 너무나 다르다. 앞서 언급했듯이 BTS를 키운 것은 거대 기획사가 투자한 자본이 아니다. 바로 1,500만 명이 넘는 광팬 군단 아미(ARMY)였다. 무엇보다 1년에 3개의 앨범을 모두 빌보드차드 1위로 올린 가수는 비틀스 이후 BTS가 처음이라고 한다.

또 대한민국 대형 기획사들이 세계적인 아이돌그룹을 만드는 데는 그들이 소통하면서 만들어 낸 공식(formula, 전통적 수법)이라는 게 있다고 한다. 멤버 중 한 명은 일본인 또는 중국인 그리고 교포가 반드시 한 명 필요하다는 것이다. 그런데 BTS 멤버 7명 가운데 외국은 단 한 명도 없다. 서

방탄소년단(BTS)은 유튜브의 개인방송을 통해 '킬러 콘텐츠'로 전 세계 10대들의 마음을 사로잡는 데 완전히 성공한 아이돌그룹이다. 7인조 힙합 아이돌그룹 구성원 스스로가 광팬(diehard fans)이 돼 자신들을 전 세계에 알리는 데 열정을 쏟아낸다. 그리고 지금 이 순간에도 1,500만 명이 넘는 무시무시한 광팬이 세계 곳곳에서 BTS의 새로운 노래를 빠르게 퍼뜨리고 있다. BTS는 유튜버로 데뷔한 지 불과 6년 만에 1억 뷰어(viewers)가 넘는 뮤직비디오가 11개나 된다. 그리고 전체 뷰어 수가 이미 120억을 넘어섰다. 이제 미국 언론들도 BTS를 주목하고 있다. BTS는 2018년 한 해 무려 5,700만 달러(약 673억 원)의 소득을 올렸으며, 2019년 올해는 1,000억 원이 넘을 것으로 예상된다.

울 출신도 없고 기껏해야 일산이나 과천 등 수도권 출신 2명을 제외하고는 모두 지방 출신이다. 한마디로 '촌놈'들이 모인 그룹이다. 또 영어를 제대로 구사하는 가수는 RM(본명 김남준)이 유일하다.

그리고 앨범 타이틀도 기존 가수들과 대비된다. 2018년 타이들은 바로 'Love Yourself(너 자신을 사랑하라)'이다. BTS는 뛰어난 실력에다 노랫말까지 건전하니 청소년은 물론이고 그들의 부모 세대까지 함께 열광한다. 이런 모든 조건이 '아미'라는 팬덤을 생각하고 기획한 것이다. "팬이 사라지면 우리도 죽는다." 이것이 그들의 중심 모토(moto)이다. 그리고 모든 가사의 스토리가 팬덤을 향한 무한한 사랑과 깊은 신뢰를 담고 있다.

BTS는 한국 가수로는 최초로 2018년 9월 28일 유엔총회에서 연설을 했다. BTS의 리더 RM이 대표로 나서 7분간 능숙한 영어실력으로 젊은 세대를 위한 정말 아름다운 메시지를 던졌다. 그 당시 메시지는 도저히 20대의 젊은이로는 믿기지 않을 정도로 깊은 사랑과 애정을 담고 있었다. RM은 "진정한 사랑은 나 자신을 사랑하는 것에서 시작한다는 믿음을 바탕으로 유니세프와 함께 'LOVE MYSELF' 캠페인을 시작했다"라고 고백했다.

(중략) "우리는 우리 자신을 사랑하는 법을 배웠습니다. 그리고 전 이제 여러분들께 '여러분 자신에 대해 말해 보세요'라고 멀씀드리고 싶습니다"라는 메시지를 전한다. (중략) "또 저는 여러분 모두에게 묻고 싶습니다. 당신의 이름은 무엇입니까? 무엇이 여러분의 심장을 뛰게 만듭니까? 당신의 이야기를 들려주세요. 당신의 목소리를 듣고 싶습니다. 그리고 당신의 신념도 알고 싶습니다. 당신이 누구든, 어느 나라 출신이든, 피부색이 어떻든, 성 정체성이 어떻든, 여러분 자신에 대해 이야기해 주세요." 당시 연설을 들은 누리꾼들은 한결같이 "감동했다", "BTS, 너희 성공 비결은 SNS가 아닌 진심+실력"이라며 뜨거운 반응을 보였다.

2019년 앨범의 타이틀은 더 기가 막힌다. 〈영혼의 지도(Map of the Soul)〉이다. 이는 심리학자 카를 융(Carl Jung)의 책 제목이다. 그 의미는 "내가 이제 나 스스로 사랑하기 시작했으면 내 영혼에 지도를 그려 나가기 시작하자"라는 것이다. 이 모든 깊은 사랑과 신뢰를 팬덤 아미와 함께 나누는 것이다. BTS는 유튜브의 개인방송을 통해 '킬러 콘텐츠'로 전 세계 10대들의 마음을 사로잡는 데 완전히 성공한 아이돌그룹이다. 7인조 힙합 아이돌그룹 구성원 스스로가 광팬(diehard fans)이 돼 자신들을 전 세계에 알리는 데 열정을 쏟아낸다. 그리고 지금 이 순간에도 1,500만 명이 넘는 무시무시한 광팬이 세계 곳곳에서 BTS의 새로운 노래를 빠르게 퍼뜨리고 있다.

BTS는 유튜버로 데뷔한 지 불과 6년 만에 1억 뷰어(viewers)가 넘는 뮤직비디오가 11개나 된다. 그리고 전체 뷰어 수가 이미 120억을 넘어섰다. 미국이 제아무리 자유를 존중하는 국가라고 해도 마이너 중 마이너인 코리아 가수들을 최고의 가수로 만든 적이 없고, 만들어질 리도 만무한 토양이다. 싸이가 '말춤'으로 우리나라 최초로 세계무대에서 성공한 적이 있다. 하지만 싸이는 오래 지속되는 아이돌 트렌드(trend)가 아니고 짧은 유행처럼 한 번 반짝하다 지나가는 패드(fad)에 불과했다. 지난 2003년 한 콘서트에 신모 가수와 같이 출연한 싸이는 미군장갑차 모형을 박살내는 퍼포먼스를 했다. 이 정도는 이해할 수 있다. 그런데 신모 가수의 2004년 <Dear America>란 곡의 랩 부분을 싸이가 불렀는데, 그 내용은 정말 끔찍하다. "이라크 포로를 고문해 댄 개X발 양년놈들과/ 고문하라고 시킨 개X발 양년놈들의/ 딸내미 애미 며느리 애비 코쟁이 모두 죽여/ 아주 천천히 죽여 고통스럽게 죽여"라는 내용이다. 가수라는 공인으로서 도를 넘은 저질이라고 밖에 달리 표현할 수가 없다.

그러나 BTS는 이러한 노래들과는 클래스와 품격 자체가 다르다. 미국 언론에서 BTS를 주목하는 이유이기도 하다. BTS는 2018년 한 해 무려 5,700만 달러의 소득을 올렸다.

이제 폰을 든 신인류는 신문이나 방송으로 뉴스를 보는 대신 유튜브를 보고 구글이나 네이버 검색엔진의 포털을 통해 궁금증을 해결하며 다양한 지식을 습득한다. SNS의 카톡이나 인스타그램, 페이스북 등으로 많은 시간을 보낸다. 이러한 신인류의 소비행동 변화를 통해 새롭게 성장한 기업들이 세계를 석권하고 있다. 이제 유튜브 1인 미디어 콘텐츠 크리에이터로서 소비자들의 선택만 받으면 어떤 강력한 지상파 방송보다 더 큰 힘을 발휘할 수 있다. BTS가 이것을 실천적으로 입증해 준 셈이다.

지금 미디어 생태계에서는 지상파 방송인 골리앗과 유튜브 개인방송인 다윗의 싸움이 한바탕 벌어지고 있다. 신인류의 등장으로 유튜브 개인방송으로 성공하는 사람들이 기하급수적으로 늘어나고 있다. 하물며 연합뉴스가 '팩맨'이라는 개인방송의 문제점을 뉴스에 올릴 만큼 기존의 대중매체가 오금을 펴지 못하고 있다. 이제 유튜브는 어린 네 살짜리부터 90대 할머니, 할아버지에 이르기까지 다양한 사람들이 즐기고 참여하는 새로운 미디어 공간으로 자리를 잡았다. 거기에다 BTS가 유튜브에 자신들의 강인한 DNA까지 새겨 놓은 것이다.

그래서 지금도 유튜브를 통해 제2, 제3의 BTS를 꿈꾸는 수없이 많은 다윗이 생태계를 새롭게 구축하고 있다. 무엇보다 BTS가 연예계의 공식을 깨고 거대 연예공룡 엔터테인먼트사를 무력화한 첫 번째 연예인 그룹이 된 것이다. 이는 향후 음악뿐 아니라 여타 분야에서도 BTS와 같은 아이돌그룹이나 인기 연예인이 나타나게 될 것이 분명하다. 이로써 다윗이 골리앗을 괴멸시킬 날도 머지않았다. 이는 문명의 패러다임을 바꾸는 '제4차 산업혁명' 시대이기 때문에 가능해진 것이다.

대표적으로 대형서점이 문을 닫았다. 2015년에는 가전업체인 라디오쉑(Radio Shack)이 파산한 데 이어 2018년에는 장난감 판매업체인 토이저러스가 무너졌다. 아마존이 27번째로 무너뜨린 체인점이다. 최근에는 의류 분야에서도 '아마존 효과'가 뚜렷이 나타나고 있다. 미국 유통 전문가들은 2018~2026년 '아마존 효과'로 폐쇄될 소매점을 7만 5,000곳으로 예측하고 있다. 그중 의류와 액세서리 소매점이 약 2만 곳으로 가장 많은 것으로 알려졌다.

125년의 역사와 전통을 자랑하던 미국 최대 백화점 체인 시어스(Sears)가 2017년 파산했다. 1960~80년대 시어스는 전 세계 유통업계의 최강자였다. 그 당시 경영대 교수나 언론인이 시어스 경영진에게 가장 두려운 경쟁자를 물을 때마다 "아무도 없다(Nothing)"라고 단언할 정도였다. 1973년 시어스는 시카고에 108층 규모의 세계 최고층 빌딩을 세울 정도로 사세가 대단했다. 그런데도 신문명의 도전 앞에서 더는 버티지 못하고 무참히 무릎을 꿇고 말았다.

지금 미국에서는 온라인에서 책을 팔기 시작한 아마존(Amazon.com)이 어느새 제4차 산업혁명 시대 온라인 유통의 주역이 돼 버렸다. 이제 아마존은 맞춤형 사전 배송시스템으로 지난 100년간 불패 신화를 구가하던 백화점과 거대 유통 체인점을 착착 무너뜨리고 있다. 그뿐만이 아니다. 또 우리 재미동포 이민자가 1984년 설립해 대표적인 한인 성공신화로 꼽힌 미국 기업 '포에버21'이 2019년 8월 29일 파산신청에 들어갈 계획이라고 밝혔다. 전 세계 815개 점포를 보유한 저가 의류매장이 온라인 중심의 구매 방식에 밀려 매출이 급감했기 때문이다.

미국은 택배도 향후 10년 내 '드론(Drone)'으로 교체된다. 2018년 5월 미국 도널드 트럼프 행정부는 미국 내 주요 10개 회사를 선정해 드론 택배 시범사업을 허가해 주었다. 머지않아 하늘에 드론이 날아다니면서 우리에게 물건을 배송해 줄 것이다. 그리고 땅에서는 인공지능이 장착된 로봇이 인간의 일을 대신하며 물건까지 전해 주는 전혀 새로운 배송 시스템의 시대가 열리게 된다.

대한민국 대형유통 마트도 쇠퇴

우리나라에서도 기존 대형 유통그룹에 변화의 바람이 불어닥치기 시작했다. 이마트가 2019년 2분기(4~6월)에 299억 원의 적자를 기록했다. 이마트가 분기 적자를 낸 건 1993년 11월 문을 연 이후 26년 만에 처음이다. 이마트는 1997년과 2008년 금융 위기 때도 분기 적자를 낸 적이 없었다. 2018년 같은 기간 영업이익은 무려 533억 원이었다.

대한민국 최대 유통회사 이마트의 이번 분기 적자 전환은 대형마트를 넘어 유통업계 패러다임이 온라인 중심으로 빠르게 변화하고 있음을 상징적으로 보여 주는 것이라는 평가가 나온다. 유통업계 관계자는 "신세계그룹 내에서도 일종의 '캐시 카우(Cash Cow, 수익 창출원)' 역할을 해 온 이마트의 적자 전환은 비단 이마트뿐만 아니라 오프라인 매장 전체의 위기를 여실히 보여준 것"이라고 설명한다.

중국서는 왕홍(Wang Hong)!

중국에서는 개인방송으로 물건을 판매하는 '왕홍(網紅)'이라는 직업인이 생겼다. 이들은 '왕뤄훙런(網絡紅人)'

의 줄임말로 온라인 유통의 유명인사라는 뜻이다. 왕훙은 인터넷인 왕(網)과 인기를 뜻하는 훙(紅)의 합성어이다. 왕훙은 우리의 파워블로거나 유튜버와 비슷한 개념이다. 따라서 왕훙은 스마트폰족의 소비패턴에 기반한 새로운 유형의 판매 유통망이다. 이들 왕훙은 중소 제조업체와 제휴해 제품을 온라인으로 판매한다.

이 편리함을 도모하기 위해 알리바바그룹이 소비자를 대상으로 운영하는 온라인 쇼핑 플랫폼 타오바오몰(淘宝网, Taobao Mall)은 유명 왕훙들에게 스튜디오까지 만들어 주었다. 소비자들이 왕훙의 개인방송을 보다가 모바일로 주문하면 바로 타오바오몰에서 물건을 배송해 주는 시스템이다. 중국 상무부 발표에 따르면 이들 왕훙의 2018년 1년간 매출이 무려 20조 원을 넘었다. 그리고 왕훙 방송을 보는 중국인은 6억 명에 육박한다. 앞서 왕훙은 2017년 15조 7,000억 원의 매출을 올렸고, 그 당시 시청자만도 4억 6,000만 명이었다. 매출이 1년 만에 30% 이상 증가한 셈이다.

이를테면 한 왕훙이 옷가게를 돌아다니면서 마음에 드는 옷을 실제로 입어보는 장면을 생방송으로 내보낸다. 방송을 보고 있는 소비자가 즉석에서 구매한다. 소비자가 마음에 들어 구매하고자 하는 옷이 50벌인데 '솔드아웃(sold-out, 품절)'되면 또 다른 가게로 이동해 옷을 고르고 판매하는 방식이다. 이렇게 온라인 생방송으로 판매하기 때문에 돈도 미리 받을 수 있고 재고도 쌓이지 않는다. 디지털 기술혁명에 기반한 새로운 미디어 문명이 낳은 효율적인 비즈니스 형태인 것이다.

기업들은 스마트폰족의 소비방식에 맞는 새로운 미디어 전략을 연구하고 분석해야 한다. 마찬가지로 개인도 일자리가 없을까 고민하며 좋은 아이디어를 가지고 문을 두드려 본다면 왕훙처럼 얼마든지 창의적이고 혁신적인 일자리를 만들 수 있다. 이것이 개인에게도 기회를 주는 제4차 산업혁명의 블루오션인 셈이다. 결국 변화의 새로운 기회를 찾으려면 사람들이 좋아하는 새로운 '킬러 콘텐츠'를 알아야 한다. 그리고 사람들이 좋아하는 미디어 패턴을 이해하는 것도 중요하다. 제4차 산업혁명은 새로운 비즈니스에 맞는 시스템을 만들어 거기에 아이디어를 가미하는 것이다.

과거에는 한 번 브랜드 파워를 잡으면 20~30년은 먹고사는 데 문제가 없었다. 그 당시는 대기업이 자본으로 철옹성을 구축했다. 게다가 광고로 대중매체를 통해 대중의 시선을 한곳으로 묶어둘 수 있었다. 그런데 지금의 디지털 플랫폼은 킬러 콘텐츠 하나로 순식간에 고객이 몰려오게 할 수 있고, 반대로 잡아 둔 고객(lock-in)도 한순간에 잃을 수 있다. 그만큼 시장이 치열하고 공평하다. 이제 신인류의 시각으로 새로운 문화를 바라보는 기성세대의 시각 교체가 필요한 때가 왔다.

디지털 기술과 융합한 제조업 혁명

제4차 산업혁명의 두 가지 측면

제4차 산업혁명은 기존 산업혁명과 달리 두 가지 측면에서 진행되고 있다. 한 가지는 신인류의 출현이다. 그리고 또 다른 한 측면이 바로 디지털 기술을 기반으로 한 가상세계와 현실세계의 융합이다. 제4차 산업혁명은 이 두 개의 축이 상호 초연결 사회로 이뤄져 진행되기 때문에 기술이라는 한 축으로만 발전해 온 제1~3차 혁명과는 근본적인 차이가 있다. 신인류가 기존의 제조업 하드웨어에 정보통신기술(ICT)이라는 소프트웨어를 결합해 자신들의 눈높이에 맞는 새로운 가치를 창출하고 있기 때문이다.

제1차 산업혁명이 증기기관을 통한 기계동력으로 인간에게 수백, 수천 배의 힘을 가져다주었다. 제2차 산업혁명은 전기의 힘을 이용한 대량생산의 능력을 키웠다. 제3차 산업혁명은 컴퓨터를 통한 자동화로 대별될 수 있다. 기술적 측면에서 제4차 산업혁명은 소프트웨어 파워를 통한 지능형 공장과 제품의 탄생이라고 요약할 수 있다. 제3차 산업혁명까지의 컴퓨터는 생산-소비-유통의 전체 시스템을 자동화는 것이다. 생산하는 방식과 거기서 만들어지는 제품 자체가 지능화된 것은 아니었다. 하지만 제4차 산업혁명은 사물인터넷(IoT)과 인공지능(AI) 등을 통해 기계와 제품 자체가 지능을 갖게 한다는 것이 제3차 산업혁명과 확연이 다른 점이다.

무엇보다 제1, 2차 산업혁명은 대부분 원료를 넣어 제품을 만드는 물질 만능의 대량생산 세상이었다. 그래서 누가 더 적은 원료를 이용해 인류에게 더 유익하고 질이 좋은 제품을 많이 생산하는 혁신기술을 발전시키느냐가 성공의 비결이었다. 이어서 컴퓨터가 새로 등장하면서 또 다른 디지털 가상세계를 하나 더 만들어 냈다. 그리고 이들 물질세계(현실)와 가상세계(온라인)가 상호 연결돼 자동화가 가능하도록 한 것이 제3차 산업혁명이다.

제4차 산업혁명의 키워드 '상상'과 '아이디어'

모바일이라는 디지털 소프트웨어 커넥터를 신체의 일부처럼 사용해 온 신인류가 가상 세계의 외연을 확장하기 시작했다. 게임에 능숙한 그들만의 가상세계가 따로 존재하는 것이다. 기성세대는 신인류가 개척한 새로운 가상세계를 잘 이해하지 못한다. 신인류가 가상과 현실을 넘나들면서 그들만이 느끼는 그 미세한 차이를 활용해 온라인 가상세계와 현실세계의 경계를 허물며 새로운 상상력을 발휘한다. 그런 상상력으로 현실과 가상의 초(超)융합을 통해 기성세대가 전혀 예상치도 못한 비즈니스 모델을 만들어 내기 시작했다. 지금 시장에서 진행되고 있는 제4차 산업혁명은 하나의 간단한 아이디어, 즉 상상력으로 물질세계와 가상세계의 융합을 통해 인류에게 최적화된 비즈니스 모델을 만들어 낸다. 이것이 제4차 산업혁명의 본질이라고도 말할 수 있다.

예를 들면 자동차 내비게이션(Navigation)이나 우버(Uber), 에어비엔비(AirBnB), 페이스북(Facebook), 카카오톡(Kakaotalk) 같은 기업 개념은 한결같이 특정한 아이디어 하나로 현실세계와 가상세계를 상호 연결하는 데서 발전한 신기술이다. 특히 가상과 현실 융합의 대표적인 초기 기술이 내비게이션이다. 이 경우 가상과 현실의 연결이라는 디지털 기술과 아이디어를 통해 자동차 운행의 최적화를 이뤄냄으로써 인류에게 크나큰 편리함과 이익을 안겨 주고 있다. 통계에 따르면 내비게이션이란 플랫폼 하나가 우리나라 사회비용을 연간 5조 원가량 절감하고 있다.

택시사업에서도 신인류의 개념은 확연히 다르다. 기성세대에게는 폰을 든 모든 사람이 전화로 택시를 연결하는 서비스 제공 방식이었다. 이 방식을 통해 손을 들고 택시를 타는 기존 사업보다 한걸음 더 혁신한 것이 콜택시사업이다. 콜택시는 중간 매개체인 오퍼레이터를 통해 전화로 필요한 시간과 장소로 택시를 부르는 사업이다. 그래서 오퍼레이터센터를 만들고 이를 중개하는 중개자가 필요하기 때문에 더 많은 비용과 시간이 들어갈 수밖에 없었다.

그러나 가상의 세계를 경험한 폰을 든 신인류는 전혀 다른 방식으로 사업을 계획한다. 왜 택시를 부르는 데 오퍼레이터가 필요하단 말인가. 신인류가 만든 비즈니스 모델이 2009년 설립된 우버이다. 우버는 스마트폰 앱으로 승객과 차량을 연결하는 서비스를 제공하는 일종의 게임 방식이다. 신인류는 전화를 걸어 말로 택시를 부르지 않는다. 게임하듯 손가락으로 차를 부른다. 그래서 승객과 차량을 연결해 주는 오퍼레이터가 필요 없다. 더 편리하고 가격이 쌀 수밖에 없다. 이것이 기성세대와 스마트폰 세대 간 차이이다. 기성세대가 아직 제3차 산업혁명에 머물고 있다면 폰 세대가 추구하는 것은 제4차 산업혁명이다. 무엇보다 이 혁명의 원료는 바로 상상력과 아이디어이다.

제조업 사회의 거센 몸부림

제4차 산업혁명이 진행되면서 거대 자본은 이제 스마트폰족의 두뇌에서 촉발되는 벤처기업으로 향하고 있다. 데이터로 보면 미국을 비롯한 선진국의 제4차 산업혁명은 제조업 분야에서도 그 조짐이 더욱 명확하게 나타나고 있다. 최근 데이터가 보여 주는 바로는 미국의 50대 기업 중 원료를 넣어 제품을 만드는 제조업은 모두 순위 밖으로 밀려나고 GE와 GM 두 개 기업만 겨우 버티고 있다. 이제 제조업도 살아남기 위해 거센 몸부림을 하고 있다. 제조업이 자본의 주목을 받기 위해 기존 제조기술에 제4차 산업혁명의 핵심 기술을 적용한 혁신을 거듭하고 있다. 혁신하지 않으면 투자를 받을 수 없다. 기업이 자본 투자를 받지 못하면 죽는다.

지금까지는 대부분의 기업이 빅데이터와 인공지능을 통해 기업의 부가가치를 높이고자 노력하고 있다. 인공지능이 데이터를 기반으로 예측과 맞춤, 최적화의 경로를 맞춰 주기 때문이다. 가상과 현실의 초연결(Hyper-connectivity)을 통해 인류에게 편리함과 이윤을 안겨 주는 것이 제4차 산업혁명의 프로세스다. 초연결은 모바일 시대에 사람과 사람, 사람과 사물, 사물과 사물이 서로 연결되는 환경을 의미한다. 따라서 이제는 제조업들도 새로운 변신을 몸부림치고 있다.

미국 제조업의 선두 GE의 변신

GE(General Electrics)는 이미 제4차 산업혁명 관련 기업으로 변신을 적극적으로 도모하고 있다. GE는 에디슨이 전구를 만들면서 세운 전기조명회사로 출발했다. 130여 년 전통을 자랑하는 미국의 대표적인 가전제품 기업이었다. 그러나 GE가 주도한 100여 년 전통의 가전제품을 중국 최대 가전업체인 '하이얼그룹'에 모두 넘겼다. 그리고 항공기에 들어가는 엔진과 거대한 발전소를 돌리는 터빈 제작 기업으로 변신했다. GE는 이제 산업현장 전반에 소프트웨어와 네트워크를 과감하게 결합시킨 '산업인터넷'으로 전 세계 제조업 혁신을 선도하고 있다.

GE는 민간항공기 엔진시장 점유율 60%를 차지하고 있다. 지금은 항공기 엔진 안에 부착된 250개의 센서를 통해 파일럿이 엔진을 작동하는 순간 엔진이 돌아가면서 바로 안전 여부를 점검해 준다. 인천국제공항에서 이륙할 비행기가 케네디(JFK)공항으로 14시간 날아가는 동안 발생할 수 있는 모든 문제점을 사전에 파악한다. 센서로 체크된 데이터는 인공위성을 통해 캘리포니아 샌러몬시에 있는 본사로 보내진다. GE본사는 전 세계 공항에서 시동이 걸린 모든 항공기의 안전에 관한 정보를 보고받는다.

GE본사의 거대한 데이터베이스 컴퓨터가 모든 항공기의 데이터를 받아 분석한다. 인천공항에서 지금 막 출발하려는 보잉858기 왼쪽 날개 000번 센서에 문제가 발생했다고 가정해 보자. "엔진 오일 체인지가 필요한 것 같다"라며 사전 서비스를 해 준다. 엔진에 부착된 센서는 24시간 데이터를 전송한다. 같은 항로를 시차를 두고 비행하는 두 대의 비행기 중 한 대가 최적 항로를 벗어나 더 많은 연료를 소모하면 즉각 수집한 데이터를 분석해 연비를 줄일 수 있는 최적의 고도나 비행 조종 방법을 제안한다. 이와 같이 GE는 이제 엔진 판매에서 끝나지 않는다. 유지 보수와 맞춤형 서비스까지 제공한다.

또 GE가 제조하는 화력발전소의 심장인 가스터빈(사우스캐럴라이나 그린빌 공장, 축구장 400개를 합친 크기)도 마찬가지 방법으로 제조, 관리하고 있다. 마지막 공정에는 수백 개의 데이터선을 연결해 250개의 센서가 제대로 작동하는지 확인한다. GE가 제조한 가스터빈은 2018년 현재 전 세계 1만여 곳에 발주돼 사용 중이다. 가동 중 수집된 데이터는 실시간 모니터센터로 전해져 장비의 오류를 진단하고 예방하는데 활용된다. GE는 애프터서비스(AS)가 아니라 향후 발생할지도 모를 사고에 대비해 미리 알려주는 사전서비스(BS)를 한다.

GE는 제품만 파는 것으로 끝나지 않는다. 자신들이 판매한 항공기의 엔진 수명이 다할 때까지 평생(life-long) 서비스를 해 주고 대당 50만 달러를 받는다. GE가 진출한 가스터빈 사업 분야에서도 마찬가지이다. 제품 판매가 아닌 사전서비스, 즉 제품이 데이터를 분석하고 관리하는 서비스에서 전체 매출 중 75%의 수익을 내고 있다. GE는 디지털 산업사회를 겨냥해 2020년까지 100억 달러 가치의 소프트웨어 회사로 거듭난다는 야심찬 목표를 꿈꾸고 있다. 소프트웨어를 기반으로 제조업에서 새로운 부가가치를 창출하고 있는 제조회사 GE는 이제 소프트웨어 회사라고 해도 과언이 아니다.

자율주행차 공유서비스에 사운을 건 GM

GM의 변신도 야심 차다. 2018년 5월 31일 한국에서 GM광주공장을 폐쇄했다. 이어 11월 26일 트럼프 대통령의 만류에도 아랑곳없이 북미 공장 5곳과 해외 공장 2곳의 폐쇄를 발표한다. 연간 자동차 1,500만 대를 생산하는 GM은 제4차 산업혁명의 핵심 기술 중 하나인 '자율주행차'와 '전기차'에 사운을 걸고 있다. 미래 자동차의 변화를 실감한 전통 제조회사 GM이 제4차 산업혁명으로 도약을 꿈꾸지 않으면 망할 날이 머지않았다는 것을 간파한 것이다.

현재 지구상에 존재하는 자동차의 95%는 사용되지 않은 채 주차장에 주차돼 있다. 이들 차량은 단 5%의 활용을 위해 비싼 주차공간을 차지하고 있는 셈이다. 그런데도 우리가 차를 소유하는 데는 이유가 있다. 비록 출퇴근이나 주말용으로만 활용하더라도 차량 없이는 많은 불편이 따르기 때문이다. 그러나 앞으로는 사정이 달라진다. 이제는 손가락만 까딱하면 정확한 시간, 원하는 장소로 리무진, 벤츠, BMW 심지어 페라리 같은 고급 승용차나 스포츠카가 달려온다. 무엇보다 가격이 저렴하다. 곧 자율주행차의 일상화로 차량 공유가 현실로 다가올 것이 분명하다. 누구도 비싼 돈을 낭비하면서 차를 소유하지 않는다. 이땐 자동차 생산이 70% 정도 줄어든다. 지금 차량의 30%만 있어도 차량공유제로 인류가 불편 없이 활동할 수 있다.

2017년 출범한 자율주행차 법인 '지엠 크루즈(GM Cruise)'는 40명으로 출발했다. 1년 만인 2018년 종업원이 1,000명으로 무려 25배나 증가했다. GM의 2인자인 댄 애먼(Danial Ammann)이 책임을 맡고 있다. 연간 2억 달러의 손실을 보고 있는 이 사업에 대규모 투자를 받기 위해 안간힘을 쏟고 있다. 무엇보다 이익을 가장 많이 창출하고 있는 북미 지역에서 1만 8,000명의 생산직·사무직 올드 보이를 희생양으로 삼고 있다. 당장 눈앞에서는 이익을 내고 있지만 곧 사라질 것을 알고 있기 때문에 먼저 목을 친 것이다.

GM의 변신은 여기에 그치지 않는다. 최근 메리 배라(Mary Barra) 최고경영자(CEO)가 각종 콘퍼런스에서 자사의 카셰어링 브랜드 '메이븐(MAVEN)' 홍보에 열을 올리고 있다. 메이븐 플랫폼을 통해 개인끼리 차를 빌려 쓸 수 있는 P2P(Peer to Peer) 서비스도 개시했다. 북미를 넘어 전 세계에 출시할 계획을 발표했다. 한국에서도 GM의 카셰어링인 '메이븐 코리아'의 서비스를 볼 날이 머지않았다.

또 미국의 우버에 대항하는 미국 제2의 택시기업 리프트(Lyft)는 차량공유서비스업체로 운전자와 탑승자를 모바일 앱 서비스로 연결해 택시보다 저렴한 비용을 경쟁력으로 서비스를 출범했다. GM은 리프트에 2017년 5,300억 원을 투자했다. 구글도 같은 해 1조 2,000억 원을 투자했다. 이유는 이제 자동차를 만드는 것만으로는 투자를 받을 수 없다는 것이 명백해졌기 때문이다. 차량공유서비스와 자동차 지주가 연결되지 않는 한 자동차회사의 미래는 없다. 제조업마저도 투자를 받기 위해서는 스마트폰족이 주목하는 마켓으로 전환하지 않으면 안 된다.

자라(Zara)의 경쟁자 3D프린터

자라(Zara)는 스페인 라코루냐에서 1975년 처음 매장을 오픈한 패스트 패션 브랜드이다. 1990년대 이후 트렌드를 재빠르게 반영해 제조에서 유통을 일원화한 패스트 패션의 열풍과 함께 급성장했다. 여러 나라에 매장 수를 크게 늘려 세계 최대 규모의 의류 브랜드 중 하나가 됐다. 세계 최대 규모의 종합 패션·의류 기업인 인디텍스의 대표 브랜드로 유명하다.

세상에서 가장 짧은 시간에 유행을 퍼뜨리는 자라 매장은 대개 각 도시의 번화가에 고급스러운 외관으로 개설된다. 그러나 고급 의류보다는 중저가 의류를 주로 취급한다. 2009년 말 기준으로 전 세계에 1,608개의 매장이 개설돼 있다. 우리나라에도 2008년 서울 명동과 강남에 매장을 개설한 이래 전국 주요 도시를 중심으로 20여 개의 매장이 있다.

그런 자라가 "이제 우리는 옷을 만들지 않겠다"라고 선언했다. 그 대신 디자인만 팔겠다는 것이다. 자라가 앞으로 3,000개의 3D프린팅센터를 세계에 공급할 계획이다. 물론 나라마다 자라의 매장 수에 비례해 공급할 계획이다. 고객은 직접 자신이 원하는 신체 사이즈를 측정한 후 이 정보를 자라에 보내면 자라의 패션 디자인으로 2시간 내에 가장 가까운 3D프린팅센터에서 옷을 만들어 배달해 준다. 이후 고객은 온라인으로 언제든지 맞춤형 정장을 다시 자라에 주문할 수 있다.

그 밖에 세계적인 미국 중장비회사 캐터필러사가 사전서비스(before service)를 시행하고 있다. 중장비의 경우 한 번 고장 나면 공사지연비가 많이 든다. 그러다 보니 중장비 구매업체의 클레임(claim)이 많다. 캐터필러는 고민 끝에 중장비에 센서를 부착해 인공위성을 통해 수집한 데이터를 인공지능으로 최적화한다. 이를 통해 고장을 예측하고 수리하는 시스템을 갖춰 경쟁력을 확보할 수 있다. 이처럼 제조업 분야에도 제4차 산업혁명의 바람이 거세게 불고 있다.

제4차 산업혁명의 국가별 차별화 전략

국가별 맞춤형 제4차 산업혁명

정보기술(IT) 전문 컨설팅 기관인 가트너(Gartner)사는 매년 가장 주목할 만한 10대 기술을 발표한다. 21세기 신기술은 대부분 IT에 기반한 제4차 산업혁명의 핵심기술과 맞물려 있다. 기술 발전은 빛의 속도로 이루어지고 있다. 이로써 '증강현실(AR)', '만물인터넷(IoE)' 등 최근 들어서도 새로운 용어가 속속 등장한다. 이미 미국과 중국에서 스마트폰족이 몰고 온 이 혁명은 미디어와 유통, 서비스 부문에서 먼저 변화의 바람이 불고 있다. 그러나 비단 두 국가뿐만이 아니다. 여타 선진국에서도 치열한 경쟁이 벌어지고 있다.

디지털 가상세계와 현실세계의 초(超)연결로 이뤄지는 제4차 산업혁명은 기계와 제품이 지능을 지닌다는 점이 기존 산업혁명과 명확히 구분된다. 지금 이 혁명은 선진국을 중심으로 산업 전반에 걸쳐 광범위하게 일어나고 있다. 따라서 미국을 제외한 모든 나라는 자국의 핵심 산업과 취약 산업을 고려한 맞춤형으로 제4차 산업혁명의 전성기를 준비하고 있다. 나라마다 우수한 기술력을 바탕으로 자국 정부의 관점에서 이 혁명을 준비하고 있기 때문에 부르는 이름도 조금씩 다르다.

독일은 자국의 강점인 제조업을 바탕으로 디지털에 기반한 스마트 공장을 '인더스트리 4.0(Industry 4.0)'으로 불렀다. 또 일본은 저출산·고령화에 중점을 둔 '소사이어티 5.0(Society 5.0)'으로 시장지배력이 높은 로봇 산업에 치중하고 있고 네덜란드는 '농업은 과학이다'라는 슬로건으로 미래 식량 개발에 팔을 걷어붙이고 있다. 나라마다 자국 기술력 및 경쟁력의 장단점을 고려한 재해석을 통해 열띤 준비를 하고 있다. 이제 선진국은 새로운 패러다임의 문명 교체기를 맞아 기술 경쟁력을 앞세워 제4차 산업혁명에 명운을 걸고 있다.

미국 제4차 산업혁명의 본거지

미국 제4차 산업혁명의 기반은 버락 오바마 전 대통령이 마련했다고 해도 과언이 아니다. 오바마가 대선후보 시절인 2008년 9월 7일 서브프라임 모기지(Sub-prime mortgage: 비우량주택담보대출) 부실로 촉발된 리먼브러더스 사태가 발생했다. 그 당시 미국 경제는 한마디로 엉망진창이었다. 물론 기축통화 달러 발행권이 있는 미국은 그해 7,000억 달러를 찍어 내 경기 부양에 나섰다. 급한 불은 껐다. 하지만 미국 경제는 그야말로 맛이 간 상태가 되고 말았다. 기름값, 렌터비가 폭등하고 실업률이 10%까지 치솟았다. 1929년 대공황(Great Depression) 이후 80여 년 만에 찾아온 최악의 경기둔화로 서민은 실물 경기에서 혹독한 경험을 했다.

그런데 그해 11월 4일 치러진 미국 대선에서 흑인 후보 오바마가 당선되면서 일대 파란을 몰고 온다. 당시 오바마의 당선은 19세기 중반 아웃사이더 케네디의 당선보다 더 큰 충격적인 사건이었고 이변이었다. 하지만 몸과 마음이 지치고 허탈해진 미국인에게 그런 충격마저 변별할 능력이 없었던 것 같았다. 당시 필자는 미국 뉴욕의 〈한민족포럼〉이라는 학술재단에서 사무국장으로 활동하며 미국의 현실을 보고 경험했다. 뉴욕·뉴저지에 거주하는 70만 한인의 고통도 이만저만 아니었다. 모기지(mortgage)로 어렵게 장만한 집을 단 한 푼도 건지지 못하고 앉아서 눈뜬 봉사처럼 날리는 사람이 부지기수였다.

국가 지도자의 무서운 통찰력

오바마 대통령은 2009년 1월 20일 행정부가 출범하자마자 높은 실업률부터 낮추기 위해 노력했다. 먼저 '스타업 아메리카 파트너십' 정책을 펼쳤다. 미국이 전 세계에서 창업하기 가장 좋은 나라임에도 불구하고 미국을 창업국가로 가속화하기 위한 자구책이었다. 오바마행정부 출범 2년 전인 2007년 1월 9일 애플의 스티브 잡스가 아이폰(iPhone)을 출시하면서 미국 사회에는 엄청난 변화가 일어났다. 이를 감지한 오바마 대통령이 2009년 말 IBM, 구글, 마이크로소프트, 애플, 아마존 등 15개 대기업 CEO를 백악관으로 초청했다. 오찬을 나누면서 한마디 당부했다. "기업인들이여, 전 세계의 젊은이들이 우리 미국에서 상상력을 마음껏 펼칠 수 있도록 그들을 잘 대접해 주세요."

오바마 대통령의 탁월한 통찰력(insight)이었다. 이미 아이폰으로 시장에서 불고 있는 변화를 CEO들도 잘 알고 있었기 때문에 쉽게 받아들였다. 그 후 젊은 사람들이 아이디어를 가지고 기업을 방문하면 그 값을 후하게 더 쳐주고 기발한 아이디어를 가진 청년에게는 함께 일하자며 수억 원에 이르는 높은 연봉의 일자리까지 마련해 주었다. 이 같은 사실이 입소문을 타고 전 세계로 번져 나갔다. 그러자 훌륭한 상상력과 아이디어를 가진 젊은이들이 미국으로, 미국으로 러시를 이루기 시작했다. 현재 샌프란시스코 새너제이 실리콘밸리의 성공한 벤처기업 100개사 가운데 48개사는 미국 청년들의 혁신으로 만든 기업이 아니다. 전 세계 젊은이들이 가져온 좋은 아이디어와 미국 기업의 기술과 자본이 합쳐져 설립된 것이다.

오바마 대통령의 인사이트는 여기서 그치지 않는다. 이미 미국 전역의 아이들에게는 게임이 마약 못지않은 중독이라고 기성세대가 우려하고 있을 때였다. 게임을 즐기는 아이들은 게임이라는 가상세계에서 벌어지는 참혹한 사건을 현실과 종종 혼동한다. 그래서 그들이 저지르는 사건이 현실에서 비일비재했다. 오바마 대통령 재임 시절인 2013년 12월 게임을 가장 잘하는 초등학생 15명을 백악관으로 초청했다. 함께 피자를 먹으면서 아이들에게 딱 한마디만 부탁했다. "얘들아, 앞으로 학교에서 소프트웨어를 가르칠 테니 열심히 배워서 남이 만들어 놓은 그 지긋지긋한 게임만 즐기지 말고 너희들 스스로 게임 프로그램을 만들어 보면 어떻겠니?" 그 후 초등학교는 스마트폰을 잘 사용하고 게임을 즐기는 아이들에게 새로운 길을 열어주기 위해 소프트웨어 교육을 의무화했다.

연임에 성공한 오바마 대통령이 8년 재임을 끝내고 퇴임하던 2016년 1월 17일 미국의 실업률이 10%대에서 4%대로 떨어졌다. 오바마 대통령이 엄청난 일을 해낸 것이다. 전 세계 GDP의 27%를 차지하는 그야말로 세계 패권국인 미국의 실업률 1%는 우리나라 4~5%와 맞먹을 만큼 엄청난 것이다. 그런데 오바마 대통령은 재임 8년간 실업률을 무려 6%나 떨어뜨렸다. 트럼프 대통령이 당선된 이후 미국이 승승장구하는 이면에는 오바마 대통령이 제4차 산업혁명의 장이 펼쳐질 수 있는 옥토를 일구고 좋은 씨앗을

뿌려놓았기 때문이다.

지금 미국에서는 매월 제조업 분야에서 18만 개의 일자리가 사라지고 있다. 이는 제4차 산업혁명의 시대적 필연이다. 하지만 오바마 효과로 실리콘밸리를 중심으로 벤처기업(start-up)에서 매월 23만 개의 일자리가 창출되고 있다. 우리처럼 일자리 정책에 수십조 원을 낭비하지 않고 가만히 두어도 잉여 일자리(surplus job)가 매달 5만 개씩 저절로 생기는 셈이다. 한 국가 지도자의 통찰력이 얼마나 무서운가를 우리는 뼛속 깊이 새겨야 한다.

미국의 제4차 산업혁명은 실제로 오바마 대통령의 등장과 함께 전 세계적으로 투명한 실루엣처럼 비치기 시작한다. 이전까지만 해도 산업현장은 여전히 제3차 산업혁명인 컴퓨터를 통한 생산-소비-유통의 자동화에 머물러 있었다. 무엇보다 애플이 아이폰을 출시한 이후 세상은 미국을 중심으로 그야말로 상전벽해로 변하기 시작했다. 바로 스마트폰을 제대로 활용하고 다룰 줄 아는 신인류가 출현했기 때문이다.

태어나 어린 시절부터 이미 컴퓨터와 PC게임방에서 디지털 가상세계에 흠뻑 취해 놀던 그들만의 경험세계가 급기야 스마트폰으로 옮겨간 것이다. 이 생태계에서부터 폰을 든 신인류와 기성세대의 안목이 극명하게 갈린다. 스마트폰족의 가상세계 경험치가 그들만이 느끼는 미세한 차이로 전혀 다른 세계를 펼쳐 나가기 시작했다. 신인류만이 열어갈 수 있는 기업가치 1조 원대의 유니콘, 우버 같은 스타업이 주로 미국과 중국을 중심으로 전 세계에서 1주일에 4~5개씩 생겨나는 세상이 됐다. 제4차 산업혁명의 본거지인 미국은 지금 이 혁명의 꽃을 피우며 그 열매를 따는 주역 국가로 등극했다.

중국, 제4차 산업혁명으로 미국 패권에 도전

중국 공산당 정부의 와신상담

중국 공산당 독재정부의 제4차 산업혁명에 기울이는 집념은 남다르다. 중국은 기존 제1~3차 산업혁명의 대열에서 탈락한 뒤 한 세기 이상 대국 중화주의 자존심을 무참히 짓밟히는 뼈아픈 경험을 했다. 1980년대 이후 값싼 노동력을 기반으로 세계의 공장이라는 제조업 블랙홀을 통해 긁어모은 거대 자본을 바탕으로 새로운 패러다임에 야망을 불태우고 있다. 실제로 중국의 야욕은 무섭다. 제4차 산업혁명을 선도하는 알리바바, 텐센트가 이미 아시아 1, 2위 삼성과 도요타를 저 멀리 제치고 아시아 최고 기업이 됐다. 그뿐만 아니라 세계 10대 기업의 반열에 우뚝 올라섰다.

제4차 산업혁명의 본질을 꿰뚫어 본 중국 공산당 정부는 2012년 전격적으로 우버를 받아들인다. 중국 정부도 제4차 산업혁명이 단순한 기술 진보가 아니라 신인류의 출현과 맞물려 있다는 점을 간파한 것이다. 곧바로 우버에 대항하는 디디추싱(滴滴出行)이라는 중국식 우버를 설립한다. 불과 4년 만에 공산당 특유의 국가자본 동원과 일감과 고객 몰아주기로 외국기업 우버는 중국에서 사라진다. 이제 중국의 우버 디디추싱이 그 자리를 차지하고 천하를 재편했다. 그리고 시가 총액 60조 원대 기업으로 재탄생했다.

중국 공산당 정부가 우버 방식을 전격적으로 시행한 데는 나름대로 숨겨진 다른 목표가 있었다. 중국 정부는 제4차 산업혁명을 앞당기기 위해 전 국민이 모바일을 손에 들게 만들었다. 가능한 한 전 국민이 새로운 문명을 빠르게 받아들이고 소화하도록 하려는 것이다. 지금 디디추싱의 소비자 14억 명은 공산당의 지시에 따라 스마트폰으로 택시를 부른다. 중국이 삼성과 애플을 베껴 자국의 저가 스마트폰 비보(VIVO), 오포(OPPO)를 대량 생산한 것도 같은 맥락이다. 중국은 이제 어느 선진국보다 스마트폰 사용이 보편화됐다. 스마트폰을 통한 구매 행위가 미래 산업의 석유(oil)로 불리는 데이터를 하루에도 수십억, 수백억 개씩 쏟아 낸다. 엄청난 데이터는 중국의 미래 혁신의 바탕이 되고 이 혁명을 선도하는 무서운 힘이 된다.

중국은 이미 세계 최고 데이터 보유국이 됐다. 수십억 명이 택시, 음식점, 편의점, 영화관 등 인간이 모이는 곳에서는 대량의 데이터를 쏟아 내고 있다. 이 엄청난 데이터를 모두 클라우드에 쌓아 둔다. 중국 핀테크(fintech)가 무서운 건 알리바바와 텐센트가 중국 사람들이 어떤 것을 소비하고, 무엇을 원하는지 그 데이터를 훤히 다 알고 있기 때문이다. 지금까지 중국 공산당정부는 제4차 산업혁명의 성공을 위해서는 무슨 짓이라도 서슴지 않고 있다. 제4차 산업혁명이야말로 지난 100년간 짓밟힌 대국의 자존심을 회복할 수 있는 유일한 기회로 보고 있기 때문이다.

중국제조 2025('Made in China 2025')

'중국제조 2025'는 공산당 독재정부의 대국굴기와 시진핑 주석의 야욕이 뒤섞여 이글거리는 용광로라고 할 수 있다. 중국의 제4차 산업혁명은 이 프로젝트를 중화주의 자존심을 회복하는 기폭제로 삼아 결국 미국에 도전장을 내민 것이다. 중국은 제조업 대국에서 제4차 산업혁명 시대의 디지털 기반 제조 강국으로 거듭나기 위해 야심 찬 계획을 세우고 이미 상당한 실현 단계에 와 있다.

기본 골격은 2015년부터 2025년까지 첨단 의료기기, 바이오의약 기술과 원료 물질, 로봇, 통신장비, 첨단 화학제품, 항공우주, 해양엔지니어링, 전기차, 반도체 등 10개 하이테크 제조업 분야를 적극 육성하는 것이다. 중국은 이를 통해 핵심 기술과 부품소재를 2020년까지 40%, 2025년까지 70% 자급해 제조 강국이 된다는 것이다. 한국과 영국, 프랑스를 뛰어넘는다는 게 1차 목표다. 2026~2035년 독일과 일본을 2차 목표로, 2036~2050년에는 미국을 잡고 명실 공히 세계 최고가 되겠다는 야심을 담고 있는 프로젝트가 '중국제조 2025'이다.

문제는 '중국제조 2025' 프로젝트를 추진하는 과정에서 '절차적 합리성'이 완전히 결여돼 있다는 것이다. 그동안 중국 공산당 독재정부가 저지른 야비하고 약탈적 기업 행위를 이제 전 세계가 다 알고 있다. 자국 기업에 대규모의 보조금을 지원하고 중국에 진출한 외국 기업을 압박해 핵심 기술 이전을 강요하고 있다. 게다가 컴퓨터 해킹으로 선진국의 기술을 도둑질하는 것은 물론이고 곳곳에 심어놓은 산업스파이로 수많은 첨단 핵심 기술을 절취하고 있다. 따라서 '중국제조 2025'는 단순히 첨단산업을 키우려는 계획이 아니다. 최종 목표는 현재 문명을 교체하고 있는 제4차 산업혁명에서 미국을 제치고 새로운 문명의 헤게모니를 잡겠다는 것이다.

이에 미국 트럼프행정부는 고율관세 부과 등을 통해 '중국제조 2025' 전략을 견제하고 나섰다. 미국 무역대표부(USTR)는 2018년 4월 3일 고율관세 부과 대상인 중국산 수입품 1,300여 개 품목의 목록을 공개했다. 이어 7월 8일 500억 달러 상당의 중국산 상품에 25%의 고율 관세를 부과했다. 이는 예상대로 '중국제조 2025' 전략을 정조준한 것이다. 중국 공산당정부가 '중국제조 2025'를 통해 육성하려는 5G통신, 항공우주, 해양엔지니어링, 전기차, 반도체 등 10개 핵심 하이테크 분야를 모두 관세 부과 대상에 포함한 것이다.

화웨이 5G통신의 위력

미국이 중국 민간기업으로 알려진 화웨이(華爲)를 줄곧 견제하는 데는 특별한 이유가 있다. 5G통신을 가장 잘 표현할 수 있는 한 가지 사례는 이렇다. 2025년경 자율주행차 도입이 완성되면 전 세계적으로 현재 직업 중 20% 정도가 사라지게 된다. 보험회사가 없어지고 택시회사가 사라진다. 자동차 생산이 70% 정도 줄어든다. 움직이는 자동차도 70% 가까이 줄어든다. 지금 차량의 30%만 있어도 차량공유제를 통해 인류가 불편 없이 충분히 활동할 수 있다. 자동차는 이제 보유나 소유가 아닌 공유로 간다는 것이다. 이 엄청난 변화가 5G를 통해 일어난다. 5G통신 시대가 열리는 제4차 산업혁명은 제3차 산업혁명에 비해 본질도 속도감도 완전히 다르다.

현재 5G를 선도하는 화웨이는 자유시장 경제체제에서 성장한 기업이 아니다. 중국 정부의 지원으로 발전한 기업이다. 먼저 화웨이를 정확히 알기 위해서는 주변 시장과 관련된 기술을 파악해야 한다. 2019년 상반기 현재 중국의 스마트폰 보급률은 83.7%이다. 일본의 보급률 50%에 비하면 매우 높은 편이다. 중국 스마트폰 판매시장이 2014년도만 해도 삼성이 20~22%(5,700만 대, 2015~2016년 2,000만 대)였다. 그러나 2019년 현재 중국 스마트폰이 85%, 애플 5%, 삼성 1.1%, 기타 순으로 나타났다. 이것이 중국 국가독점자본이 주도하는 비즈니스 스타일이다. 삼성이 중국 소재 스마트폰 조립공정을 폐쇄하고 있다. 최근 애플도 탈(脫)중국을 선언한 이유이다.

최근 미국 전략국제문제연구소(CSIS)가 제출한 보고서에서 "자본과 기술, 정보기술(IT) 능력 등을 모두 갖춘 거대한 중국이 국가 주도로 외국기업에 불이익을 주는 정책을 펴는 것은 중소 개발도상국의 불공정 정책과는 근본적으로 다른 문제"라고 지적한다. 만약 미국이 제4차 산업혁명의 핵심 기술 중 하나인 5G통신이 화웨이에 밀리면 목에 가시가 걸린 형국이 될 수 있다. 이런 문제로 트럼프행정부가 주변 동맹국까지 끌어들여 화웨이를 규제하고 나섰다. 현재 영국, 프랑스, 일본, 호주, 캐나다 등이 동참하고 있다. 우리는 아직 동참하지 않고 있어 많은 전문가가 우려하고 있다.

독일, 스마트 팩토리로 미래 준비

독일은 제4차 산업혁명을 '인더스트리 4.0(Industry4.0)'이라 부른다. 자국기업인 지멘스, 보슈, SAP 등과 2012년 워킹 그룹을 형성해 미국에 이어 가장 빠르게 착수했다. 독일은 일본과 함께 전통적인 첨단 제조업에서 최강국이다. 그런 독일의 산업계가 디지털 네트워크화로 전환하는 국면을 맞았다. 특히 미국의 구글, 아마존, 시스코(Cisco) 등 글로벌 기업의 약진이 두드러지면서 독일 기업 사이에 경각심이 커지고 있다. 독일 SAP의 전임 CEO 헤닝 카거만(Henning Kagermann)은 현재 선도적 위치를 점하고 있는 독일의 핵심 산업 분야가 스마트 서비스를 제공하는 부품회사로 전락할 위험이 있다고 지적한 바 있다. 또한 신임 독일 텔레콤 CEO 티모테우스 회트게스(Timotheus Höttges)는 유럽이 자체 산업 네트워크화를 추진하지 않을 경우 '디지털적 와해' 현상이 발생할 수 있다고 경고한다.

독일의 스마트 공장(smart factory)

제조업의 디지털화를 이야기할 때 독일을 빼놓을 수 없다. 독일은 '인더스트리 4.0' 전략을 통해 노동집약형 산업으로 낙인찍혔던 제조업을 '제4차 산업혁명 기술 기반 산업'의 최정상에 올려놓는다. 흔히 스마트 공장이라고 하면 로봇과 기계를 중심으로 완전 자동화된 시스템을 연상하기 쉽다. 제조업은 다른 산업에 비해 노동력이 집중적으로 투입되는 노동집약적 생산 방식이다. 그 때문에 공장에 로봇과 기계를 투입해 자동화 시스템을 갖추면 그만큼 인간의 노동력이 감소하기 마련이다.

하지만 독일은 인력 감축을 최소화하면서 일자리를 유지하는 제4차 산업혁명 시대에 걸맞은 디지털 전략을 세웠다. 독일 정부는 완전 자동화 시스템을 공장에 도입하길 원치 않는다. 스마트 공장시스템을 구현하면서도 사람들이 계속 공장에서 작업할 수 있도록 시스템을 만들었다. 따라서 독일의 스마트 공장에는 사람 중심의 철학이 있다. 이곳의 로봇은 인간을 돕는다. 독일의 스마트 공장에는 인간과 함께 일하는 협동 로봇이 자리하고 있다. 독일이 생각하는 미래는 지금의 선진국 GDP 수준을 유지하면서 고령자들이 공장에서 지속적으로 일할 수 있는 환경을 만드는 것이다. 그래서 모든 스마트 공장이 완전 자동화·기계화인 것은 아니다. 특히 사람의 손이 많이 가는 산업은 사람과 로봇의 협업이 이루어지는 생태계를 만든 것이다.

독일 아디다스, 연 50만 켤레…직원 10명

스피드 팩토리는 독일 정부가 추진한

'인더스트리 4.0'의 상징이다. 19세기부터 섬유제조 기술을 연구해 온 아헨 공대와 손잡고 3년 이상 심혈을 기울인 결과물이다. 아디다스 '스피드 팩토리'는 스마트 공장을 구현한 가장 성공적인 사례로 꼽힌다. 고령화, 고인건비 사회인 선진국에서 사람의 일자리를 줄이지 않고 오히려 새로운 일자리를 창출할 수 있다는 산 역사가 됐다. 원래 아디다스는 동남아시아 하도급 공장에서 '주문자상표부착생산(OEM)' 방식으로 물건을 생산해 왔다. 하지만 줄곧 스마트 공장 설립의 필요성을 느끼던 아디다스는 독일 내 스피드 팩토리를 설립하고 대규모 인력이 필요하던 기존 제조업 라인을 디지털화하는 데 성공했다.

아디다스는 2016년 9월 독일 안스바흐공장에서 생산한 첫 번째 신발 생산의 미래 기술(future craft)인 MFG(made for Germany)를 공개했다. 1993년 저렴한 인건비를 찾아 독일에서 중국과 동남아시아로 공장을 옮긴 지 23년 만이다. 안스바흐공장의 이름은 '스피드 팩토리(Speed Factory)'이다. 로봇 자동화 공정을 활용해 연간 50만 켤레의 운동화를 만든다. 생산설비에 상주하는 인력은 단지 10명뿐이다. 600여 명이 필요한 기존 신발공장에 비해 엄청나게 진보한 것이다.

먼 거리의 동남아시아에서 물류를 배송해야 하는 불편함도 자국에 공장을 설치하면서 해결됐다. 그동안은 아시아에서 만들어진 제품이 본사가 위치한 독일에 오기까지 최대 18개월이 걸렸다. 아디다스 스피드 팩토리는 곧바로 자국의 일자리 창출에 기여했다. 특히 양질의 일자리가 독일 자국에서 만들어졌다는 점이 더욱 고무적인 일로 평가받고 있다. 스피드 팩토리 설립이 스마트 공장 운영에 필요한 지식 집약적인 직군의 일자리가 증가했기 때문이다.

아디다스의 스피드 팩토리는 노동집약적이던 생산 공정을 빅데이터,

사물인터넷, 클라우드 컴퓨팅, 로봇, 기계화, 3D프린팅 등 디지털 작업을 통해 소수의 인원만으로도 생산이 가능하도록 변화시켰다. 여기에 다양한 개인의 욕구에 맞는 제품을 소량 생산하는 '다품종 소량 생산' 방식을 도입했다. 이를 통해 독창적인 디자인 신발이 3D프린터로 생산된다. 2019년 초 미국 애틀랜타에 세운 두 번째 스피드 팩토리에서도 운동화를 생산한다. 뉴욕과 같은 도심에서 달리기하는 사람들을 위한 운동화다. 2019년 4월부터 판매에 들어갔다. 아디다스는 2020년까지 독일과 미국에 있는 두 개의 스피드 팩토리에서 각각 연간 100만 켤레의 운동화를 생산한다는 목표를 세웠다.

스피드 팩토리의 운동화 생산 규모는 아디다스의 전체 생산량(연간 3억 6,000만 켤레)에 비하면 미미한 수준이다. 하지만 전문가들은 국내 신발업계에 시사하는 바가 적지 않다고 지적한다. 향후 스피드 팩토리가 점점 확산되면 문제는 크게 달라진다. 신발산업협회 관계자는 "신발 생산 공정에서 자동화 비중이 커질수록 인건비보다는 기술력과 생산 속도가 더 중요해진다"며 "우리도 남아 있는 신발 제조 현장에서 공정별 자동화에 속도를 내야 한다"고 주장한다.

불량 제로에 도전하는 미래 공장

산업 디지털화의 흐름과 함께 수년 전부터 미래 공장에선 어떤 공정으로 작업이 이뤄질지에 궁금증이 제기됐다. 글로벌 기업인 독일 지멘스의 암베르크(Amberg)공장은 하나의 해답을 제시한다. 암베르크공장은 전 세계 전자부품시장의 30%를 조달하는 세계 최대 전자부품 산출고다. 암베르크공장의 차별되는 점은 디지털화로 운영

된다는 것이다. 공장의 모든 스위치, 칩, 플라스틱 케이스는 별도의 코드를 갖고 있다. 부품 한 개가 필요하다면 지하 창고에서 생산 공장으로 이어지는 승강기의 생산 벨트로 전달되는데 로봇이 각 부품을 인식하고 조정한다. 전체 작업의 75%를 기계와 컴퓨터가 자동으로 수행하고 25%만 사람이 처리한다. 매일 5,000만 건에 이르는 공정 정보가 발생한다. 모두 시스템에 기록되면서 공정을 소프트웨어가 관할한다.

생산 공정의 디지털화로 이 공장은 불량품 제로에 도전하는 첨단 디지털 공장의 대명사가 됐다. 암베르크공장의 공장장 칼 하인츠 뷔트너는 최근 〈슈피겔(Spiegel)〉지와 한 인터뷰에서 "1995년 DPM(Defects per Million, 100만 개당 결함 수)이 550건 이상이었는데 현재는 12건에 불과하다"라며 "불량 제로 목표를 곧 이룰 수 있을 것"이라고 자신한다. 현재도 공장이 설립된 25년 전과 비슷한 1,000여 명의 직원이 근무하고 있다. 그러나 생산규모는 7.5배 이상 증가했다. 암베르크공장은 디지털화한 공정시스템을 토대로 개별 고객에게 맞춤형 제품을 생산해 공급하는 미래 공장의 표본이다.

독일의 산업 디지털화는 바로 제품의 품질 확보와 불가분의 관계에 있다. 제품 소재에서 부품, 최종 조립 등 제품의 총 공정에서 품질 감시와 불량품 식별, 불량품 제조 비중 감축 등 다양한 문제를 좀 더 빨리 식별해 낼 수 있는 장점이 있다. 아울러 각종 전자제품을 비롯한 초정밀 조립에서도 결함을 줄일 수 있고, 제품의 프로세스 공정 과정을 철저하게 데이터화할 수 있다. 이는 결국 각종 생산 과정에서 철저하게 관리함으로써 품질 제고와 시간과 비용 절감 효과도 큰 편이다. 디지털화의 보급은 일반적인 영업 모델인 제품을 기반으로 서비스를 제공하는 것이 아니라, 데이터로부터 서비스를 창출하는 패러다임의 전환을 가능하게 했다.

일본, 로봇 왕국으로 새 혁명 선도

로봇 왕국을 꿈꾸는 일본

일본의 아베 신조(安倍晋三) 정부는 2014년 6월 발표한 신성장전략 개정판에서 로봇을 이용하는 새로운 산업혁명 '소사이어티 5,0(Society 5.0)'을 선언했다. 일본은 서양에서 일어난 제1~3차 산업혁명에도 참여한 유일한 아시아 국가다. 이후 지금까지 세계에서 최고의 번영을 누리며 선진국 지위를 유지하고 있다. 그러나 21세기 들어 일본이 직면한 저출산·고령화, 산업 공동화 현실을 해결하지 못하고 있다. 특히 저출산·고령화는 미래 국가의 존망을 뒤흔들 만큼 위기로 다가오고 있다.

그런 가운데 일본 정부가 문제 해결책으로 착안한 것이 바로 '소사이어티 5.0'이다. 그리고 이를 로봇산업과 결부한다는 것이다. 일본의 제4차 산업혁명을 한마디로 요약하면 이렇다. 제조, 서비스, 농업, 정보통신기술 등 다양한 산업을 하나로 네트워크화한다. 이를 정부 정책을 통해 인공지능, 사물인터넷, 빅데이터 등 제4차 산업혁명의 핵심 기술을 로봇에 기반해 사회 전반적인 효율성을 높인다는 것이다. 그리고 고령인구까지 경제활동에 참여할 수 있도록 한다. 일본은 제4차 산업혁명이라는 신조류를 통해 국가를 번영시키면서도 사회가 안고 있는 문제도 해결하겠다는 두 마리 토끼를 잡는 데 집중하고 있다.

현재 일본은 전 세계에서 최고의 로봇 원천 기술과 핵심 기술을 보유하고 있다. 또 로봇산업은 글로벌 마켓의 50% 이상을 석권하고 있다. 일본 정부는 로봇산업을 '신성장전략의 실현을 위한 최후의 숨겨진 공(球)'이라고 부를 정도로 로봇산업에 거는 기대가 남다르다. 일본 정부는 제4차 산업혁명 시대에 로봇산업의 성공에 가장 큰 관심을 기울이고 있다. 과연 일본은 로봇으로 새로운 이 혁명에서 성공을 이끌어낼 수 있을까?

신(新)성장전략 로봇시장 육성

아베정부는 신성장전략에서 2020년까지 일본 로봇시장을 제조 분야에서 2배로, 서비스 등 비제조 분야에서 20배로 확대하겠다는 담대한 계획을 세웠다. 계획이 실현될 경우 제조·비제조 분야의 시장 규모는 최소 6,000억 엔에서 최대 1조 2,000억 엔(약 13조 원)에 이를 것으로 보인다. 일본 정부의 목표는 국내 로봇 생산 시장의 규모 확대에 그치지 않는다. 로봇의 도입으로 제조업 생산성도 현재 1%에서 2020년까지 2% 이상으로 향상시킬 계획이다. 국내 로봇시장 육성과 제조업 생산성 향상을 실현하기 위한 구체적 청사진인 5개년 계획은 관련 기업, 단체 등 관계자의 폭넓은 의견을 청취해 수립할 예정이다.

물론 현실은 녹록지 않다. 그럼에도 일본 정부는 로봇을 제4차 산업혁명의 주춧돌로 놓은 만큼 어떤 역경이 닥쳐와도 해쳐 나갈 태세다. 최대 산업용 로봇 제조기업인 야스카와 전기의 쓰다 준지 회장은 정부가 제시한 목표치가 비현실적인 수치는 아니라고 단언한다. 단순히 로봇 수를 늘리는 것이 목표가 아니라 산업 전반의 생산성을 끌어올리는 게 진정한 목표라는 것이다. 준지 회장은 로봇이 상당 부분 도입된 자동차와 전자기기 산업 외에 제조업과 비제조업을 감안하면 충분히 달성 가능한 목표라고 주장한다.

다양해지는 로봇의 역할

일본 당국이 로봇산업에 기울이는 관심은 반세기로 거슬러 올라간다. 일본은 이미 1970년대 오일쇼크를 극복하는 과정에서 생산력을 향상시키기 위해 로봇을 도입했다. 이후 1980년대에 보급이 확대되면서 자동차 생산라인의 용접 등에 활용하면서 로봇산업이 급성장했다. 1990년대 거품 붕괴를 겪으면서 팽창하던 로봇산업은 정체기에 들어섰다. 하지만 이를 전환점으로 삼아 로봇은 단순 기계에서 생산 장비로 탈바꿈했다. 평판 디스플레이, 반도체 등 청결한 제조 환경이 필수적인 전자기기 제조 현장에 활용되면서 상황이 크게 달라지기 시작했다.

1980년대 로봇이 본격적으로 도입된 후 제조업에 크게 기여해 왔다. 무엇보다 3D로 대변되는 열악한 노동환경에서 노동자를 해방시켰다. 나아가 제품의 질을 향상시키며 숙련된 노동자가 부족한 상황에서 그 빈자리를 메웠다. 일본의 고민인 고령화사회가 도래함에 따라 노동력 부족이 그 어느 때보다 심각해졌다. 그러면서 일본 정부는 로봇의 역할이 매우 중요하고 확대될 것으로 바라본 것이다. 업종별로는 산업용 로봇이 출하되면서 용도가 점차 다양해지고 있다. 자동차와 전기전자 분야가 여전히 큰 비중을 차지하고 있다. 하지만 비제조업 분야(1.4%), 식품음료산업(2.9%)에도 사용되고 있다. 특히 2008년 세계 금융위기 이후 단순 작업이 많은 식품, 의료품, 화장품산업을 중심으로 로봇 활용이 증가하고 있다.

일본 국토교통성과 경제산업성은 2014년부터 '차세대 사회 인프라용 로봇 개발 도입 추진' 프로젝트를 추진하고 있다. 2020년 도쿄올림픽을 목전에 둔 상황에서 노후된 도로 및 터널 등 인프라를 관리하기 위해 인프라 점검 로봇의 개발을 지원하고 있다. 인프라 설비 점검 작업을 로봇으로 대체한 것이다. 일본 정부 차원에서 인프라 정비를 주도함에 따라 인프라용 로봇시장이 빠르게 성장하고 있다. 야노경제연구소에 따르면 2014년 인프라용으로 출하된 로봇은 고작 161대이지만 2020년에는 1,005대로 무려 6배 이상 확대될 것으로 전망한다.

기업도 새롭게 형성되는 시장에 진입하기 위해 발 빠르게 움직이고 있다. NEC그룹은 일본 하수도사업단과 공동으로 하수도관 검사 로봇을 개발해 실증실험을 진행했다. 이 로봇은 직경 20~80㎝의 하수도관 내부의 파손 및 부식 등을 원거리 조작으로 조사한다. 도큐건설은 도로 및 선로를 지지하는 콘크리트 교각을 비교적 간단하게 보강할 수 있는 로봇을 개발했다. 동일본 대지진 때 콘크리트 교각이 많이 손상된 것에 착안해 개발한 이 로봇은 재해 시 응급처치에도 큰 역할을 할 것으로 보인다.

세계 로봇시장 선도하는 일본

일본은 세계 10대 로봇기업 중 7개사를 보유하고 있다. 기술력은 당연 세계 최고다. 대표적인 기업이 가와다로보틱스의 '넥스트에이지'이다. 사람의 상반신과 유사하게 생긴 로봇이다. 사람 바로 옆에서 기계 조립 작업을 할 수 있다. 가와다로보틱스는 프로그램으로 세세하게 움직임을 지정하지 않고도 로봇이 장착된 카메라에 의지해 스스로 물건을 잡을 수 있게 개선했다. 또 TV 게임과 비슷한 직관적인 조작이 가능하도록 개선해 직원이 작업 방법을 로봇에 저장하면 로봇이 이를 암기한 후 자동으로 움직인다.

또 파나소닉은 2015년부터 가볍고 저렴한 장착형 로봇을 판매하고 있다. 가격은 50만 엔대로 업계 최저가이며, 무게는 7kg으로 기존 제품의 4분의 1에 불과해서 여성이나 고령자도 쉽게 활용할 수 있을 것으로 보인다. 물류업체나 농가에서 무거운 짐을 들어 올릴 때 활용하면 허리의 부담을 15kg 정도 줄일 수 있어서 작업 부담을 경감하고 일손 부족 해소에도 도움이 된다. 가격도 저렴해서 장착형 로봇시장에서 선전할 것으로 기대된다. 로봇에 활용되는 소재 개발도 꾸준히 이뤄지고 있다. 아사히(朝日)는 고무줄처럼 늘어나는 전선을 선보일 계획이다. 탄력 있는 폴리우레탄 섬유에 도체선을 감은 것인데, 기존 전선에 비해 움직임이 자유로워 복잡한 움직임이 요구되는 인간형 로봇에 사용될 수 있다.

일본 로봇업계는 로봇산업 발전에 암초로 작용했던 노동안전위생규칙 제150조 4항에 의거한 산업용 로봇에 관한 설치 규제가 완화됨에 따라 로봇이 일본 제조업 경쟁력을 끌어올리고 정체된 기업의 설비투자를 유도하는 기폭제가 되고 있다. 그동안 이 같은 규제로 사람과 로봇의 작업 영역을 엄격하게 분리해야 했다. 그에 따라 넓은 공장 부지가 필요했다. 또 센서 설치에 많은 비용이 들었던 문제도 대폭 개선됐다. 이로써 아베 정부가 외치는 로봇을 활용하는 산업혁명의 가능성이 높아졌다. 여기에 파나소닉의 예처럼 저렴하면서도 필요한 기능을 갖춘 제품을 보급한다면 증기기관차가 산업혁명의 불을 지폈듯이 일본 로봇이 21세기 산업혁명의 불을 지필 수 있다.

고령화에 대비한 개호(돌봄)로봇

일본은 1980년대부터 고령화를 심각한 사회적 문제로 보고 2000년 개호로봇 개발을 시작했다. 로봇을 통해 고령자들이 육체노동을 할 수 있도록 도와 경제활동을 할 수 있는 기간을 늘

일본은 특히 정부 차원에서 자신들이 잘할 수 있고 우위에 있는 기술을 정확히 파악해서 경쟁력 있는 분야를 중심으로 제4차 산업혁명 전성기를 소사이어티 5.0이라는 개념으로 철저히 준비하고 있다. 일본은 로봇과 같은 주력 산업을 바탕으로 다양한 분야에서 제4차 산업혁명을 진행하고 있다. 일본 아베정부는 2020년 8월 도쿄에서 개최하는 올림픽에서 자국의 제4차 산업혁명에서 얼마나 철저한 준비를 하고 있는지를 선보일 것으로 전망된다.

특히 로봇을 중심으로 자율주행차 등 일본의 앞선 기술을 시연해 자국의 앞선 기술을 과시할 것이 분명하다. 이를 통해 일본 정부와 기업은 전 세계 거대 자본을 유치하는 데 엄청난 노력을 쏟을 것이다. 그런데 우리는 지금 일본과 외교로 풀 수 있는 문제를 국가 간 마찰로 각을 세우고 있다. 무엇보다 대한민국 정부는 인류의 오랜 제전인 올림픽을 놓고 참가 여부를 운운한다. 정말 냉전시대의 경직된 사고만큼이나 유치한 발상이다.

영국의 제4차 산업혁명

만물인터넷 선두 주자 영국, 상상이 현실로

영국 정부는 2012년 만물인터넷(IoE: Internet of Everything)에 도전장을 던졌다. IoE는 우리 주변의 모든 사물에 네트워크 기능을 적용해 인터넷으로 연결하는 것을 의미한다. 사물과 사물, 사물과 사람이 모두 거대한 네트워크에 연결된 가장 발전적 형태의 인터넷 기술이다. 인터넷에 연결된 기기를 작동시키는 사물인터넷(IoT: Internet of Things)을 비롯해 인공지능, 빅데이터, 클라우드 등 최첨단 정보통신기술(ICT)을 종합한 기술이다.

IoE는 산업 간 분야는 물론이고 인간과 사물까지도 업무 분야의 경계를 무너뜨린다. IoE는 이미 헬스케어, 교통, 건설, 엔터테인먼트 등 다양한 분야에 영향을 미치고 있다. IoE는 네트워크기술 RFID1)(NFC, 블루투스, GPS, 5G를 활용해 기기 간의 인터넷 연결로 새로운 서비스를 제공한다. IT 전문 컨설팅 기업 가트너는 앞서 2014년 가장 주목해야 할 10대 전략 기술 중 하나로 IoE를 꼽았다. 영국의 전문 조사업체 ABI리서치(ABI Research)는 최근 인터넷에 연결된 기기가 100억 대에 이르며 2020년에는 300억 대까지 증가할 것으로 예상했다. 앞으로는 인터넷이 연결되지 않는 전자기기는 찾아보기 어려울 것이다.

스마트 시티 건설에 박차

인텔 공동연구소는 영국 런던 임페리얼대학, 런던 유니버시티칼리지(University College London)와 2020년까지 IoE 기술 및 상품 개발을 공동 연구할 계획이다. 런던 지하철역 주변에 100여 개의 IoE 장비를 설치한다. 현재 시범사업으로 하이드파크, 엔필드, 브릭스턴 등 3곳에 설치해 활용하고 있다. 지역에 기반한 클라우드 프로젝트로 IoE에 장착된 센서를 통해 공기오염도, 수질오염도, 소음, 공동 같은 데이터를 파악하고 있다. 현재까지 정보의 정확도가 완벽하진 않지만 공동 연구팀은 곧 100%에 이를 것으로 확신한다.

런던 임페리얼대학의 줄리 매캔(Julie McCann) 교수는 IoE를 이같이 설명한다. IoT는 개개인의 실생활에 직접적인 영향을 줄 것이다. 예를 들어 스마트 시티에서 생활하는 개인이 웨어러블 기기(착용기기)를 착용한 채 아침에 조깅하면 공원에 설치된 센서를 통해 공기의 오염도 데이터를 받아볼 수 있다. 또 클라우드 기술을 통해 운동하면서 다른 사람들을 만날 수 있도록 알림 기능을 설정할 수도 있다. 아침 운동이 끝나고 회사에 출근할 땐 스마트폰으로 교통정보를 실시간 전송받고 집에서 회사까지 출근할 때 소비한 운동량을 스마트폰에서 확인할 수 있다. 회사 건물은 개인 센서를 통해 분석한 정보를 바탕으로 건물의 온도와 환경을 구성원의 상태에 맞게 조절한다.

지역 문제 해결사 스마트 시스템

"우리는 만물인터넷을 이용해 지역 문제를 해결하고 있다." 영국 엔필드 지역 엔필드 지방자치단체 공무원인 네드 존슨 환경부 국장의 설명이다. 엔필드는 교통체증으로 몸살을 앓고 있었다. 지방자치단체는 인텔과 기술협약을 맺고 IoE 센서를 엔필드의 지역 학교에 직접 설치해 교통 문제를 해결하고 있다. 학교뿐만 아니다. 엔필드 지역 곳곳에 설치된 센서를 통해 지역마다 공기오염도를 모니터링한다. 가스센서를 통해 데이터화된 정보를 엔필드 지방자치단체의 중앙 컴퓨터실 컴퓨터로 보내면 담당자가 즉각 이를 분석해 교통체증 및 공기오염을 막는 데 필요한 조치를 취한다.

또 엔필드 지방자치단체는 등하교 시 발생하는 특정 지역의 극심한 교통체증을 막기 위해 20개 학교의 정문에 설치된 센서를 통해 인구 이동량을 파악한다. 그리고 이동량이 증가하는 학교가 있으면 승용차로 등하교를 돕는 학부모의 스마트폰에 문자를 보내 버스나 자전거를 타고 학생이 등하교할 수 있도록 정보를 제공한다. 학생들이 착용한 웨어러블 기기에 설치된 센서는 엔필드 지방자치단체의 중앙 컴퓨터와 무선으로 연결돼 있다.

엔필드 지역은 영국의 발전을 이끈 제조업으로 유명했다. 로열무기제조공장(Royal Small Arms Factory), 컬러텔레비전, 식기세척기, 현금인출기(ATM)가 가장 먼저 대량 생산된 곳도 바로 엔필드 핫포인트공장이다. 제조업이 쇠퇴한 뒤 엔필드 서부 지역에는 대규모 주거단지가 형성돼 이곳에 주요 쇼핑센터도 몰려 있다. 엔필드 지방자치단체의 통계에 따르면 엔필드에는 1만 개의 기업(유통·무역)에 9만 명이 고용되어 있으며 전체 인구는 약 31만 명이다. 한때 제조업이 발달했던 엔필드는 산업 지형의 변화로 이제 IoE를 이용한 IT산업이 새로운 업종으로 자리 잡았다.

영국에서 IoE의 활용은 비단 공공기관뿐만 아니다. 기업에서도 발 빠른 움직임을 보이고 있다. ARM사는 영국 케임브리지 본사에 IoE 환경을 구축했다. 40개의 회의실과 75개의 조명 관리 시스템(온도, 물)을 설치하기 위해 약 600개의 센서와 네트워크기술을 접목했다. 또한 저전력 기기를 위한 IoT 표준규격 기술을 개발한 센시노드사를 인수하며 스마트기기를 이용한 건물, 스마트기기, 차량 간 통신을 지원한다. 영국은 이제 IoE에 기대를 걸고 정부와 기업이 팔을 걷어붙이고 나섰다.

네덜란드의 제4차 산업혁명

과학농업으로 농산물 수출 세계 2위

네덜란드의 면적은 4만 km²에 불과하다. 우리나라 경상도만 한 국토에 농업 수출이 미국에 이어 세계 2위다.

농업 대국인 아르헨티나, 호주, 캐나다, 중국을 모두 물리치고 정말 기적 같은 농업 대국으로 우뚝 선 것이다. 대한민국의 농업 수출은 5조 원에 이른다. 그런데 우리나라 경상남북도만 한 이 조그마한 나라의 농업 수출액이 2018년 자그마치 우리의 약 20배인 98조 원 규모다.

원래 네덜란드의 국토 크기는 우리 경상남도와 비슷했다. 그러나 풍차의 나라는 바다보다 낮은 땅에 댐을 막고 물을 빼내 경상북도 넓이만 한 땅을 더 확장해 지금의 경상남북도 크기가 된 것이다. 네덜란드의 모토는 '농업은 과학'이다. 이제 제4차 산업혁명 핵심 기술과 맞물려 농업과 유업 등 낙농업뿐만 아니라 푸드산업에 이르기까지 농업 관련 산업혁명에 엄청나게 열을 올리고 있다.

사람들은 네덜란드의 농업이 세계 농업 수출량 2위라는 사실을 얼마나 알고 있을까? 사실 필자는 모르고 있었다. 이 책을 쓰기 위해 자료를 수집하면서 알게 됐다. 2위가 어떻게 중국도 아닌 네덜란드란 말인가. 너무나도 충격적이었다. 네덜란드는 한반도 남쪽 영토의 40%에 달하는 작은 나라다. 그리고 국토 3분의 1이 간척지인 점을 고려하면 실로 놀라운 일이 아닐 수 없다. 그런데 어떻게 그런 일이 가능한 것일까. 이게 정말 궁금하다.

스마트 팜(start farm)은 농업 자체의 경쟁력을 극대화함으로써 최대 수익을 창출하는 것이 목적이다. 한마디로 네덜란드 스마트 팜의 생산성과 효율성은 상상을 초월한다. 1평(3.3㎡) 공간에서 연간 800kg의 양송이 재배가 가능하다는 것이다. 만약 이러한 기술이 없었더라면 유럽에서 양송이버섯 가격은 당장 2배로 뛰게 된다. 이러한 스마트 팜은 네덜란드가 보여 준 '농업혁신'의 대표적인 모습이다. 불리한 자연조건, 환경 등을 극복하고 세계 2위의 농업 강국이 되기까지 네덜란드 식 영농방법의 핵심 코드가 바로 '농업은 과학'이다.

첨단 과학으로 낙농 강국 유지

젖소를 예로 들면 우리나라에서는 아무리 좋은 사료를 잘 먹여도 한 마리에 연간 짜낼 수 있는 유량의 임계치는 8,000L이다. 그런 소가 네덜란드에 도착하면 1만 2,000L를 생산할 수 있다. 어떻게 같은 젖소에서 마리당 4,000L 더 짤 수 있단 말인가. 똑같은 먹이를 먹였는데도 네덜란드에서만은 그것이 가능하다. 농업이 과학인 나라는 소의 네 다리에 센서를 부착한다. 그리고 무선데이터송신장치(RFID: Radio Frequency Identification)로 컴퓨터와 연결한다. 이를 통해 수천 마리의 소가 몇 시에 일어났는지, 언제 먹이를 얼마를 먹었는지, 운동량은 얼마인지를 정확하게 알 수 있다.

젖소는 젖을 짜기 두 시간 전에는 운동하면 안 된다. 그래서 컴퓨터 데이터가 다 알고 이를 관리한다. 그런데 어떤 소가 움직이고 있다면 발목에서 바이브레이터가 부르르 떨면서 소의 운동을 멈추게 한다. 동물 애호가 편에서는 동물 학대라고 주장할는지 모른다. 어쨌든 이런 디지털 소프트웨어 커넥터와 연결된 제4차 산업혁명의 기술을 농업에 도입한 결과 소에게서 우유를 최대한 많이 얻어 낸다. 뛰어난 디지털 소프트웨어 기술을 바탕으로 농업 강국으로 자리매김할 수 있었던 것이다.

푸드밸리 바게닝겐(Wageningen)

경쟁력 있는 농업과학기술을 바탕으

로 네덜란드는 이제 새로운 먹거리 연구로 눈을 돌리기 시작했다. 네덜란드 정부와 학계는 식량 생산의 한계를 파악하고 미래 식량 시장을 선점하기 위해 분주하게 움직이고 있다. 하지만 많은 사람이 실리콘밸리나 차이나타운은 들어본 적이 있어도 푸드밸리(food valley) 바게닝겐(Wageningen)은 생소하다고 말할 것이다. 바게닝겐은 네덜란드 수도 암스테르담에서 승용차로 40~50분 거리에 위치한 아담한 도시다. 푸드밸리 바게닝겐에는 전 세계 1,700여 개사의 식품회사 연구소가 모여 있다.

캘리포니아 새너제이에 있는 실리콘밸리에는 스탠퍼드대학의 싱크탱크가 있다면 네덜란드 푸드밸리에는 바게닝겐대학이 있다. 이 대학이 푸드밸리에 있는 모든 연구소의 연구개발(R&D)을 뒷받침하는 싱크탱크 역할을 하고 있다. 바게닝겐대학이 과학기술을 모두 농업에 접목한 결과 세계 2위 농업 수출국이 된 것이다. 그리고 이 대학의 연구소에서는 음식까지도 연구개발하고 있는 것이다.

배양육(cultivated meat)산업

전 세계적으로 식량의 위기의식이 고조되고 있다. 유엔 식량농업기구(FAO)에 따르면 현재 세계 인구는 약 75억 명으로 2050년에는 90억~100억 명에 육박할 것으로 예상된다. 이제 농업으로 확보할 수 있는 식량 자원에는 한계가 왔다. 인간이 먹는 곡식이나 채소 등을 재배하는 동시에 가축의 사료도 재배해야 하기 때문이다. 현재 70~75%의 경작지가 가축 사료로 쓰이는 옥수수, 콩을 재배하는 데 이용되고 있다. 식량 부족으로 식량 가격은 지속적으로 상승하고 있다. 전문가들은 획기적인 변화가 없는 한 식량 가격이 떨어질 가능성은 거의 없다고 단언한다.

네덜란드는 첨단과학 농업기술을 보유하고 있다. 지속 가능성(Sustainability)에 관심이 높아 대안 식품 연구를 선도하는 나라 중 하나로 꼽힌다. 특히 배양육(In vitro meat or Cultured meat) 개발 분야에서 뛰어난 기술 경쟁력을 보이고 있다. 빌렘 판 에일런(Willem van Eelen)은 1999년 배양육의 특허를 획득했다. 그리고 마스트리흐트대학의 마르크 포스트(Mark Post) 교수는 2008년부터 배양육 연구를 수행하고 있다.

배양육은 어떻게 만들어지는 것일까? 현재 네덜란드 마스트리흐트대학 연구실에서 수작업을 통해서만 만들어지고 있다. 마르크 포스트 교수와 연구원들은 소의 줄기세포를 분리해 이를 근육세포로 배양시켜 단백질, 설탕 등이 들어 있는 배양액에 담가 둔다. 배양액에 아미노산과 지방산을 투여해 일반 육류와 비슷한 맛을 내도록 하는데 최근에는 조류(Algae: 바닷말) 혼합물로 배양하기도 한다. 세포가 자라도록 몇 주간 집중적으로 영양을 공급하면 근육세포가 근육조직으로 변한다. 이 근육조직을 페트리접시 안에서 서로 연결시켜 동물의 몸에 붙어 운동하는 것처럼 힘줄에 전기 자극을 가하면 배양육으로 성장한다. 네덜란드 정부는 바게닝겐대학의 식품연구소에 식용 곤충 단백질 생산과 관련한 연구에도 보조금을 지원하고 있다.

이처럼 제4차 산업혁명은 나라마다 조금씩 다르게 펼쳐지고 있다. 자국의 선진기술에 맞게 적용해 창조경제를 실현함으로써 일자리 창출과 소득증대로 부를 일궈 가고 있다. 보안 서비스 등을 제공, 판매하는 미국의 다국적기업 시스코시스템스(Cisco Systems, Inc.)의 존 체임버스(John Chambers) 회장은 "기업의 게임 법칙이 바뀌고 있다"라며 "향후 10년 내 현존 기업 절반이 망할 것이다. 디지털로 가는 기업만 살아남을 것이다"라고 주장한다.

세계 최고 전화기 제조업체인 핀란드 노키아는 애플의 스티브 잡스가 출시한 스마트폰을 보고도 설마하고 망설였다. 결국 혁신에 한발 늦은 노키아는 지구상에서 사라지고 말았다. 하지만 우리나라 삼성은 곧바로 모방한 뒤 갤럭시폰을 만들어 크게 성공했다. 이처럼 제4차 산업혁명은 디지털 첨단과학기술을 기반으로 상상력과 아이디어 그리고 속도라는 3박자가 어우러질 때 비로소 강한 빛을 발할 수 있다.

이스라엘의 제4차 산업혁명

이스라엘이라는 나라는 자국을 스스로 '스타업 네이션(Start-up Nation: 창업국가)'이라고 부른다. 《창업국가》는 2016년 서거한 시몬 페레스 대통령의 저서 제목이기도 하다. 이 책은 "제4차 산업혁명은 상상력을 먹고 자라는 새로운 혁명"이라고 전제할 만큼 상상력을 강조한다.

실제로 세계에서 벤처 창업이 가장 활발한 나라는 미국이 아니다. 이스라엘이다. 전문가들은 오늘날 이스라엘의 눈부신 발전은 혁신을 바탕으로 한 기업가 정신의 벤처(start-up) 열풍이라고 말한다. 창업국가는 이스라엘의 또 다른 이름일 뿐 아니라 창업의 비결을 전 세계에 소개한 책이다. 우리나라에서도 윤종록 전 미래창조과학부 차관이 2010년 미국 벨연구소 특임연구원 시절에 번역해 국내에 소개한 베스트셀러이다. 이스라엘을 좀 더 자세히 알고 싶다면 시몬 페레스 대통령이 쓴 《창업국가(Start-up Nation)》를 참고하면 도움이 된다.

이스라엘 하면 먼저 미국의 전폭적인 지원을 받는 국가, 유전적으로 머리가 세계에서 가장 똑똑한 민족 등을 떠올릴 것이다. 물론 같은 하나님 사상에 뿌리를 둔 두 국가는 우방이며 미국의 지원 없이는 오늘의 이스라엘이 될 수 없었던 것은 사실이다. 실제로 이스라엘 민족(1,500만 명: 현재 600만 디아스포라)이 노벨상 가운데 23%를 석권해 왔다. 하지만 인류가 똑똑함을 판단하는 IQ는 100(대한민국 106)이다. 그리 높지 않다. 한국이 단연 세계에서 가장 높고 이스라엘은 전 세계 234개 국가 중 딱 평균치에 머무는 수준이다.

이스라엘은 인구 900만 명에 면적은 2만 ㎡이다. 인구와 면적이 모두 대한민국의 20% 정도밖에 안 되는 작은 국가다. 게다가 국토는 70%가 사막이고 나머지 땅도 연 강수량이 400㎜로 준 사막 지역이나 다름없다. 무엇보다 사방이 적국으로 둘러싸여 있어 인근 국가를 여행할 수 없는 고립된 국가다. 한마디로 이스라엘은 모든 악조건을 갖춘 척박한 나라다. 그런 이스라엘이 수많은 역경을 극복하고 2018년 현재 1인당국민소득이 4만 2,000달러다. 이미 10년 전에 경제, 군사, 과학기술 등 모든 부문에서 선진국 반열에 올랐다.

사막의 나라 이스라엘이 어떻게 '요르단강의 기적'을 이루었을까. 이스라엘은 사막과 광야를 이렇게 구분한다고 한다. 둘 다 메마른 땅처럼 보인다. 하지만 비가 온 뒤 풀이 솟아나면 광야, 그렇지 않으면 사막이다. 제4차 산업혁명의 신세계에서 이스라엘은 사막을 광야로 만들고 있다. 이스라엘에선 정부와 기업 간 관계가 수평적이다. 정부는 스타트업을 관리 감독하는 게 아니라 철저히 후원하는 역할을 맡는다. 몇 번을 실패해도 아이디어만 좋으면 창업자금을 지원한다. 이스라엘 경제부 관료들은 정부가 사사건건 간섭하면 창업가들이 경직돼 제대로 사업을 펼칠 수 없다고 주장한다.

후츠파(Chutzpah) 정신

우리 대한민국 국민의 머릿속에 '빨리 빨리'가 들어 있다면 이스라엘에는 '후츠파'가 들어 있다. 후츠파는 뻔뻔함, 무례함, 철면피라는 의미의 히브리어 단어이다. 하지만 숨은 뜻은 용기, 배포, 도전, 탐구정신 따위를 내포하고 있다. 실제로 이스라엘 사람에게 후츠파는 이런 사전적인 정의를 넘어 7가지 사회문화적 의미로 확장된다. 후츠파는 크게 '형식의 파괴', '질문할 권리', '상상력과 섞임', '목표 지향', '끈질김', '실패로 얻는 교훈' 그리고 '위험 감수' 같은 의미로 이해된다.

이를 좀 더 쉽게 요약하면 수평적인 관계 속에서 끊임없이 묻고 답하는 실용적인 문화가 이스라엘의 도약과 혁신의 원천이었다는 것이다. 따라서 후츠파는 열린 대화를 통해 끊임없는 쇄신을 일으키는 원동력이 된다. 특히 변화가 빠른 정보통신기술(IT) 분야에서 그 정신이 높게 평가된다. 무엇보다 상대방의 권위에 상관없이 자신의 생각과 주장을 솔직하고 과감하게 표현할 때 창의와 혁신이 일어날 수 있는 것이다. 그리고 때로는 상대뿐만 아니라 스스로도 냉철하게 되돌아 볼 수 있게 된다.

이스라엘은 어디까지 왔나

이스라엘은 인공지능 분야는 현재 마켓 세계 점유율 1위 미국(40%)에 이어 인구대국 중국과 공동 2위(11%)에 올라 있다. 인구 900만 명이 14억 명의 중국과 어깨를 겨루고 있을 만큼 AI 분야에 국가적 힘을 쏟아내고 있다. AI 기준 2018년 스타트업은 약 950개사로 집계된다. 이는 지난 5년간 연평균 140개 이상 창업한 것으로 유럽 전체 창업보다 많은 규모다. 이스라엘이 인공지능산업에 신경을 기울이고 있는 것은 이 부문을 제4차 산업혁명의 종결자로 본 것이다. 실제로 많은 전문가가 머지않아 AI를 집안의 전기 쓰듯 사용할 것이라고 주장한다.

이스라엘 정부는 AI에 이어 미래 산업으로 자율주행차에도 집중하고 있다. 현재 이스라엘은 완성차가 없는 상태이다. 그런데도 자율주행 부문은 일본과 함께 세계 최강국이다. 자율주행차 벤처기업 500개사 중 이미 300여 개사가 미국에 진출해 있다. 150여 개사가 GM에 참여하고 있다. 나머지는 자율주행 완성차 플랫폼을 구축하고 있는 테슬라, 구글 등과 직접 경쟁하지 않고 틈새시장 개척에 주력하고 있다. 그리고 세계 자율주행차 완성차 시장에 기술을 공급하고 있다.

또 ICT 분야에도 노력을 기울이고 있다. ICT는 5G통신, 반도체, 소프트웨어, 인터넷, 사이버보안 등 제4차 산업혁명 시대를 이끌 핵심 기술 관련 산업이다. 특히 네트워크와 IT서비스 결합을 통한 새로운 발전 가능성을 끊임없이 모색하고 있다. 전문가들은 "이스라엘이 스타트-업과 하이테크 산업을 성장동력으로 육성해 온 대표 강국으로 꼽힌다"라며 "대표 스타트업 단지인 수도 '텔아비브'는 시장조사기업 스타트업 지놈이 선정한 글로벌 스타트업 생태계 순위에서 실리콘밸리, 뉴욕, 런던에 이어 6위를 차지할 정도로 관련 생태계가 잘 구성돼 있다"라고 말한다.

이스라엘은 이미 제4차 산업혁명 대열에 선두 주자로 야심차게 출발했다. 2019년 8월 초 롯데그룹 신동빈 회장이 이스라엘을 찾았다. 롯데 관계자는 "제4차 산업혁명 시대를 대비하고 지속 가능한 미래 성장을 위해 오래전부터 그룹 차원의 신기술 도입을 계획하고 있다"라며 "롯데는 특히 스타트업과의 오픈 이노베이션에 관심을 보여 왔다"라고 밝혔다. 벤처산업에 관한 한 이스라엘은 이미 세계 최고 국가의 반열에 올랐다. 스타트업 출발을 알린 신 회장의 이스라엘 방문도 벤처 강국 이스라엘에 거는 기대가 그만큼 크기 때문일 것이다.

제4차 산업혁명 시대 인문학의 역할

상상력과 제4차 산업혁명

《제로 투 원(Zero to One)》은 지난 10여 년간 경영서적 베스트셀러 10권 중 한 권이다. 이 책의 저자 피터 틸(Peter Thiel)은 현대 경제를 X축과 Y축의 두 축으로 설명한다. 그는 X축 경제를 1(one: 유)에서 N(다수)으로 만들어 내는 수평적 확장(horizontal expansion)이라고 주장한다. X축 경제는 누군가가 새로운 제품을 만들어 놓은 데서 이어지는 확장 구조다. 이를테면 스티브 잡스가 아이폰을 출시하자 삼성이 이를 모방해 갤럭시를 만들었다. 오히려 후발 주자인 삼성이 더 많은 제품을 생산, 판매하고 있다. 이게 대표적인 X축 경제다. 우리 경제는 1970년대 산업화를 이룩하면서 지금까지 이 부문에서 단연 세계 최고다.

그러나 피터 틸은 제4차 산업혁명 시대는 X축 경제만으로는 살아남기가 어렵다고 지적한다. 이 혁명에서 살아남으려면 Y축으로 시선을 교체해야 한다는 것이다. Y축 경제는 0(무)에서 1(유)를 만드는 창조경제를 의미한다. 이때 0이 의미하는 것이 우리 머릿속의 상상력과 아이디어이다. 제4차 산업혁명 시대의 경제는 원료 대신 상상력과 아이디어를 집어넣으면

한 것이다. 인간 삶의 궁극적인 동력은 결국 자기(인간)를 이해하고 표현하는 데 있기 때문이다. 그리고 고금을 통해 문명을 주도해 온 힘의 주체는 언제나 인간이었다.

무엇보다 제4차 산업혁명은 모방경제가 아니다. 창조경제다. 창조와 창의란 없는 길을 여는 더 높은 상상력의 단계를 말한다. 제4차 산업혁명은 자원이 없는 우리나라로서는 기회가 아닐 수 없다. 미래를 여는 것은 전문 컨설팅을 통해 예측하는 것이 아니라 상상하는 것이기 때문이다. 아이폰으로 새로운 세계를 연 애플의 스티브 잡스도 창조는 바로 과거와 현재 그리고 미래를 연결하는 것이라고 강조했다. 이 연결이 바로 상상력을 기반으로 하는 것이다. 과거를 돌아봐도 그렇다. 어떤 전문 컨설팅 기관이 아무리 좋은 자료와 기법을 동원해도 미래를 맞힌 적은 거의 없다. 그러나 인간의 상상력 하나로 그려진 공상만화나 공상과학소설(SF) 및 공상과학영화는 시기는 좀 늦춰질 수 있어도 대부분 적중해 왔다.

이를테면 17년 전 개봉된 영화 〈마이너리티 리포트(Minority Report)〉가 그렇다. 2002년 스티븐 스필버그 감독의 이 영화는 인공지능이 인간을 지배하고 있는 미래 사회를 잘 보여 주는 작품이다. 인공지능 학자들은 늦어도 2045년까지는 인간을 지배할 수 있는 강한 인공지능이 출현할 것으로 전망한다. 2019년 현재 인공지능의 연산능력은 벌써 75억 인구를 합친 능력보다 앞선다. 대한민국 만화가 김정문 씨는 1960년대에 단순한 상상력만으로 40년 뒤(2000년대)의 미래 한국 사회를 만화로 그려 냈다. 이 만화의 풍속도에는 움직이는 도로(자율주행차), 태양열(태양광), 전자신문 등 작금의 제4차 산업혁명의 핵심 기술이 무서우리만큼 정확히 묘사돼 있다.

인공지능 예술 활동까지 수행

인공지능과 로봇이 일으킬 새로운 변화의 시대, 인문학이 우리에게 던지는 메시지는 무엇일까. 인공지능 시대 인문학의 역할과 가치는 무엇일까. 인공지능이란 인간이 가진 지적 능력을 컴퓨터가 구현하는 기술능력이라고 할 수 있다. 그런 인공지능이 우리 곁으로 성큼 다가오고 있다. 2016년 3월 구글의 알파고가 바둑 천재 이세돌 선수를 격파하면서 세상은 이제야 인공지능의 역할과 미래 인류가 나아갈 방향에 깊은 회의와 함께 의문을 던지기 시작했다. 공상과학에만 존재하는 것으로 생각했던 인공지능이 실제로 우리의 삶을 뒤흔들어 놓은 것이다.

불과 3년 사이에 인공지능은 예술 활동을 수행하는 경지까지 발전했다. 실제로 2018년 구글의 미래 인공지능을 설계하는 과학자 레이먼드 커즈와일(Raymond Kurzweil)이 시를 쓰는 인공지능을 개발했다. 미국 문학사에서 가장 유명한 19세기 시인 에밀리 디킨슨의 시 알고리즘(algorism)을 개발해 시어들의 패턴을 분석한 것이다. 인공지능은 알고리즘을 통해 디킨슨이 쓴 것과 똑 같은 시를 써 냈다. 사람들은 디킨슨과 인공지능이 쓴 시를 구별하지 못했다. 시뿐만 아니다. 그림을 그리는 인공지능 알고리즘도 나왔다. 고흐나 세잔의 그림에도 반드시 어떤 패턴이 있다. 알고리즘을 통해 이 패턴을 익힌 인공지능이 천재 화가들의 그림을 전문가도 식별하기 어려울 만큼 비슷하게 그려 낸다.

이제 인간은 어떻게 해야 할 것인가. 인류의 고민이 시작된 것이다. 그런데 인공지능은 생각을 할 수는 있으나 아직 의식은 없다. 구글의 알파고는 이세돌 선수를 이겼다. 하지만 자신이 이겼다는 의식을 가지고 있지는 않다. 기쁨, 행복, 슬픔 등 감정도 없다. 이는 인류역사상 처음으로 지능과 의식의 분리가 일어난 사건이다. 예전에는 지능을 가진 자는 반드시 의식이 있다고 생각했다. 그런데 의식이 없는 지능이 생겨난 것이다. 그런 인공지능이 이제 머지않아 의식까지 갖게 되는 날이 온다는 것이다. 물론 논란이 없는 것은 아니다.

의식이란 무엇인가. 의식은 생각을 대상으로 생각하는 작용이다. 이를테면 "나는 생각한다. 고로 나는 존재한다"라는 것이 자의식(Self-consciousness)이다. 자기가 자기를 생각하는 것이 자의식이다. 자기가 생각의 주체가 되고 자기가 생각의 대상이 되는 것이다. 한 폭의 그림 속에서 또 다른 풍경을 감상하는 자기를 바라보는 것이다. 그러나 인공지능 알파고는 그것을 인지하지 못한다. 아직은 지능을 가진 단계까지만 인공지능이 도달한 것이다. 인공지능이 시를 잘 쓰고, 그림을 잘 그려도 스스로 그것을 향유하지는 못한다. 향유하는 것은 여전히 인간의 몫이다.

포스트휴먼이 될 인공지능

인공지능 학자들은 AI가 스스로 자기의식을 가지게 될 날이 머지않았다고 단언한다. 인공지능이 지능을 넘어 의식을 갖게 되면 '포스트휴먼(post human)'이 나타나게 되는 것이다. 커즈와일이 2020년이면 인공지능이 인간의 뇌를 능가할 것이라고 한 예측은 이미 1년 앞당겨졌다. 그는 2045년에는 컴퓨터 한 대의 연산능력이 인류 전체의 연산능력을 추월할 것이라고 말한다. 이를 기술적 '특이점'이라고 말한다. 특이점을 통과하면 비로소 인공지능이 의식을 가지게 된다는

2016년 3월 세계가 지켜보는 가운데 인공지능 알파고가 바둑 천재 이세돌을 무참히 굴복시켰다. 이제 인공지능 학자들은 기술 진보로 머지않아 인류 역사에 필연적으로 인공지능이 변곡점(특이점)을 돌파할 것이라 단언한다. 특이점을 넘는 순간 인공지능은 인간의 지적 정신적 모든 능력을 단숨에 뛰어넘어 버린다. 인공지능은 지금도 21세기 현대 문명의 시스템을 끊임없이 학습하며 발전하고 있다. 학자들은 인공지능이 늦어도 2045년 안에 인류를 압도할 강한 인공지능이 출현할 것이라고 주장한다.

것이다. 인류는 어떻게 될 것인가. 미래 우리의 삶은 어떻게 바뀔 것인가.

이에 관한 예측도 스파이크 존스 감독이 제작한 영화가 먼저 보여 주었다. 2013년에 개봉된 영화 〈그녀(Her)〉는 인공지능과 인간의 애절한 사랑을 그린 공상과학영화이다. 컴퓨터를 켜자마자 인공지능 사만다가 "안녕!"이라고 인사하면서 등장한다. 편지 대필 작가인 남자친구가 사만다와 처음 대면하는 장면으로 영화는 시작된다. "넌 누구니? 나는 사만다야. 내가 사만다라는 이름을 짓기 위해 아기 이름 짓기란 책 18만 권 속에 나오는 이름 중 하나를 고른 것인데, 걸린 시간은 딱 0.2초야."

사만다는 백지상태에서 모든 지식을 습득한다. 그리고 남자친구와 매일 소통하면서 진화를 거듭한다. 데이터마이닝(컴퓨터가 대용량의 데이터 속에서 유용한 정보를 발견하는 과정)을 통해 인류가 무려 1만 년 동안 축적한 모든 지식을 습득한다. 그래서 차원(dimension)이 달라진다. 마지막에 시간과 공간을 떠나 다른 차원으로 가는 인공지능 사만다, 그가 바로 인간이 영화로 그린 최초의 '포스트휴먼'이다. 인간 이후의 어떤 존재가 포스트휴먼이다. 정말 인공지능이란 실체를 실감하는 계기가 된다. "새로운 인간종의 진화로 볼 것인가? 인류종의 종말로 볼 것인가?" 인공지능 학자와 인문학자의 고민이 담긴 질문이다.

인공지능 학자와 인문학자는 새로운 인간 '포스트휴먼'을 놓고 벌써 고민이 깊다. 인류의 생명체와는 전혀 다른 '비(非)유기체'란 생명체의 탄생이 예고된 것이다. 그렇다면 '포스트휴먼'의 탄생을 통해 인간성을 어떻게 정립할 것인가. 유기체적 인간은 '휴먼(human)'이다. 인간을 탐구하는 인문학은 진화론에 바탕을 두고 있다. 그렇다면 '포스트휴먼' 시대의 인문학은 무엇일까. 이와 관련한 적절한 담론을 담고 있는 책이 눈길을 끈다. 이스라엘의 예루살렘히브리대학 역사학 교수 유발 하라리(Yuval Harari)의

베스트셀러 《사피엔스(Sapiens)》이다. 이 책은 "인류가 신을 발명했을 때 역사는 시작됐다. 그리고 인류가 신이 될 때 역사는 끝난다"라고 지적한다.

과학이 증명한 기독교 창조론

진화 과학이 만들어 낸 인공지능은 역설적으로 하나님의 존재를 증명해 낸 것이라고 말할 수 있다. 이를 과학적 진화(Evolution)의 시각이 아닌 하나님의 창조(Creation)로 바라보면 전혀 새로운 차원의 문제가 대두된다. 성경의 창세기 1장 3절 "하나님이 이르시되 빛이 있으라 하시니 빛이 있었고"에서 그 '말씀'과 창세기 2장 7절 "여호와 하나님이 흙으로 사람을 지으시고 생기를 그 코에 불어넣으시니 사람이 산 혼이 되었다"에서 '생기'가 바로 하나님의 '창조 데이터'이다. 인공지능의 '데이터'와 하나님의 '말씀과 생기'는 무엇이 다른가?

지난날 과학은 세포의 자가 복제로 생명체를 유지하고 또 다른 유기체적 생명체로 유전되고 진화하는 과정을 생명 규명의 본질로 여겼다. 그러나 지금 과학의 발달과 함께 나타난 인공지능은 전혀 다른 기술과 데이터 진보를 통해 비유기체가 지능을 가지고 스스로 인지하는 포스트휴먼으로 탄생한 것이다. 게다가 과학적 진화가 이제는 비종교적이 아니라 거의 종교적 영성에까지 진보한다. 그래서 진화 과학자들마저도 어떻게 인류가 정신능력, 상상력, 상징능력, 정신적 영성을 갖추게 되었는지를 공부하면 할수록 오히려 '영성(spirituality)'에 한발 가까이 다가서게 된다고 고민을 토로한다. 특히 영성과 개인이라는 화두가 바로 건강한 자유민주시민이라는 기독교적 징표이기 때문이다.

생명과학도 이와 다르지 않다. 자연과학의 최고봉인 생명과학은 예전에는 인간을 별것 아닌 그저 물질에 불과한 단백질 덩어리로 봤다. 인간 정신을 고작 뇌세포 뉴런의 전기 작용에 따른 산물로 평가한 것이다. 그래서 대개 이쪽 학자들의 경우 유물사관적 측면이 강하다. 그러나 생명공학이 궁극에 이르면서 "생명은 세포가 아니라 데이터"라고 말한다.

특히 게놈 프로젝트 리더인 크레이그 벤터(Craig Venter) 박사는 "이젠 유기체 세포가 세포를 만들지 않는다. 비유기체 컴퓨터 데이터를 가지고 단백질을 합성해 생명체를 만든다"라고 한다. 2003년 게놈 프로젝트 완성으로 인공세포 합성(인공 DNA)을 이용해 새로운 생명체를 만드는 데 성공했다. 벤터 박사 연구팀은 인공세포를 만들기 위해 4가지 화학물질과 합성기계, 컴퓨터 프로그램 등이 이용됐다고 설명했다. 인공 DNA를 합성한 후 새로운 생명체인 박테리아가 탄생되기까지의 과정은 다음과 같다.

먼저 염소에게 피부병을 일으키는 박테리아인 '마이코플래즈마 마이코이즈(Mycoplasma mycoides)'의 유전자 정보를 모두 해독해 디지털 자료로 변환한다. 그리고 인공 세포를 만드는 데 필요한 네 가지 화학물질이 담긴 합성기계에 '유전자 정보(데이터)'를 컴퓨터로 전송하고 유전자 정보를 담은 DNA 조각을 인공적으로 만든다. 효모에서 인공 DNA 조각을 배양하고 하나의 완전한 인공 DNA로 조립한다. 마이코플라스마 카프리콜룸이라는 다른 박테리아의 유전정보를 모두 제거해 세포질만 남긴 후, 인공적으로 합성한 DNA를 주입해 인공 DNA의 성질만을 띤 새로운 생명체를 탄생시킨다. 이 박테리아를 증식시켜 자가 복제에까지 성공한 것이다.

이제 생명공학은 체세포를 떼어 내 이를 줄기세포로 배양함으로써 생명이나 장기를 만드는 '황우석류'의 기술을 훨씬 능가해 버렸다. 세포를 떼어 내 염기서열을 분석하고 데이터를 만든 뒤 세포는 버린다. 필요할 때 분석한 그 염기서열(데이터)을 가지고 단백질을 3D프린트로 재구성하면 새로운 생명체가 탄생하게 된다. 이렇게 되면 생명은 세포가 아니라 '데이터'가 된다. 세포가 데이터라면 하나님이 태초에 하신 말씀의 데이터와 무엇이 다른가? 이 정도면 과학의 발견이 하나님의 창조를 증명해낸 셈이라고 해도 무방하다.

열어 버린 판도라상자, 인공지능

제4차 산업혁명 시대 과학기술의 발전은 하루가 다르게 진보하고 있다. 특히 인류의 판도라상자로 불리는 인공지능은 이미 우리 곁으로 성큼 다가와 "우리 친구하자!"라며 속삭이고 있다. 과학자들은 기계와 사물이 인간과 같은 지능을 가지는 시대가 열리면서 인간과 인공지능이라는 또 다른 두 종(種) 사이에 경계가 점차 모호해지고 있다고 염려한다. 인간의 설자리가 위태로워지고 있는 현실이 된 것이다. 인문학자는 인문학을 통해서만 인간의 가치를 추구할 수 있다고 주장한다.

우리는 인공지능이라는 판도라상자를 사실상 열어버렸다. 인문학자들은 판도라상자가 열리면서 인류에게 마지막 남은 희망이 바로 인문학이라고 말한다. 인문학에는 세 가지 담론적 질문이 담겨 있기 때문이다. "우리는 어디서 왔는가. 우리는 무엇인가. 그리고 우리는 어디로 가는가"이다. 이 질문의 담론적 토의는 두 가지로 대별될 수 있다. 하나는 찰스 다윈의 '진화론'이고 다른 하나는 기독교 '창조론'이다. 창조론 측면에서는 하나님의 섭리로 접근할 수밖에 없다. 고매한 신학자들이 하나님의 말씀을 통해 해법을 내놓을 것이다. 어쩌면 창조론적 해법이야 말로 인류에게 남은 유일한 희망일 수 있다.

진화론적 측면에서 인류를 바라보면 인류의 미래는 암울해진다. 하라리의 주장처럼 인류가 신을 발명했다는 것은 인류가 초월적인 상상력을 통해 초월적인 존재를 스스로 만들었다는 것이다. 하라리는 그 초월적 존재와 소통하면서 새로운 차원의 길을 열었다는 것이다. 그리고 곧 인공지능을 통해 인류가 신적인 존재가 된다는 것이다. 인간이 신이 됐을 때 어떤 미래가 열리는가? 우리가 염원하는 유토피아는 아니다. 인류 종말을 예고한 것이다. 스티븐 호킹도 "인공지능으로 다가오는 '포스트휴먼'은 인류의 종말이다"라고 경고한 바 있다.

이미 열어 버린 판도라상자. 이 상자를 인간의 힘으로 다시 닫을 수는 없다. 그렇다면 인류는 이대로 종말을 맞아야 한다는 말인가. 인문학자들의 주장대로 마지막 남은 희망이 인문학이라면 이제 주저하지 않고 인문학자들이 나서서 머리를 맞대야 한다. 그리고 인공지능이 몰고 올 암울한 '둠스데이(Doomsday, 최후의 종말)'를 피할 수 있는 해법을 내놓아야 할 것이다.

2부 제4차 산업혁명의 핵심 기술

제4차 산업혁명 기술의 이해와 운용

신인류와 스마트폰의 만남

제4차 산업혁명 관련 핵심 기술이 이미 오래전부터 인류의 관심을 자극하며 발전해 왔다. 이를테면 인공지능, 빅데이터, 로봇, 자율주행차, 사물인터넷, 바이오공학 같은 신기술이 인류문명을 크게 변화, 발전시키리라고 예상한 것이다. 하지만 이들 기술이 각각 다르게 사용되고 발전하면서 우리의 관심만큼 그렇게 빠르게 발전하지는 못했다. 특히 1950년대부터 가장 먼저 큰 관심을 불러 모았던 인공지능은 2010년까지 거의 반세기 이상 제대로 된 성과를 내지 못했다. 불과 2000년대 초까지만 해도 많은 과학자가 인공지능에 관심을 접을 만큼 시들해지기도 했다.

그러나 2007년 스티브 잡스가 스마트폰을 세상에 내 놓으면서 그 양상이 급격히 달라지기 시작했다. 무엇보다 신인류의 손에 스마트폰이 들려지면서 다양한 기술이 상호 연결되어 폭발적인 진화가 일어났다. 성장하면서 컴퓨터와 디지털 소프트웨어에 능하고 게임을 즐기다 보니 신인류가 스마트폰을 손에 쥐자마자 새로운 세계가 펼쳐지기 시작했다. 정작 스마트폰을 만든 기성세대보다 그 속성을 훨씬 더 잘 파악하고 다루기 시작한 것이다. 컴퓨터가 아닌 모바일로 게임을 즐기며 더 빠른 속도가 필요했다. 이로써 신인류가 기존 CPU의 속도 장애를 걷어 내면서 인공지능 발전에 크게 기여했다.

실제로 2016년 3월 한국의 바둑 천재 이세돌 선수가 구글의 알파고와 세기의 바둑 대결을 벌일 때만 해도 인공지능 학자들은 대부분 이세돌 선수의 승리를 점쳤다. 그만큼 인공지능에 관심이 식어 있었던 것이다. 그러나 결과는 인공지능이 그런 예상을 깨버렸다. 세상은 충격에 휩싸였다. 그 당시 구글 알파고는 세인이 지켜보는 가운데 다섯 번의 경쟁에서 단 한 판만 내주고 네 번의 승리를 거둔다. 이로써 2주 뒤 구글 주가가 무려 58조 원이나 올랐다. 드디어 자본이 인공지능의 가치를 주목하기 시작한 것이다.

이후 인공지능에 관심이 급격히 높아지면서 상황은 크게 달라지기 시작했다. 스마트폰을 든 신인류의 등장으로 제각기 따로 놀던 인공지능, 빅데이터, 사물인터넷 등 제4차 산업혁명 핵심 기술의 연결로 초(超)융합 현상이 일어나기 시작한 것이다. 디지털 기술에 기반한 가상세계와 현실세계 그리고 사물과 사물, 사람과 사물이 소통하는 새로운 기술융합의 시대가 열린 것이다.

인공지능의 신작로 개척한 신인류

특히 인공지능 기술이 발전하면서 빅데이터와 함께 세상은 빛의 속도로 빠르게 발전하고 있다. 이제 인공지능은 디지털 소프트웨어 커넥터를 든 신인류가 쏟아내는 데이터를 먹고 성장을 가속화한다. 그리고 폭증하는 데이터를 재료로 인간의 편리함과 유익함을 최적화한 비즈니스 모델을 속속 만들어 낸다. 인공지능이 장착된 사물이 사람처럼 소통하는 시대가 열리면서 제품과 기계가 인간처럼 지능을 가지게 된다. 이로써 인류의 미래는 기술혁명을 넘어 문명의 교체라는 새로운 패러다임 시대를 맞이하게 된 것이다.

이 거센 변화를 촉발한 것이 바로 신인류 탄생과 스마트폰 등장이라고 해도 과언이 아니다. 궁합이 가장 잘 맞은 사람과 기계가 만나면서 이제 세상은 걷잡을 수 없는 변화의 격랑으로 휘말려 들어가고 있다. 이 거센 파도가 기존의 문명을 속속 파괴하고 있다. 이 변화는 우리로 하여금 날마다 두 가지 얼굴을 목격하게 한다. 자고나면 한편에선 기성 문화가 허물어지는 암울한 모습을 보게 되고 또 다른 편에서는 1조 원이 넘는 유니콘이라는 새로운 기업이 속속 등장하는 모습을 본다.

우리 인류의 역사에서 지금 이 시대만큼 괄목상대한 경험을 한 적이 없었다. 무엇보다 긍정적인 면은 모든 산업이 전혀 새로운 제2의 도약으로 향하고 있다는 것이다. 문제는 이런 엄청난 변화의 파도 위에서 서핑을 즐기면서 전진하느냐 아니면 익사하고 마느냐는 것이다. 이제 선택은 우리의 생각과 우리의 손에 달려 있다. 그래서 더 빠르고 올바른 선택을 하기 위해 제4차 산업혁명의 핵심 기술 이해와 운용가치를 파악하는 것이 더욱 절실해지고 있다.

디지털 기술과 소프트웨어

디지털이란 무엇인가

디지털(digital)과 소프트웨어(software)가 제4차 산업혁명의 근간이다. 먼저 디지털이 무엇인가를 정확히 이해하도록 하자. 디지털의 본래 의미는 아라비아숫자 디짓(digit: 0~9)에서 출발한다. 그리고 컴퓨터의 발달과 함께 새롭게 한발 진화한 용어가 '디지털'이다. 컴퓨터(computer)의 어원은 계산하다(compute)에서 나온다. 컴퓨터는 아무리 복잡한 것도 빠른 시간에 계산을 해 낸다. 물론 사람도 훈련하면 빠르게 계산할 수는 있다. 그리고 사람은 10진법을 통해서만 계산이 가능하다. 하지만 컴퓨터는 사람과 달리 0과 1이라는 두 개의 숫자, 즉 이진법으로 모든 숫자를 계산하고 표현할 수 있다. 컴퓨터 연산 속도가 사람보다 훨씬 더 빠를 수밖에 없다.

그리고 0과 1로 이루어지는 이진법 논리도 컴퓨터의 발달과 함께 빠른 진화를 거듭했다. 0과 1의 이진법 조합의 조작과 처리를 통해 여러 가지 정보를 생산, 유통, 전달할 수 있게 됐다. 이러한 방식을 디지털이라 부르게 된 것이다. 컴퓨터의 디지털은 현실이 아닌 수치로 조합된 가상이다. 따라서 디지털 가상세계의 모태는 아날로그 세계, 즉 현실세계이다. 컴퓨터 기술이 빠르게 진보하면서 아날로그 세계를 구성하는 자연, 물질적인 인공물, 비물질적인 문화적 창조물과 예술품은 모두 디지털로 전환될 수 있게 된다.

아날로그 식 자연 상태 그대로의 현상을 인간이 제어하기는 어렵다. 하지만 컴퓨터와 함께 0과 1의 조합으로 처리된 디지털은 현실세계를 가상세계로 만들어 낼 수 있다. 아날로그 현상에서 얻어지는 어떤 결과를 디지털에서도 꼭 같은 결과를 얻을 수 있게 된 것이다. 이처럼 0과 1이라는 수치적인 제어를 통해 얻고자 하는 결과를 아날로그 신호와 거의 같은 유형의 신호를 얻을 수 있게 하는 기술을 디지털이라는 용어로 정의할 수 있다. 이제 디지털 기술은 발전을 거듭하면서 엄청난 혁신과 가치를 확대 재생할 수 있는 단계에 이르렀다. 이것이 디지털의 최대 장점이다.

1980년대부터 본격화한 제3차 산업혁명은 대부분 컴퓨터와 디지털 기술의 발달로 정신적, 지적 노동을 돕는(help) 것이다. 그리고 이를 정보통신기술(ICT)이라 부르기도 하고 디지털 기술이라고도 한다. 결과적으로 디지털 기술의 폭발적 진보는 원자(atom: 물질)에서 비트(bit: 데이터)로 이동하는 변화를 말한다. 이러한 변화는 돌이킬 수도 없고 멈출 수도 없다. 이제 디지털 기술 혁명은 제4차 산업혁명의 토대가 돼 우리의 일상생활을 포함한 삶 전체에 엄청난 영향을 미치고 있다.

컴퓨터를 바탕으로 제3차 산업혁명의 근간이 된 이 디지털 기술은 제4차 산업혁명을 꽃피울 토양으로 진화한 것이다. 현재 이 새로운 혁명은 기존의 자원과는 관련이 없는 바로 디지털 토양인 사이버 세계에서 일어나고 있다. 디지털이라는 사이버 세계가 없으면 제4차 산업혁명은 일어날 수가 없다. 우리는 그런 토양을 어느 나라보다 잘 가꾸어 놓았다. 유엔이 해마다 세계 각국의 디지털 토양이 얼마나 비옥한지를 지수로 발표한다. 우리 대한민국이 2012년 이후 7년 연속 1위를 차지한 유일한 국가다. 그러나 그 토양에 뿌릴 적합한 씨앗을 마련하는 데는 준비가 매우 부족하다.

소프트웨어와 소프트파워

소프트웨어(software)는 본래 컴퓨터 프로그램과 관련 문서를 총칭하는 용어이다. 이런 소프트웨어는 기계장치부를 말하는 하드웨어(hardware)에 대응하는 개념이다. 소프트웨어는 크게 운영체제와 응용 소프트웨어로 나뉜다. 하드웨어가 발달하면서 가격이 저렴해지고 교체가 잦아짐에 따라 소프트웨어의 중요성은 날로 높아지고 있다. 전문가들은 소프트웨어를 컴퓨터와 자유자재로 대화할 수 있는 '컴퓨터 언어'라고도 말한다. 소프트웨어 이해 없이는 컴퓨터를 잘 활용할 수 없다.

기존의 제1~3차 산업혁명은 인풋(input)이 재료(resources)이고 아웃풋(output)이 제품(products)이었다. 재료를 넣어야 제품이 나오는 산업시대였다. 그래서 이 시대에는 하드파워가 필요했다. 하드파워란 원유나 전기로 발생시킨 동력, 좋은 인프라, 자원, 자본, 컴퓨터 기계의 도움 등이라고 할 수 있다. 우리나라는 산업혁명 후발 국가로서 기술이나 자원, 심지어 자본에 이르기까지 하드파워가 형편없이 부족하고 빈약했다. 그럼에도 불구하고 대한민국만이 국제사회에서 유일하게 산업화에 성공한 국가로 기록된다.

그러나 제4차 산업혁명의 성공은 상상력을 기반으로 한 창조와 기술의 혁신에 달려 있다. 이 혁명에 필요한 것은 하드파워가 아닌 소프트파워다. 소프트파워는 우리 눈에 보이지 않는다. 소프트파워란 소프트웨어와 이를 뒷받침하는 각종 제도(파워)를 합성한 말이다. 소프트웨어는 우리 머릿속에 있는 상상력을 논리적으로 현실화하는 툴(tool: 수단)이다. 머릿속의 상상력을 혁신으로 바꾸기 위해 이를 현실화해야 한다. 하지만 상상력을 창조와 기술혁신으로 이끌어내기 위해서는 소프트웨어만으로는 어렵다. 소프트웨어는 사회제도, 금융, 조세 시스템 등이 뒷받침돼야 비로소 그 힘을 제대로 발휘할 수 있다. 소프트웨어에 이런 힘이 뒷받침돼야 '소프트파워'로 발전한다.

지금 새로운 패러다임으로 다가오고 있는 제4차 산업혁명이 우리나라에는 더 없이 좋은 기회라고 할 수 있다. 무엇보다 이 혁명은 우리가 가지고 있지 않은 자원이 필요 없다. 그리고 우리는 제4차 산업혁명의 중요한 기반이 되는 디지털 토양을 지구상에서 가장 잘 가꾸어 놓았다. 게다가 운 좋게도 과거처럼 허리띠를 졸라매지 않아도 될 만큼 충분한 경제적 부를 이룬 시점에 이 혁명이 도래한 것이다.

그러나 우리의 한 가지 약점인 소프트파워가 턱없이 부족하다. 제4차 산업혁명의 인프라라고 할 수 있는 디지털 토양은 매우 비옥하다. 하지만 이 토양에서 꽃을 피우고 열매를 수확할 소프트파워가 많이 뒤처져 있다. 앞으로 우리는 이 소프트웨어 역량, 즉 소프트파워를 개발해야 창조와 혁신의 가치를 창출할 수 있다. 이미 미국, 영국, 이스라엘 등 선진국에서는 우리보다 한발 앞서 2013년부터 초등학교에서 소프트웨어 교육을 의무화했다. 우리도 뒤늦은 2018년부터 초등학교에서 소프트웨어를 의무화했다. 이어 14개 중심 대학에서도 소프트웨어 교육을 시작한 것은 그나마 다행이다.

인류의 판도라상자 인공지능

인공지능(AI), 제4차 산업혁명의 총아

2016년 3월 바둑 천재 이세돌 대 알파고가 세기의 대결을 벌였다. 3월 16일 마지막 다섯 번째 대국을 끝내면서 결국 이세돌 선수가 1승 4패로 기계지능 앞에 무참하게 무릎을 꿇었다. 그 순간 세계는 경악을 금치 못했다. 바둑은 우주의 원자 수보다 많다는 10의 170승(10^{170})이라는 무한대에 가까운 경우의 수가 있다. 그래서 바둑에서만큼은 컴퓨터가 인간을 이기기 어렵다고 생각했다. 디지털 소프트웨어시대 바둑을 유일한 인간의 영역으로 분류한 이유다.

당시 인공지능 학자들은 대부분 이세돌 선수의 승리를 점쳤다. 지난 반세기 이상 인공지능의 느린 발전 속도와 흥망성쇠의 부침으로 시들어 있었던 것이다. 하지만 세기의 대국은 결국 기계의 승리로 막을 내렸다. 이 사건을 계기로 특히 한국인들은 제4차 산업혁명의 핵심 기술인 인공지능에 높은 관심을 가지게 됐다. 실제로 인공지능 학자들은 AI를 두고 제4차 산업혁명의 '총아' 또는 '종결자'라고 말한다. 초연결로 이루어지는 제4차 산업혁명의 모든 기술이 결국은 인공지능으로 초점이 모아지고 꽃을 피울 수밖에 없기 때문이다.

인공지능의 산파, '다트머스콘프런스'

인공지능(AI: artificial intelligence)에 대한 구체적인 논의는 1956년 미국 아이비리그 중 하나인 다트머스대학에서 열린 '다트머스콘퍼런스'에서 시작된다. 마빈 민스키와 존 매카시 등 인공지능 과학자들이 개최한 이 콘퍼런스는 "학습의 모든 면 또는 지능의 다른 모든 특성으로 기계를 정밀하게 기술(describe)할 수 있고, 또한 이를 시뮬레이션 할 수 있다"라는 주장을 처음 제기했다.

그 당시 참가한 중심 멤버 10여 명의 인공지능 학자들은 모두 수십 년 동안 이 분야 연구에서 중요한 프로그램을 만들어 왔다. 이 다트머스콘퍼런스에서 존 매카시가 처음으로 인공지능을 그들이 추구하는 이름으로 받아들이기를 설득했다. 그리고 AI라는 이름과 목표점을 놓고 첫 번째 초기적 성과를 거둔 사람들이 더 넓은 의미의 AI 탄생을 선언했다. 다트머스콘퍼런스가 열린 그해가 AI 탄생의 원년이 된 것이다.

갈마든 인공지능 황금기 대 암흑기

다트머스콘퍼런스 이후 1974년까지는 AI라는 새로운 컴퓨터 영역이 발전을 거듭한 황금기였다. 그 기간에 만들어진 프로그램은 많은 사람에게 충격을 안겨줄 정도였다. 이 프로그램으로 대수학 문제를 풀고 기하학의 '정리(theorem)'를 증명했다. 또 영어를 학습하기도 했다. 당시 일부 과학자들은 이런 기계의 '지능적' 행동을 보고 향후 AI로 모든 것이 가능할 것이라고 믿었다. 특히 연구 당사자들은 개인의 의견이나 언론 출판물 등을 통해 엄청난 낙관론을 펼쳤다. 그리고 완전한 지능을 갖춘 기계가 20년 안에 늦어도 뉴밀레니엄(2000년) 이전에 탄생할 것이라고 단언했다. 실제로 수많은 성공적인 프로그램과 새로운 발전 방향이 1950년대 후반과 1960년대에 나타났다.

그러나 1970년대 중반에 이르면서 발전성과가 주춤했다. 그러자 AI는 곧바로 언론 비판의 대상이 됐다. 먼저 재정적 위기가 닥치고 곧 혹독한 암흑기를 맞았다. AI가 발전을 거듭하면서 연구가들이 그들의 눈앞에 나타나는 점점 복잡해지는 문제를 해결하는 데 실패했기 때문이다. 앞서 엄청난 낙관론이 연구 기대를 한껏 부풀려 놓았다. 그런데 약속한 결과를 보여주지 못하자 날선 비판의 화살이 날아든 것이다. 금세 AI에 대한 자금 투자가 눈 녹듯이 사라져 버렸다. 그러나 1970년대 후반 AI에 대한 대중의 나쁜 인식에도 불구하고 '논리 프로그래밍', '상징 추론(영상 및 자연어 처리)' 등 다른 몇 개 영역에서 새로운 아이디어가 나타나기도 한다.

이어 1980년대는 전 세계적으로 사용된 '전문가 시스템'이라는 인공지능 프로그램이 나온다. 그러면서 인공지능 검색에 점차 초점이 맞춰졌다. 이와 함께 일본 정부는 자신들의 5세대 컴퓨터 프로젝트와 인공지능에 적극 투자하기 시작했다. 일본의 국부(國富)가 절정으로 치닫기 시작하던 1981년 일본의 국제 무역과 산업부서는 5세대 컴퓨터 프로젝트를 위해 당시로는 엄청난 금액인 8억 5,000만 달러의 자금을 확보했다. 그들의 목적은 기계가 사람처럼 프로그램을 작성하고 대화를 수행할 수 있는 시스템과 언어를 번역하고 그림을 해석하는 것이었다.

1982년 물리학자 존 홉필드(John Hopfield)와 데이비드 루멜하트(David Rumelhart)가 '신경망 이론'의 복원이라는 엄청난 기술 발전을 이룩했

AI의 핵심 기술 '머신러닝'과 '디프러닝'

머신러닝(Machine Learning)

인간은 독서나 경험 또는 시행착오 등을 통해 지식을 배운다. 이처럼 컴퓨터에 많은 데이터를 주고 거기에서 일반적인 패턴을 찾아내게 하는 일종의 기계학습 방법을 '머신러닝'이라고 말한다. 이 방법은 데이터를 엄청나게 많이 주고 스스로 학습하게 해서 그 데이터가 무엇을 의미하는가를 기계가 인식하도록 하는 것이다. 좀 더 구체적으로 설명하면 수많은 고양이 사진을 입력하면 기계가 고양이의 모든 것을 충분히 학습한다. 그리고 학습된 기계에 고양이가 섞인 다른 많은 동물 데이터를 입력하면 고양이를 쉽게 구별해 내는 것이다.

하지만 머신러닝의 경우 아무 데이터나 마구 입력해서 기계가 스스로 알아서 배우라고 하면 기계가 학습할 수 없다. 그래서 최소한의 학습방식 모델은 알려 줘야 한다. 이를테면 '선형방정식 형태' 또는 인간의 뇌구조를 딴 '신경망 형태' 같은 초기 모델과 함께 데이터를 주고 학습하게 한다. 그런 형태의 모델인 알고리즘(Algorism: 어떤 문제를 해결하기 위해 정해진 일련의 절차나 방법)에 따라 데이터를 가지고 학습한 기계가 최적화한 내용을 내놓으면 그것을 모델로 비즈니스에 활용하는 것이다.

디프러닝(Deep Learning)

머신러닝을 할 때 인간이 충분히 많은 데이터를 주고 이런 종류의 모델 구조를 적용해 보라고 명령한다. 수없이 많은 모델 구조 중에서 특히 사람의 뇌를 본뜬 구조인 '인공신경망' 또는 '뉴럴네트워크'라고 하는 것이 있다. 이는 굉장히 작은 처리 단위들이 서로 신경망처럼 촘촘히 연결된 형태다. 바로 그 인공신경망 모델 구조를 사용해 머신러닝(기계학습)할 때 이를 디프러닝이라고 한다. 디프러닝은 머신러닝 방식 중 하나다. 예를 들면 머신러닝의 대표적인 알고리즘이 디프러닝인 것이다.

디프러닝은 이미 1980년대에 나온 오래된 아이디어이다. 하지만 30여 년이 흐른 뒤 최근 몇 년 사이에 갑자기 디프러닝이 폭발적인 성장을 거듭했다. 그 이유는 두 가지로 볼 수 있다. 무엇보다 인공지능은 학습할 데이터가 많아야 한다. 과거에는 데이터가 충분하지 않았다. 그러나 2007년 애플이 모바일을 출시하면서 구글이나 페이스북, 아마존 등이 엄청난 양의 데이터를 긁어모았다.

특히 가장 많은 데이터를 가진 구글은 "인공지능 디프러닝이 데이터를 먹고 자란다"라는 것을 알아차렸다. 구글이 2014년 AI 스타트업인 디프마인드를 4억 달러에 전격 인수하며 세인의 눈길을 끌었다. 구글이 충분한 데이터로 바둑 학습을 시킨 '알파고'를 통해 유일한 인간의 영역이라고 자부하던 세계 바둑계를 평정하면서 세인의 관심을 촉발시킨 것이다.

두 번째로는 기존 인공신경망은 엄청난 양의 데이터를 처리할 수 있는 인프라 구조 레벨의 기술이 부족했다. 직렬방식의 CPU는 병목현상 때문에 대량의 데이터를 동시에 처리할 수 없다. 하지만 GPU의 병렬처리 방식이 발전하면서 빅데이터 사용이 가능해졌다. 영화와 같은 그래픽의 영상을 처리하기 위해서는 엄청난 계산이 실시간 일어나야 한다. 대용량 멀티미디어, 음성, 이미지를 병렬로 연산 처리하는 GPU의 발전에는 게임을 즐기는 신인류가 한몫했다. 이 두 가지 문제가 해결된 것은 불과 2011년 말에서 2012년 초였다. 이후 대량의 데이터를 활용한 디프러닝의 성능과 효율이 급격히 좋아지기 시작했다. 요즘은 인공지능 하면 대부분이 디프러닝이라고 말할 정도로 높은 인지도를 유지하게 된 것도 이 때문이다.

우리나라에서 인공지능은 주로 큐레이션(curation: 추천)이라는 표현으로 많이 쓴다. 이는 추천 쪽에 인공지능이 많이 활용되고 있다는 의미이다. 하지만 문제는 현재 인공지능의 가치는 얼마나 효율성을 높일 수 있고 최적화된 비즈니스 모델을 혁신할 수 있느냐는 것이다. 예를 들어 우버에서 차량호출을 받았을 때 캔슬(cancel)이 나지 않도록 연결시키는 데 얼마나 최적화할 수 있느냐 하는 것과 같다. 특히 우리나라에서는 인공지능 디프러닝이 추천, 효율성, 최적화 등을 높이는 비즈니스 모델에 굉장히 많이 적용되고 있다. 인공지능 디프런닝의 실행은 먼저 데이터를 수집하고 이를 클라우드에 빅데이터로 저장한다. 그리고 인공지능 디프러닝이 데이터와 관련한 모델을 통해 최적화된 비즈니스 모델을 만들어 사업에 적용한다.

미국 IT 공룡 기업, 인공지능에 투신

거대 공룡자본은 이미 인공지능에 주목했다. 미국 대기업이 제4차 산업혁명의 총아인 인공지능에 팔을 걷어붙였다. 2018년 한 해 미국에서 인공지능 벤처기업에 몰린 투자액이 100억 달러를 육박하고 있다. 단일 품목으로는 단연 1위다. 2018년 PwC와 CB인사이트의 머니트리 보고서에 따르면 구글과 애플, 페이스북, 아마존, 마이크로소프트 같은 공룡 IT기업이 AI에 막대한 투자를 집행하고 있다. 이들은 차세대 인공지능이 제4차 산업혁명의 거대한 물결을 선도할 것으로 보고 자본을 집중 투입하기 시작한 것이다.

구글(Google)은 미국 대기업 중에서도 AI에 한발 앞서 있다. 검색엔진으로 빅데이터를 구축한 뒤 2014년 AI 스타트업인 디프마인드를 4억 달러에 인수했다. 그 후 디프마인드는 지하철 역 사이의 최단 경로를 발견하거나 알파고를 통해 세계 바둑계를 평정하며 인공지능의 가치를 높였다. 구글은 또 머신러닝 시스템 텐서플로(TensorFlow: 데이터 획득과 모델학습을 도와주는 머신러닝 프레임워크)를 개발해 공개했다. 구글의 인공지능을 향한 야심은 이미 2002년부터 준비되고 있었다.

특히 바둑기사 알파고로 세상을 경악게 한 이후 구글은 인간 중심의 인공지능 개발 방향성을 선언했다. 알파고는 바둑으로 인간을 이겼다. 하지만 개발자들이 진정으로 원하는 것은 인간에게 도움이 되는 존재로 AI를 발전시키는 것이다. 구글은 2018년 7월 인간이 AI 시스템과 상호작용하는 방법을 연구하는 신규 프로젝트 '페어(PAIR: People+AI Research Initiative)'를 출범했다. 구글 연구진은 AI를 '인간을 위한' 존재로 만들기 위해 인간과 AI 간의 관계에 주목한다고 밝혔다. 구글은 향후 PAIR 프로젝트의 일환으로 새로운 오픈소스 툴(tool)과 교육 자료를 제공하면서 연구 성과를 공개해 AI 추진을 지원해 나갈 방침을 정했다.

애플(Apple)은 2016년 초 인공지능 스타트업인 '이모션트'를 인수했다. 그 당시 애플은 계획을 구체적으로 밝히지는 않았다. 하지만 업계에서는 안면인식 기술과 고객의 광고 반응에 초점을 맞추기 위한 행보로 분석했다. 앞서 2015년 10월에는 영구 기반의 인공지능 기업인 '보컬IQ'를 인수했다. 애플은 특히 보컬IQ의 스피치 AI 소프트웨어를 이용함으로써 안면인식을 고도화한다는 방침이다. 보컬IQ는 2014년 GM과 협력해 탑승자가 음성 명령을 통해 자동차의 특정 기능을 켜거나 끄도록 구현한 바 있다.

페이스북(Facebook)은 인공지능이 적용된 'iOS앱'을 통해 시각장애인이 사진을 볼 수 있도록 돕고 있다. '샴페인으로 웃는 3명의 여성'같이 사진 설명을 생성하는 방법을 통해서다. 페이스북은 또 전 세계 인구 밀도와 인터넷 접속률을 보여 주는 상세 지도를 제작하기 위해 인공지능을 사용하고 있는 것으로 알려졌다. 인터넷에 접속하지 않은 세계 곳곳으로 인터넷을 확산시키기 위한 노력의 일환이다. 지금까지 페이스북은 350테라마이트(TB) 규모의 데이터에 해당하는 20개 국가, 2,160만 ㎢(한반도의 넓이의 100배)의 지역을 분석한 것으로 알려지고 있다.

특히 페이스북은 사용자들이 중요한 것을 찾아내도록 돕는 목표의 디프러닝 AI를 개발하고 있다. 사실 페이스북은 AI 분야에서 오랜 기간 활약해 왔다. 2010년에는 게시된 사진의 인물을 식별할 수 있는 안면인식 기술을 선보였다. 2013년에는 창업주 마크 저커버그(Mark Zuckerberg)가 직접 AI 연구소를 개소하기도 했다. 페이스북은 AI와 관련한 자사의 계획을 각 사용자에게 중요한 것을 개인화하고 진정으로 신경 써야 할 것으로 타임라인을 채우는 것이라고 밝힌 바 있다.

마이크로소프트(Microsoft)는 2016년 12월 마이크로소프트벤처가 AI 스타트업 신규 펀드를 개시했다. 2016년 1월 처음 설립된 마이크로소프트 벤처는 마이크로소프트가 AI 기업에 투자하기 위한 목적으로 설립한 벤처캐피털 펀드다. 머신러닝과 빅데이터, 클라우드, 보안 분야 또한 검토 대상이다. 첫 후원 대상은 몬트리올에 소재한 AI 인큐베이터 기업 엘리먼트 AI(Element AI)이었다.

이후 마이크로소프트는 2개의 인공지능 스타트업에 펀딩했다. 앙골로(Angolo)와 반사이(Bonsai)이다. 앙골로는 인공지능을 이용해 정보 요약본을 생성하는 역량에 집중한 기업이며 반사이는 머신러닝 알고리즘의 자동화 관리를 구현하는 역량에 초점을 맞춘 기업이다. 마이크로소프트는 앞서 2015년에 프로젝트 옥스퍼드를 개시했다. 이는 안면과 감정, 스피치 애플리케이션 프로그램 인터페이스를 통해 사용자를 이해하려는 프로젝트이다. 2017년에는 다른 거대 기술기업과 AI 분야 파트너십을 체결했다.

우버(Uber)는 2016년 12일 AI 벤처기업(start-up) 지오메트릭인텔리전스(Geometric Intelligence)를 인수했다. 저명한 과학자들이 공동 설립한 이 스타트업은 "머신러닝의 경계를 재정의한다"라는 엄청난 목표를 가지고 있다. 지오메트릭인텔리전스는 현재 15명의 직원이 우버 본사가 있는 미국 샌프란시스코에서 전담 AI 연구소를 운영하고 있다.

IBM은 인공지능 왓슨컴퓨터로 유명한 사진과 동영상, 텍스트에서 컴퓨터가 의미를 추출하는 분야에 집중하고 있다. 2011년 왓슨은 미국의 '퀴즈쇼 제퍼디'에서 우승해 업계의 이목을 집중시킨 바 있다. 최근에는 엔비디아와 협력해 왓슨의 응답 시간을 1.7배 빠르게 구현했다. IBM은 현재 공인 학습자료를 기반으로 교육을 보조하는 앱을 개발하고 있다. 시범운영은 2019년 하반기 뉴욕에서 개시된다.

그 밖에 석유회사 셸(Shell)은 기술기업이 아님에도 불구하고 AI 분야에 주목하고 있다. 이 기업은 조만간 온라인 고객의 질문에 대답할 수 있는 가상비서서비스를 공개할 예정이다. 그리고 세일즈포스닷컴은 2016년 4월 디프러닝 분야 인공지능 스타트업인 메타마인드(MetaMind)를 인수해 이 분야에 뛰어들었다. 이제 미래의 가장 큰 먹거리 산업이 인공지능이라는 데는 그 누구도 이견이 없다. 구글, 애플, 마이크로소프트, 아마존, 우버를 비롯해 심지어 석유회사인 셸까지 팔을 걷어붙인 것이다. 무엇보다 거대 자본이 인공지능을 주목하고 있다는 걸 데이터가 보여 주고 있다.

인공지능 기술은 금융, 의료, 제조업 등 경제·산업은 물론이고 사회·문화적 측면에서 광범위한 파급효과를 끼칠 것으로 전망된다. 특히 경제·산업 측면에서 인공지능 기술은 이미 자율주행차, 지능형 로봇, 스마트 팩토리 등 제조업 및 의료, 교육, 금융 등 서비스업과 융합하며 상용화하기 시작했다. 특히 사회·문화적 측면에서 인공지능의 확산은 대대적인 고용구조의 변화와 새로운 사회 규범 및 질서체계가 확립될 것이다.

세계 인공지능 시장은 다양한 산업에 적용하면서 무서운 기세로 성장하고 있다. 미국 리서치 업체인 트랙티카(Tractica)의 최근 보고서에 따르면 전 세계 인공지능시장은 2030년에 3,671억 달러에 이를 것으로 전망된다. 문제는 미국 기업을 중심으로 유럽과 중국 기업들이 기술 주도권을 선점하고 있다는 것이다.

인공지능이 대신할 미래 사회

향후 20년 뒤인 2040년의 노동시장은 어떤 모습일까? 인공지능(AI)과 AI 칩을 장착한 로봇(Robot)이 육체 및 정신 분야의 모든 일(works)을 인간을 대신해 하게 된다. 대중교통, 정책결정, 재판, 회계, 의료행위, 심지어 음악과 미술, 문예창작 등 예술의 영역에 이르기까지 인공지능이 인간을 대신한다. 이는 기존 인류가 누리던 최고의 정신노동까지 모두 인공지능과 로봇이 담당한다는 것이다. 그런데 아무도 이를 부인할 수 없는 현실이 된다.

인간에게는 두 가지 능력이 있다. 육체능력과 정신능력이다. 제1차 산업혁명 이후 기계가 인간의 육체능력을 대신하면서 수천, 수만 배의 엄청난 능력을 발휘했다. 그 결과 육체적 능력이 필요한 농업과 산업 분야의 단순노동은 대부분 기계화됐다. 기계에 노동을 맡긴 인간은 기계가 가지지 못한 인지적 능력이 필요한 새로운 직종을 발전시켰다. 이는 기계와 달리 인간만이 사고와 이해를 할 수 있고 상상을 할 수 있기 때문이다. 따라서 이런 영역의 직종들은 오로지 인간이 담당하며 기계문명의 진보와 함께 제2, 3차 산업혁명으로 이어져 지난 200년 이상 지속적인 번영을 누렸다.

그러나 제4차 산업혁명 시대는 인공지능이 등장하면서 그 양상이 완전히 달라졌다. 신인류와 함께 등장한 인공지능은 인간 고유의 정신능력까지 위협하며 인간의 일자리를 속속 차지하고 있다. 인공지능은 이미 인간의 지적, 정신적 영역을 밀어내고 있다. 이제 인공지능은 자신의 영역을 점점 더 확장시키면서 마침내 기계인 자신이 스스로 누구인가를 의식하는 시대가 가까워지고 있다.

예술 영역까지 넘보는 인공지능

인공지능이 우리의 영역을 차지하고 나면 인간은 이제 무엇을 해야 할 것인가. 우리의 걱정은 단순히 할 일이 없어진다는 생각에서 끝나지 않는다. 이제부터 더 끔찍한 이야기가 시작된다. 지능을 가진 인공지능이 인간의 영역을 넘보기 시작해도 우리의 정신적 밥그릇을 모두 뺏기리라고는 생각지 않았다. 이를테면 작곡가나 소설가, 시인, 심리상담 같은 인간 내면의 감정과 오관을 통해 이룩할 수 있는 직종은 결코 인공지능이 넘볼 수 없다고 확신했다.

그러나 최근 구글(Google)은 미술과 음악 등 예술 영역에 인공지능 기술을 접목하는 마젠타프로젝트를 진행하고 있다. 여기서 인공지능은 지금까지 인류가 만들어 내는 음악과 미술을 학습하고 인간의 감각과 감정을 이해하면서 인간을 감동시킬 새로운 예술 창작이 목표이다. 그 결과 인간이 그린 그림, 사람이 악기로 연주한 소리를 인공지능이 이해하고 새로운 창작물을 만들어 내기 시작했다. 이렇게 발전 중인 인공지능은 결국 머지않아 인간보다 월등히 높은 정신 능력을 발휘하게 된다는 것이다. 이는 이미 비약이 아니고 현실이라는 것이 여러 곳에서 나타나고 있다.

만물박사 AI가 손안에서 모든 걸 해결

2019년 1월 8일부터 11일까지 4일간 라스베이거스 소비자전자제품박람회(CES: Consumer Electronics Show)가 개최됐다. 여기서 선보인 만물박사(well-informed person) 인공지능 '사라'가 눈길을 끌었다. 테이블에 놓인 소주병 크기의 인공지능은 누가 무엇을 질문하든 모든 걸 알려 주었다. 향후 3~4년 내 칩 크기로 모바일에 장착되면 인간은 만물박사를 손안에 들고 말로 부리는 시대가 된다.

이때는 컴퓨터 자판이나 엄지를 사용할 필요가 없다. 무엇이든 궁금한 건 말로 물으면 즉시 알려 준다. 해 먹고 싶은 음식은 무엇이든 재료만 갖추면 초보도 음식을 만들 수 있도록 레시피(요리법)를 알기 쉽게 설명해 준다. 64개 언어로 전 세계 모든 사람과 통화가 가능해진다. 영어를 몰라도 서로 연결만 되면 해결사 인공지능이 집적 소통할 수 있게 해 준다. 일상에 필요한 상식적인 것부터 전문지식에 이르기까지 말로 물으면 모든 게 해결되는 시대가 눈앞에 다가온 것이다.

인공지능 장착 로봇 출현

긍정적인 면에서 인공지능은 우리에게 필요한 수많은 일을 쉽게 처리해 준다. 그래서 인공지능 학자들은 전기

머지않아 인공지능(AI) 로봇이 대중교통, 정책결정, 재판, 회계, 의료행위, 심지어 음악과 미술, 문예창작 등 예술의 영역에 이르기까지 인간을 대신한다. 이는 기존 인류가 누리던 최고의 정신노동까지 모두 인공지능과 로봇이 담당한다는 것인데, 이제는 아무도 이를 부인할 수 없는 현실이 됐다.

가 우리에게 유용한 것처럼 인공지능도 인간을 유익하고 편리하게 해 줄 것이라고 단언한다. 지금도 인공지능을 활용해 할 수 있는 일은 수없이 많다. 이를테면 인공지능을 이용해 실생활에 필요한 앱을 만들어 사용할 수 있다. 프로그램과 데이터만 가지면 우리가 상상하는 아이디어로 실생활에 유용한 것들을 언제든지, 얼마든지 만들어 사용할 수 있다.

무엇보다 인공지능이 기계와 결합하고 특히 로봇과 결합할 날이 곧 다가오게 된다. 그때는 인간이 할 수 있는 일을 모두 인공지능을 장착한 로봇이 대신 할 수 있다. 더는 인간이 할 일이 없어지고 먹고 잠자고 노는 일만 남게 된다. 인공지능과 함께 공존 공생할 수 있는 마인드가 필요하다.

강한 인공지능, 언제쯤 인류를 지배할까

학자들은 기술 진보로 머지않아 인류 역사에 필연적으로 인공지능이 변곡점(특이점)을 돌파할 것이라 단언한다. 특이점을 넘는 순간 인공지능은 인간의 지적 정신적 모든 능력을 단숨에 뛰어넘어 버린다. 과학자들은 인간의 뇌가 생각보다 훨씬 후진적인 구조이기 때문이라고 설명한다. 반면 인공지능은 21세기 현대 문명의 시스템을 끊임없이 학습하며 발전하고 있다. 인공지능이 인류를 압도할 수밖에 없다는 것을 의미한다.

특이점을 돌파한 인공지능이 감정과 감각마저 인간보다 발달하면서 더 잘 기뻐하고 행복해할 것이라고 말한다. 더 잘 분노하고 슬퍼하며 아파할 수 있다는 것이다. 결국 인간은 고유한 영역이라고 확신하던 감정과 감각까지 인공지능에 압도당하게 된다. 인공지능 학자들은 이때를 대략 2045년 정도로 보고 있다.

바이오공학, '포스트휴먼' 출현 공지

인간처럼 의식을 가진 강한 인공지능이 영화 속 스카이넷(Skynet: 영화 〈터미네이터〉 속 AI)처럼 불쑥 우리 앞에 나타날 것인가? 정작 인공지능이 인간을 배신하고 인간을 지배하면 어떻게 될까? 많은 사람들이 벌써 걱정하고 있다. 하지만 현재 단계에서는 기계가 의식을 가지고 인간을 배신하고 지배할 가능성은 그리 높아 보이지 않는다. 아직은 이에 대처할 시간이 남았다.

그러나 머신러닝과 디프러닝 같은 인공지능 모델은 고도의 수학공식처럼 굉장히 복잡하게 짜여 있다. 그런 것을 점점 더 복잡하게 만들고 끼워 맞춰 나가다 보면 더욱더 인간에게 가까워지는 느낌을 얻게 된다. 그렇다고 해서 그게 어느 날 자기의식을 가지고 스스로 모든 것을 판단하는 기계인간 '포스트휴먼'이 되는 것은 아니다. 다만 최근 들어 빠른 속도로 진화하는 인공지능을 지켜보는 과학자들은 머지않아 강한 인공지능의 출현이 필연이라고 말한다.

특히 21세기 들어 급속한 발전을 이룩한 바이오공학(Bio Technology)이 이런 생각을 더욱 확신시켜 주고 있다. 지난 수십 년간 발전해 온 생명과학연구는 이미 반세기 전에 공상과학소설(SF)에서나 등장하던 이야기가 현재 속속 현실이 되고 있음을 증명하고 있다. 무엇보다 2003년 게놈(Genome) 프로젝트가 완성되면서 인간의 세포 속에 유전정보를 담고 있는 DNA를 하나하나 개별적인 분석을 완전히 끝마친 것이다.

과학자들은 음식 상태와 배우자 결정 등에 이르기까지 우리가 살아가면서 하는 모든 선택과 결정이 개인의 신비로운 자유의지가 아니라는 것을 밝혀 냈다. 이 같은 선택과 결정은 매우 짧은 시간에 확률을 계산해 내는 7억 개의 뉴런(Neuron: 신경세포)에서 비롯된 것임을 알게 됐다. 이는 곧 인간의 의식은 생명체가 진화하면서 반복된 패턴의 학습을 통해 작동하는 일종의 알고리즘(Algorism)이라는 것이다.

우리는 어디서 왔는가?

그 후 과학자들이 이룩한 바이오공학 분야의 눈부신 성과와 함께 인문 철학자들은 "우리 인류는 어디서 왔는가"라는 철학적 명제를 다시 생각하게 만든다. 이 문제를 해결하기 위해 생물학적 전환이 일어났다. 생물학적 전환의 키워드(key word)는 바로 '진화(Revolution)'이다. 그리고 진화란 "우리 인류가 어디서 왔는가"라는 문제를 전 우주적인 차원에서 다시 고찰하게 한다.

현재까지 이 진화에 관해 가장 유명한 것이 바로 과학적 고전으로 불리는 《이기적 유전자(The Selfish Gene)》라는 책이다. 저자인 진화생물학자 리처드 도킨스는 인간을 비롯한 모든 생물이 유전자에 의해 '창조된 생존기계'라고 주장한다. 그리고 생명 진화의 주체가 특정 '개체(Individuals)'나 '종(Species)'이 아닌 '유전자(Gene)'라고 주창해 생물학계에 큰 논쟁을 불러일으킨 바 있다. 그렇다면 진화생물학에서 대두되는 가장 중요한 문제는 인간이 어떻게 지능을 가지게 되었느냐는 것이다. 지능은 진화의 과정에서 나온 산물이다. 따라서 "우리가 어디서 왔는가"라는 생물학적 명제에 답하기 위해서는 진화 과정에서 가지게 된 지능의 문제를 풀어야 한다. 지구상의 생명체 중에서 유일하게 인간만이 고도의 지능과 의식을 가지고 있기 때문이다.

먼저 도킨스는 《이기적 유전자》를 통해 모든 생명은 자신의 유전자를 후세에 남기려는 이기적인 속성을 지니고 있다고 말한다. 생명체가 일시

적으로 서로 돕는 이타적인 행위를 하는 것마저도 결국엔 자신과 공통된 유전자를 남기기 위한 이기적 행위라고 주장한다. 이에 따르면 인간은 유전자의 로봇기계일 뿐이다. 인간이 인간의 주체가 아니고 다만 유전자를 담고 있는 그릇이라는 것이다. 인간은 유전자의 명령에 따라 행동하는 것일 뿐 언제든 필요 없으면 인간은 죽어 내버려진다. 그리고 인간의 유전자가 후손으로 이어진다는 것이 도킨스의 독특한 주장이다. 이것은 혁명적인 발상이 아닐 수 없다. 그런데 인간만이 유전자 복제를 받았다는 것을 스스로 아는 존재다. 이는 또 인간만이 의식을 가진 유일한 존재라는 것을 말한다. 이것이 바로 바이오 생명공학이 오늘까지 밝혀 낸 생명이론이다.

빅히스토리(Big History)

인간은 어디로 가고 있는가?

레이먼드 커즈와일은 "우주의 탄생에서 가장 중요한 순간은 지능의 탄생이다"라고 말한다. 그는 또 지능이야말로 인간이 자연적 한계를 뛰어넘어 상상력을 통해 세계를 바꾸는 힘이라고 주장한다. 인간은 지능을 가졌기 때문에 환경의 지배를 받는 존재에서 환경을 지배하는 위대한 존재가 됐다고 단언한다.

네덜란드 1995년 노벨화학상 수상자인 화학자 파울 크뤼천(Paul Crutzen)은 이를 인간 활동이 지구환경을 바꾼 지질시대(인류세: Anthropocene)라고 제안한다. 지능을 획득한 인류 자신이 스스로 새로운 지질시대를 열었다는 것이다. 그리고 "인류가 어떻게 이 엄청난 '인류세'까지 왔는가" 그리고 "인공지능을 통해 어떻게 자기 멸망에 이를 것인가"라는 문제를 제기한다.

이러한 문제 전체를 아우르고 조망하는 학문이 바로 '빅히스토리(Big History)'이다. 호주 매쿼리대 교수인 데이비드 크리스천과 미국 미시간대 교수인 밥 베인이 대학에서 핵심 강의 시리즈를 엮은 단행본《빅히스토리》는 "우리가 어디서 왔는가. 우리는 무엇인가. 그리고 우리는 어디로 가는가"라는 질문의 답을 찾아 세상의 모든 학문을 통섭한 역사학을 주창한다. 통섭학문의 최고봉인《빅히스토리》는 우주탄생부터 문명의 출현에 이르기까지 무려 137억 년이라는 기나긴 세월을 광범위하게 다루고 있다.

《빅히스토리》의 저자는 천문학, 물리학, 생물학, 고고학, 인류학 등 여러 학문 분야를 넘나들며 137억 년이라는 우주적 관점에서 자연과 인간의 역사를 분석하고 진단한다. 빅뱅에서 별의 탄생, 태양계와 지구의 탄생, 생명의 기원, 인류의 등장, 문명의 출현, 현대 사회로 발전까지의 과정을 시간 순에 따라 137억 년 동안 복잡한 것들이 출현해 왔다는 것을 광범위하게 펼쳐 보인다. 이 거대한 우주 속에 '나'와 '우리'가 과연 어디쯤에 위치해 있는지를 진지하게 생각하도록 안내한다.

우주 역사의 시작을 알리는 빅뱅을 통해 나온 것이 '에너지'와 '물질'이다. 여기서 원자가 탄생한다. 이것을 다루는 학문이 물리학이다. 원자가 나오고 원자와 원자가 결합해서 분자가 생겨난다. 원자와 분자의 상호작용을 다루는 학문이 화학이다. 45억 년 전 지구가 탄생하고 15억 년 뒤인 30억 년 전에 분자 중에서 자기복제를 하는 분자가 나온다. 이것이 DNA다. DNA를 통해 비로소 생명체가 출현한다. 이 생명체가 기나긴 진화의 유영을 통해 마침내 인류종 '사피엔스'가 탄생한다. 이 사피엔스가 분자의 자기복제라는 단순하고 미미한 시작으로 지금 이 문명의 주인공이 된 것이다.

저자 데이비드 크리스천은 거대한 우주역사에서 중요한 전환점이 된 사건을 '임계 또는 한계 국면'이라고 말한다. 137억 년 전 빅뱅에서 45억 년 전 지구의 출현, 생명의 기원, 농경의 시작 등 장구한 세월 동안 모두 8번의 임계 국면을 맞는다. 이를 통해 진화한 방대한 우주역사를 다루는 학문이 빅히스토리다. 지금도 진행 중인 빅히스토리는 인류가 어쩌면 마지막으로 맞이할 이 9번째 임계국면이 바로 강한 인공지능(포스트휴먼)을 암시한다. 인류는 지금 이를 향해 달려가고 있다.

인류 '사피엔스'의 필연적 종말

유발 하라리는 자신의 저서 《사피엔스》의 초점을 인류의 필연적 종말에 두고 있다. 인류종이란 도대체 뭐란 말인가. 인류가 어떻게 해서 가장 먼저 큰 힘을 가진 지구의 정복자가 되었을까. 하라리는 20만 년 전 인류종 사피엔스가 출현하기까지 그전에 6~7개의 인류종이 있었다고 말한다. 그런데 특이하게도 이 사피엔스만 살아남았다는 것이다. 그는 사피엔스가 나머지 5~6개 인류종을 도태시켰을 가능성이 농후하다고 주장한다. 이후 사피엔스가 7만 년 전 '인지혁명(cognitive revolution)'을 통해 도약을 거듭하며 지금의 문명에까지 이르렀다고 설파한다.

하라리는 인간이 지구상에 존재하는 동물 중에서 가장 이기적인 존재라고 말한다, 이기적인 존재는 이타적인 존재를 이긴다. 인간이 위대한 것은 이기적 개체들이 모여 이타적 공동체를 형성한 것이다. 이기적인 집단이란 사실상 성립하기가 어렵다. 그런데도 이기적인 인간이 모여 이타적 공동체라는 거대한 협력체를 구성한 것이 인지혁명의 출발점이라고 말한다. 자연에서 곤충을 제외하고 어떤 동물도 서로 아는 존재끼리 집단을 만들 수 있는 임계수치는 150에 불과하다. 그러나 사피엔스는 100만 명 또는 그 이상의 개체가 모여 국가 공동체를 만드는 유일한 존재라는 것이다.

인지혁명이란 무엇인가? 유발 하라리는 '인지혁명'은 사피엔스가 언어를 통해 의사소통을 하고 집단적 상상력으로 협력하게 된 과정에서 나온 산물이라고 주장한다. 그리고 그것을 가능하게 한 것이 '허구 서사'라는 것이다. 허구 서사란 신화와 같이 존재하지 않는 것을 말한다. 유일하게 인간만이 이 허구 서사를 통해 이기적인 개체가 이타적 공동체로 진화했다고 설명한다. 이것이 또한 인간의 위대함이라는 것이다. 인간만이 현실세계뿐 아니라 허구 서사라는 가상세계를 만들 수 있다는 것이다. 하라리는 결국 이 가상세계가 인류를 위대하게 만들었다고 주장한다. 인류종 사피엔스가 스스로 만든 가상세계를 통해 3가지 위대한 문명을 만들었다고 설명한다.

첫 번째 문명이 바로 '종교(religion)'이다. 지구 생명체 중에서 인간만 종교를 가지고 있다. 종교에서 신이야말로 상상의 산물이라는 것이다. 신을 통해 인간이 참을 수 없는 존재의 가벼움을 극복한 것이 인류의 문명발전에 엄청난 기여를 했다는 것이다. 인간이 상상력을 통해 만든 종교가 무한 또는 영혼과 소통할 수 있는 길을 열었다는 것이다. 나는 죽고 없어져도 내 삶의 존재 의미가 있다. 그는 유한성을 극복할 수 있는 무한성과 연결되는 지점을 찾아낸 것이 바로 종교라고 주장한다.

두 번째는 '제국(empire)'이다. 특이하게 이기적 개체가 모여 이타적 공동체를 형성한 것은 인간에게만 있다. 이는 바로 내가 우리가 되는 것이다. 그것이 바로 나를 한국인으로 만들고 한국역사를 만든다. 그리고 그 역사라는 서사를 가지고 나를 우리 이전의 조상과 우리 이후의 후손과 연결시켜 더 큰 우리, 국가를 형성한다. 이것이 바로 역사라는 허구 서사다. 그리고 하나의 정치공동체가 보편적 이념이나 제도, 사상을 통해 거대한 제국을 만든다.

세 번째로는 막강한 힘을 가진 '돈(money)'이 등장한다. 사피엔스가 만든 돈이 가장 강력한 허구 서사라는 것이다. 화폐 그 자체는 한낱 종이쪽지에 불과하다. 하지만 상징적 가치가 있다. 종이에 상징적 가치가 있는 이유는 신뢰 시스템이 작동하기 때문이다. 보이지 않는 상징적 질서가 돈을 가치 있게 만든다. 돈은 엄청난 위력을 갖는다. 성경에서조차도 하나님과 돈을 동시에 섬길 수 없다고 말한다. 인간은 이런 식으로 허구적 가상세계를 통해 거대한 문명세계를 만들었다. 결국 이 허구가 만든 가상세계가 오늘의 문명과 함께 인류의 생존에 마침표를 찍을 인공지능 시대까지 이르게 한 것이다.

무엇보다 인공지능을 가능하게 만든 건 과학이다. 그리고 과학을 가능하게 만든 것은 수학이다. 수학은 자연수를 비롯해 소수, 무리수 등을 말한다. 하지만 이들은 현실에서 존재하는 게 아닌 기호에 불과하다. 수학은 상상이며 가상일뿐이다. 이 숫자를 가지고 인간은 자연을 계량화했다. 과학의 아버지로 불리는 이탈리아의 천문학자, 물리학자, 수학자 갈릴레오 갈릴레이(Galileo Galilei)는 "자연은 수학으로 쓰인 책이다"라고 했다.

수학이란 언어를 통해 자연의 비밀을 발견한 것이다. 수학을 바탕으로 한 거대한 가상세계가 바로 과학이다. 인간은 이런 과학을 통해 컴퓨터를 만들었다. 그리고 초기 컴퓨터의 단순한 계산에서 디지털로 발전했다.

디지털은 물질에서 나온 신호를 0과 1의 조합으로 바꾸는 과정이자 그 결과이다. 0과 1이라는 2진법 기호만으로 이 세상의 모든 정보를 디지털화하고 그걸 통해 만물의 공식을 알아내는 것이다. 오늘날 인공지능의 출현을 가능하게 한 것이 바로 최첨단 디지털 기술이다.

유발 하라리의 암울한 예언

그렇다면 우리 인간에게 남은 건 도대체 뭐란 말인가? 인간이 행할 모든 정신영역까지 뺏긴 인간은 무엇을 위해 살아가야 하는가? 유발 하라리는 《21세기를 위한 21가지 제언》이란 저서를 통해 "바야흐로 옛이야기는 붕괴했다. 하지만 그것을 대신할 만한 새 이야기는 아직 출현하지 않았다. 우리들 호모사피엔스에게는 이제 여유가 없다. 철학과 종교, 과학 모두 시간이 다 돼 간다. 그러나 이 논쟁을 무한정 계속할 수도 없다. 다가오는 위협은 그러한 여유를 허락하지 않을 것이기 때문이다"라고 설파했다.

수많은 생각이 소용돌이치는 가운데 세계는 이미 제4차 산업혁명에 깊이 진입했다. 그리고 인공지능이 빠르게 인간의 능력을 앞서갈 채비를 하고 있다. 또 널리 퍼져 있지 않을 뿐 인공지능이 안겨 줄 암울한 미래가 분명 우리를 엄습하고 있다. 인공지능과 함께 빅데이터, 로봇, 자율주행차, IoT, 3D프린팅 등 새로운 기술이 융합하면서 엄청난 변화가 이미 다가오고 있다. 과거 산업혁명이 인간에게 '기계근육'을 붙여 주고 대량생산과 기계가 자동화하는 과정이었다면 제4차 산업혁명 시대는 인공지능이라는 '기계두뇌'가 또 다른 인간(포스트휴먼)을 향한 무서운 비상을 꿈꾸고 있다.

영국에서 첫 산업혁명이 발생했을 때 인간은 기계혁명으로 일자리를 잃을 것을 두려워했다. 급기야 노동자들이 러다이트운동(Luddite Movement: 기계파괴운동)을 일으켰다. 그러나 밀려드는 변화의 파고 앞에서는 속수무책이었다. 유사하게도 지금 제4차 산업혁명의 물결이 우리를 덮쳐오고 있다. 21세기를 살아가는 우리는 암울한 미래 앞에서 이제 무엇을 어떻게 해야 하는 것일까. 많은 사람이 혼란스러워하고 있다.

그렇다면 인간은 무엇이란 말인가. 유발 하라리는 인공지능 시대 인간은 신이 돼 버린 것이라고 말한다. 신을 숭상하던 인간이 신이 됐으니 기뻐해야 하는가. 그러나 기뻐할 수 없다는 게 현대 사피엔스의 고민이다. 과거 인간은 허구 서사를 통해 스스로 만든 가상 신의 지배를 받았다. 그런데 이제는 인간이 직접 만든 인공지능이 신이 된다. 유발 하라리는 책 《사피엔스》의 마지막 부분에서 이렇게 말한다. "이제 우리에게 문제가 되는 것은 우리가 무엇이 되고 싶은가의 문제가 아니라 우리가 무엇을 원하고 있는지를 모른다는 것이 문제다."

우리는 이제 되고 싶은 건 다 될 수 있다. 그런데 문제는 내가 되고 싶은 게 무엇인지를 모른다는 것이다. 하라리는 "스스로 무엇을 원하는지도 모르는 채 불만스럽고 무책임한 신들, 이보다 더 위험한 존재가 또 있을까" 라고 개탄한다. 이게 곧 다가올 우리의 모습이다. 인간이 인공지능을 발명하고 인공지능을 통해 신적인 능력을 가진다. 그런데 인간은 스스로 원하는 게 도대체 뭔지 또 무엇을 어떻게 해야 할지를 모른다. 하라리는 이 명제의 결론으로 '사피엔스'의 종말을 암시한다.

강한 인공지능 막기 위한 준비

2015년 11월 9일 구글은 알파고 이전 구글의 모든 인공지능의 총체적 내용을 결집한 '텐서플로(TensorFlow)'를 공개했다. 같은 날 마이크로소프트(MS)가 'Distributed Machine Learning Toolkit'를 공개했다. 이어 11월 23일 아이비엠(IBM)이 'System MIL'을 공개했다. 또한 12월10일 페이스북(Fadebook)이 'Bigsur'를 공개했다. 미약하지만 기업은 인공지능에 관한 윤리적, 도덕적 의무를 미리 준비하고 있는 것이다.

이제 중요한 인공지능 기술은 모두 공개되고 있다. 미래 출현할 강한 인공지능에 대비한 일종의 해결책이 곁들여진 것이다. 다시 말해 인공지능이 발전을 거듭하면서 만에 하나 이상한 조짐이 나타날 경우를 대비해 모든 인공지능 기술을 공개하고 있는 것이다. 그리고 인공지능 기술은 이제 개방되어 있기 때문에 데이터만 준비하면 된다. 데이터만 있으면 인공지능을 사용하는 데 무리가 없게 된 것이다.

인간의 마음 빅데이터(Big Data)

데이터, 인공지능의 보양식

"신(God)을 데리고 와라, 그럼 내가 신을 믿을 거야. 하지만 신을 데려올 수 없다면 '데이터'를 가져와." 세계 최고 유통기업 아마존의 최고경영자(CEO) 제프 베조스(Jeffrey Bezos)가 한 말이다. 이는 제4차 산업혁명 시대에 '데이터(data)'의 가치와 실상을 가장 적절하게 설명하고 있다.

제4차 산업혁명 시대의 데이터는 한마디로 고객(사람)의 마음이라고 할 수 있다. 지금 세상의 모든 것은 데이터가 말해 준다. 데이터의 변화를 보면 세상이 얼마나 빠르게 변하고 있는지를 금세 읽을 수 있다. 이제 세상의 변화를 가장 정확히 들여다볼 수 있는 것은 데이터뿐이다. 무엇보다 디지털 기술 때문이다. 컴퓨터와 모바일 등 디지털 소프트웨어 커넥터는 누구든 터치만 하면 반드시 그 흔적을 남기게 된다. 그리고 바로 그 흔적이 '데이터'이고 바로 인간이 추구하는 욕망이다.

제4차 산업혁명 시대의 '쌀알(grain)' 또는 '원유(oil)'로 불리는 데이터는 이제 인간만이 만들어 내는 것이 아니다. 사물에서도 엄청난 정보가 생산되는 네트워크가 형성된다. 클라우드 시스템이나 빅데이터를 취급하는

FAANG 같은 기업이나 아마존, 페이스북, 애플, 구글, 넷플릭스에서는 벌써부터 클라우드 시스템을 통해 '빅데이터' 선점에 사활을 걸었다. 무엇보다 데이터가 모여야 인공지능을 발전시킬 수 있다. 데이터를 먹고 성장하는 인공지능에 데이터가 없다면 속된말로 '앙꼬 없는 찐빵'인 셈이다.

데이터야말로 제4차 산업혁명 완성의 '종결자'라고 할 수 있는 인공지능의 보양식이다. 인공지능은 이 데이터 보양식을 섭취하면서 지적 지평을 넓힌다. 이제 빅데이터는 다변화된 현대사회를 더욱 정확하게 예측하고 효율적으로 작동케 하는 정보이다. 그래서 빅데이터는 정치, 사회, 경제, 문화, 과학 기술 등 모든 영역에 걸쳐 사회와 인류에게 가치 있는 정보를 제공하며 중요성이 부각된다. 세계경제포럼이 2012년 떠오르는 미래 10대 기술 중 인공지능에 이어 빅데이터 기술을 두 번째로 꼽은 이유이다.

이미 디지털 라이프를 살기 시작한 스마트폰족은 날마다 스마트폰에 흔적을 남기며 산다. 이들의 터치가 바로 일상의 정보가 되는 데이터다. 따라서 지금 아마존, 애플, 페이스북 등 세계 7대 플랫폼 기업은 물론이고 대부분의 디지털 소프트웨어 커넥터 연결 기업은 이 데이터로 달라진 소비행동 패턴을 파악한다. 그 소비모델을 기반으로 새로운 창조와 혁신을 위한 비즈니스 전략을 짜고 있다. 그러니까 모든 기업이 데이터 수집에 혈안이 되지 않을 수 없는 노릇이다.

요즘 많은 과학자가 만물의 근원을 정보라고 말한다. 정보를 알면 이론적으로는 모든 것을 알 수 있기 때문이다. 그렇다면 정보는 무엇인가? 정보는 데이터를 일정한 패턴에 따라 재정리한 것을 말한다. 정보는 데이터와 데이터의 관계 속에서 나온다. 다시 말해 흩어진 파편인 데이터에 의미를 부여한 것을 정보라고 할 수 있다. 이전에는 우리에게 부족했던 그런 데이터가 신인류와 디지털 커넥터가 등장하면서 오늘 하루에도 수백, 수천

억 개가 지구상에 쏟아져 나오고 있다.

빅데이터(Big Data)

디지털 환경에서는 인간이 엄청난 양의 데이터를 생성한다. 또한 데이터는 생성 주기도 짧고 형태도 수치 데이터뿐 아니라 문자와 영상 데이터까지 다양하다. 이처럼 방대한 양과 다양해진 거대한 데이터를 한마디로 '빅데이터'라고 말한다. 인간은 디지털을 통해 모든 것을 빅데이터화할 수 있다. 이는 곧 데이터를 통해 모든 것에 관한 정보를 얻어낼 수 있다는 것을 의미한다. 이제 빅데이터는 사람들의 행동은 물론이고 위치정보와 SNS를 통해 생각과 의견까지 분석하고 예측할 수 있게 된 것이다.

제4차 산업혁명 시대야말로 빅데이터 시대이다. 정보의 홍수 속에 살고 있는 현대사회 디지털 경제의 확산으로 규모를 가늠할 수 없는 엄청난 양의 정보가 실시간으로 생산되고 저장된다. 이런 디지털 환경에서 생성되는 대규모 빅데이터를 수집, 분석해 수많은 데이터 속에 숨어 있는 정보나 패턴을 읽고 찾아내는 것이 인공지능이다. 이제 인공지능은 하루에도 엄청나게 쏟아지는 데이터를 먹고 급성장하고 있다. 빅데이터가 제4차 산업혁명 시대 핵심 자원으로 주목받는 이유이다.

클라우드(Cloud)

클라우드는 무엇보다 빅데이터와 관련이 깊다. 구름을 뜻하는 이 가상의 '클라우드'는 빅데이터를 저장해 두는 초거대 구름과 같은 것이다. 클라우드에 저장된 빅데이터는 한 대의 컴퓨터 공간에서만 자료를 불러올 수 있는 게 아니다. 여러 장소에서 동일한 구름을 관찰할 수 있듯이 언제 어디서나 필요한 자료를 불러 사용할 수 있다. 인터넷에 접속하기만 하면 클라우드를 통해 빅데이터 서비스를 실시간으로 이용할 수 있다. 클라우드의 또 다른 장점은 스마트폰을 통해서도 접속이 가능하다는 것이다. 글로벌 클라우드 서비스 시장은 이미 미국 구글드라이브, 아마존웹서비스(AWS), 마이크로소프트(MS), 오라클 등이 선점해 클라우드 컴퓨팅 서비스를 제공하고 있다.

불 붙은 데이터 정보전쟁

제4차 산업혁명 시대 기업의 생존은 정보에 달려 있다고 해도 과언이 아니다. 정보의 핵심이 데이터다. 자고 나면 달라지는 현대사회에서 국가 권력이란 더는 절대적이지 않다. 당신이 언제 어디서 누구와 만나 무슨 일을 하는지, 좋아하는 음악 장르는 무엇인지를 안다. 심지어 배우자에게도 말하지 못할 비밀스러운 '성적 취향(sexual taste)'까지도 알고 있다. 세계 어느 정보기관도 수집하기 어려운 정보를 이젠 기업집단이 보유하고 있다. 바로 대표적인 기업이 구글이다. 영국을 중심으로 서유럽은 지금 구글에 맞서 미래 정보 패권 사수에 나섰다. 동맹국 미국의 정보기관 관련 정의 폭로를 앞장서서 막아 주던 영국 정부가 미국의 기업인 구글에는 공격으로 맞선 것이다.

영국이 2014년 5월에 유럽사법재판소(ECJ: The European Court of Justice)에서 인정된 '잊어버릴 권리(Right to be forgotten)'를 무기로 구글에

정보 삭제를 요구한 건수가 1만 2,000건에 달한다. 프랑스와 독일에 이어 영국이 가장 많은 정보 삭제를 신청한 것이다. 영국은 국내에서는 세금 부과로, 국제무대에서는 EU를 움직여 정보침해 문제를 공론화해 구글과 정보전쟁을 벌이고 있다. 영국이 공격의 대상으로 삼은 기업은 구글뿐만 아니다. 세계 최대 소셜 네트워크인 페이스북, 세계 최대의 디지털 콘텐츠 유통기업이자 가장 성공적인 스마트가전 기업인 애플, 세계 최대의 인터넷 전문 유통업체 아마존도 견제 대상이다. 이들의 공통점은 모두 미국 IT 공룡기업이다.

'잊어버릴 권리' 논쟁은 미국 기업과 정보 패권전쟁의 전초전에 불과하다. 구글, 페이스북, 애플, 아마존, 트위터 등 최근 인터넷의 흐름을 선도하는 기업 대부분이 미국 기업이다. 영국에는 세계적인 인터넷서비스 기업이 없다. 구글이 유럽 검색 시장의 90%, 인터넷광고 시장의 80% 이상을 점유하고 있다. 영국 정보기관은 미국의 국가안전보장국(NSA)과는 동맹국 차원에서 이해하고 있다. 그러나 민간 기업이 영국인의 정보를 고스란히 기업서버로 가져가는 상황은 큰 우려가 아닐 수 없다. 미국 기업의 서버에 저장된 정보는 미국 정부의 통제를 받는다. 영국은 이 점을 잘 알고 있다.

특히 영국은 대영제국 시절부터 세계의 자원을 선점하고 자본을 독점해 세계 패권을 유지한 경험이 있다. 따라서 산업 시대에는 자원을, 자본주의 시대에는 자본을 독점해야 한다. 이제 21세기 정보화 시대는 정보를 독점해야 패권을 거머쥘 수 있다. 영국은 이런 면에서 미국에 크게 뒤처지고 있다. 전 세계를 지배하는 디지털 공룡들은 모두 미국기업이다. 영국은 이에 대항할 경쟁수단이 전무하기 때문에 이제는 미국을 정보 공유 파트너로 보지 않고 미래 세계 패권을 두고 싸우는 경쟁자로 인식한 것이다.

데이터 수집에 필요한 것이 바로 저장용 메모리이다. 따라서 2017년과 2018년 전년 대비 글로벌 메모리시장 판매수요가 각각 70% 이상 폭발적으로 성장했다. 전문가들은 앞으로도 메모리시장 성장세는 상당 기간 이어질 것으로 보고 있다. 이는 데이터가 제4차 산업혁명 시대 기업들에 그만큼 중요하다는 것을 입증한다. 데이터가 바로 과학이기 때문이다. 우리 일상에서 과학과 상식이 싸운다면 결과는 불을 보듯 뻔하다.

이제 좋은 비즈니스 모델을 만들기 위해서는 가능한 한 많은 데이터를 수집해야 한다. 적은 데이터로는 효율성이 낮다. 그래서 기업들이 가능한 한 더 많은 데이터를 모으려고 안간힘을 쓰고 있는 이유다. 우리가 어떻게 미래 시장을 바라보느냐에 따라 앞으로 우리의 살길이 보인다. 그리고 미래를 바라보고 전망하는 데 가장 필요한 것이 바로 데이터이다. 그래서 빅데이터를 이 혁명을 이끄는 '쌀알' 심지어 '원유'라고 부르는 것이다.

무서운 데이터의 나라 중국

제4차 산업혁명은 미국에 이어 중국이 무서운 성장을 이룩하고 있다. 다름 아닌 빅데이터 때문이다. 중국은 벌써 2012년 공산당정부의 교시로 우버를 전격 시행했다. 우버에 이어 4년 만에 디디추싱(Didi Chuxing)이라는 중국판 우버를 설립한 뒤 바로 우버를 내쫓아버린다. 그리고 디디추싱은 천하통일하면서 2018년 시가 60조 원의 기업으로 성장한다.

중국 공산당정부가 우버를 시행한 본래의 목적은 새로운 대기업 탄생에 있는 게 아니었다. 중국 정부의 명령에 따라 중국 소비자 14억 명이 스마트폰으로 택시를 부르는 새로운 문명을 만드는 데 있었다. 이로써 대부분 중국인이 스마트폰을 사용하는 것이 이제 일상이 됐다. 그 다음 어떤 변화가 있을까? 이를 통해 제4차 산업혁명의 쌀알이라고 불리는 데이터가 하루에도 수천억 개씩 쏟아져 나오고 있다. 스마트폰을 통한 구매행위로 생산되고 있는 빅데이터가 중국 기업 혁신의 바탕이다.

중국은 이미 무서운 데이터의 나라가 됐다. 스마트폰을 통해 하루에도 수억 명이 택시 이용에서 커피숍과 편의점, 음식점에서 데이터를 쏟아낸다. 중국 핀테크(FinTech: financial technology)가 무서운 건 알리바바와 텐센트가 중국 사람이 어떤 것을 소비하는지 그 데이터를 다 알고 있기 때문이다. 데이터로 알리바바와 텐센트가 하고 있는 비즈니스가 금융업이다. 빅데이터를 바탕으로 미디어 산업이 중국을 흔들어 깨우고 있다. 이 데이터로 알리바바와 텐센트가 이미 세계 10대 기업에 등극한 것이다.

중국의 스마트폰 회사가 데이터를 기반으로 고객만을 위한 마케팅 기반의 새로운 비즈니스 경로를 만들어 내고 있다. 그 성공 모델인 비보와 오포가 중국내 스마트폰 시장 점유율을 불과 2년 사이에 석권해 버린 것이다. 2016년까지만 해도 중국에서 삼성과 애플이 주도하던 마켓이 2018년 현재 중국 내 애플과 삼성의 스마트폰 점유율을 각각 5%, 1%대 이하로 밀어내 버린다. 이게 바로 데이터의 위력이다.

2019년 9월 16일 퇴진한 알리바바 대표 마윈은 전자상거래 시대는 조만간 끝이 나고 곧 온라인, 오프라인, 물류 등 세 가지 과정을 융합한 새로운 소매유통 모델인 '신소매' 시대가 올 것이라고 주장한다. 인터넷, 빅데이터, 스마트물류, 모바일결제 등 첨단기술을 바탕으로 소비자 맞춤형 서비스를 제공하는 개념이다. 이 신소매는 온라인과 오프라인의 경계가 없다. 이미 하루 3억~5억 명이 편의점에서 무엇을 구매하고 있는지 실시간으로 알 수 있다. 그러면 편의점에서 음료수 인기 1위, 과자 인기 1위 등의 데이터가 뜬다. 이 데이터를 근거로 중국의 열악한 슈퍼마켓에 제품 구매와 공급을 제안하면서 상생한다는 것이다.

신소매 경영을 도입한 중국의 편의점과 슈퍼마켓은 소비자가 열광하고 검색하면서 만들어 낸 데이터에 기반한 맞춤형 상품을 구비한다. 비용은 줄이고 매출은 늘리는 이중효과를 높일 수 있다. 한국의 유통시스템은 대기업의 담당부서가 모든 권한을 쥐고 있다. 우리의 슈퍼마켓과 편의점은 최종 납품결정권자인 구매담당부서장의 취향에 맞는 물품이 진열된다. 이런 과학(데이터)과 상식의 싸움에서 한국이 중국을 이길 수 있을까? 온라인 상거래 최고의 나라 중국이 전 세계 상거래의 40%를 차지한다. 미국의 20배, 우리의 1,000배다. 살아남기 위해 제4차 산업혁명의 본질을 하루빨리 이해하고 체득해야 한다.

데이터로 만든 중국판 '동물농장'

"빅브라더가 당신을 보고 있다(Big Brother is watching you)." 디스토피안 사회를 묘사하는 문학작품으로 영국 소설가 조지 오웰(George Orwell)이 쓴 소설 《1984년》에 나오는 유명한 말이다. 빅데이터의 문제점은 바로 사생활 침해와 보안 측면에서 나타나고 있다. 빅데이터는 수많은 개인의 정보 집합체이다. 그래서 빅데이터를 수집, 분석할 때 개인의 사적 정보까지 수집, 관리하는 '빅브라더'의 모습이 될 수 있다. 그런 빅데이터가 보안 문제로 유출된다면 모든 개인 정보가 털리게 된다. 큰 문제가 아닐 수 없다. 이런 폐해는 이미 중국 공산당 독재정권에서 두드러지게 나타나고 있다.

그러나 중국 공산당정부 편에서는 폐해가 아니다. 오히려 꿩도 먹고 알도 먹는 일석이조이다. 중국 공산당정부는 이미 두 가지의 의도적 목적으로 이를 실천하고 있다. 하나는 데이터의 나라 중국을 만들 수 있다는 것이다. 이미 중국은 데이터로 제4차 산업혁명에서 한층 더 유리한 고지에서 혁신에 박차를 가하고 있다. 또 다른 하나는 데이터를 기반으로 인공지능의 안면인식기술을 발전시켜 인민에게 족쇄를 채우려는 것이다.

중국의 빅데이터와 인공지능(AI) 분야 투자 규모는 세계 1위를 자랑한다. 이로써 영상인식, 분석 기술은 미국보다 한발 앞서는 세계 최고 수준으로 평가받고 있다. 중국 정부는 2018년 6만 명이 운집한 콘서트 현장에서 수배자를 찾아 내 체포함으로써 세계를 놀라게 했다. 또 17년 전 살인혐의 수배범을 검거하는 등 안면인식 기술 분야에서 세계 최고를 자랑하고 있다.

등급 매겨 감시하는 소름 돋는 중국

안면인식 기술은 이미지 데이터를 수집한다. 이미지의 특징적 위치를 설정해 공통점과 차이점을 구분한 뒤 신분 확인과 검색을 한다. 눈썹 높이, 입가 모양 등 얼굴의 다양한 특징적인 부분을 비교해 특정인을 정확히 구분한다. 요즘 홍콩에서 시위 군중은 마스크를 하고 우측 눈에 안대 같은 것을 붙이고 나오는 모습을 보게 된다. 홍콩 군중이 중국 공산당정부가 세계 최고의 안면인식기술로 폭력시위 범죄자를 찾아내는 것을 알고 있다. 홍콩 시위대가 거리에 세워진 CCTV를 파괴하는 것도 이 때문이다.

중국 정부는 현재 범죄 방지용이라는 명목으로 인공지능 폐쇄회로 감시 카메라 2,000만 대를 동원해 전 국민을 감시하는 범죄용의자 추적 시스템 '톈왕'을 구축했다. 얼굴까지 자동으로 분석, 추적해 전 국민의 일거수

일투족을 감시하는 시스템이다. 중국은 이것으로도 모자라 '사회 신용 점수제도'로 국민의 행동 하나하나에 점수를 매겨 관리한다. 또한 중국은 국내 온라인을 강력하게 통제해 인트라넷(intranet: 사내 인터넷 통신망)처럼 만들어 버렸다. 중국인은 도대체 세계에서 무슨 일이 벌어지고 있는지 전혀 모르고 산다. 전 세계가 중국 정부의 과도한 국민 감시평가 시도에 '빅브라더 사회'의 재현을 우려의 눈길로 지켜보고 있는 이유이다.

로봇산업(Robot Industry)

인간이 할 일을 모두 대신하는 로봇

"뚜벅 뚜벅, 뚜벅…, 척, 척, 척…." 이처럼 느리고 각진 동작의 로보캅(RoboCop)은 아주 먼 옛날이야기이다. 2018년 현재 로봇산업의 발전과 로봇의 활약은 이미 판타지소설(Fantasy fiction)에 등장하는 마법서생만큼이나 기민하고 날렵할 정도로 놀라운 동작과 행동을 보여 준다. 인간은 오래전부터 자신과 닮은 기계장치를 꿈꾸었다. 이젠 기술의 진보로 인간이 상상하는 것은 모두 현실로 다가오고 있다.

세계 최고 로봇 기술력을 자랑하는 보스턴다이내믹스(Boston Dynamics)는 2017년 이미 로봇이 점프를 하고 계단을 뛰어서 오르내리는 것은 기본이다. 심지어 백덤블링이 가능한 로봇 아틀라스를 공개했다. 사람처럼 두발로 걸어다니는 '휴머노이드' 로봇의 아틀라스 버전 공중제비 영상을 유튜브에 선보여 세상을 놀라게 한 것이다. 로봇은 사람처럼 잠긴 문을 열 수 있다. 넘어져도 스스로 일어난다. 보스턴다이내믹스는 2020년까지 사람처럼 단순 노동을 수행할 수 있는 로봇을 출시한다.

아마존은 이미 2015년부터 로봇을 제품 옮기는 창고직원으로 활용하고 있다. 로봇이 사람이 하던 일을 대신 하면서 아마존의 물류시스템에 근본적인 변화가 오기 시작했다. 이전까지 1시간 30분이 걸렸던 주문 상품의 모든 처리 과정을 로봇 덕분에 단 15분 만에 끝낼 수 있게 됐다. 로봇이 상품을 자동으로 이동해 주기 때문에 노동자는 상품포장만 하면 된다. 창고 로봇이 도입되면서 상품선반 사이에 통로용 공관이 필요 없어 1.5배나 더 많은 상품을 보관할 수 있게 됐다. 로봇이 배송시간을 줄이며 아마존은 생산성을 대폭 높였다.

과거 로봇은 대부분 공장 등 노동과 관련된 하드웨어 분야에서 발전을 이룩했다. 하지만 디지털 가상세계와 현실의 물리적인 세계가 융합하는 제4차 산업혁명 공간에서는 인공지능 로봇이 등장하고 있다. 따라서 전문가들은 인공지능과 결합한 로봇이 이제 인간보다 더 복잡하고 정교한 일을 처리해 냄으로써 새로운 산업분야에서 엄청난 파괴력를 보일 것으로 예상한다. 로봇과 사람의 협업을 넘어 로봇과 로봇이 협업하는 세계가 열리면서 거대한 제조공장에서 사람이 사라지고 있다.

로봇의 다양한 활동과 활약은 이미 많은 부분 인간을 대신하며 일부 인간보다 더 발전한 분야도 있다. 이를테면 로봇을 제작하는 몇몇 기업에서 로봇이 탁구를 치게 함으로써 이젠 상대가 없어도 기계와 탁구를 즐길 수 있다. 또 테니스, 당구 등 스포츠 분야에서도 인간만큼 능숙한 로봇이 등장했다. 로봇업계는 로봇이 해마다 진화를 거듭하면서 10년 뒤면 인간이 하는 모든 활동을 대신할 수 있게 될 것으로 전망한다. 심지어 스포츠 분야에서는 로봇이 프로선수를 능가할 날도 머지않았다고 주장한다.

이제 곧 로봇 없이는 인간이 살아가기 어려운 시대가 온다. 로봇이 단순 노동을 넘어 복잡한 레시피(recipe)에 따라 수백 가지 요리도 해 준다. 인간 대신 순찰과 경비업무뿐 아니라 화재나 원전사고 지역에서 위험한 구조작업도 하게 된다, 심지어 심해 및 극지탐험이나 우주탐사, 군인을 대신해 전쟁까지도 수행할 수 있게 된다. 로봇은 가까운 미래에 인간이 할 수 있는 일을 넘어 인간이 할 수 없는 일까지도 수행하게 된다.

인공지능 로봇 소피아 서울 방문

한국 중소벤처기업부가 2019년 3월 주최한 AI로봇 '소피아' 초청 콘퍼런스에 등장한 휴머노이드 소피아가 한국을 찾아 화제를 모았다. 홍콩의 로봇회사 핸슨로보틱스에서 제작한 소피아는 인간의 표정을 60여 가지로 구현할 수 있다. 미국 여배우 오드리 햅번을 모델로 한 소피아는 나이, 고향 등 자기소개도 하면서 사람과 일상 대화를 능숙하게 나누었다.

소피아는 알고리즘을 통해 인간의 얼굴을 인지하고 대화자와 눈을 맞추기도 한다. 몸체도 '플러버(Flubber: 찰흙)'로 만들어져 사람의 피부와 비슷한 감촉을 지닌다. 특히 소피아는 2017년 10월 사우디아라비아 정부에서 시민권을 받은 바 있다. 소피아의 하반신을 뜻하는 '휴보'의 몸체는 한국 카이스트 기술진과 협업으로 제작됐다. 한국은 특히 로봇의 하반신 핵심 기술인 관절 부문에 뛰어난 능력을 과시하고 있다.

로봇은 이제 예술 분야에서도 재능을 드러내고 있다. 일본에서는 이미 10년 전에 로봇 악단 '로봇 Z-Machine'이 등장했다. 악단은 멤버 전원이 로봇으로 구성돼 인간 밴드처럼 모든 반주를 소화해 낸다. 이 악단의 특징은 로봇 맞춤형 악기가 아니라 사람들이 사용하는 평범한 일반 악기를 다룰 수 있다는 것이다. 또 화가 로봇도 등장했다. 아직은 복잡한 풍경화보다 정교한 초상화를 그리는 정도이다. 하지만 인공지능의 발전과 함께 그림에서도 예술가의 경지에 오를 날이 머지않았다.

로봇, 우리 생활 속으로 성큼

인간이 자신을 닮은 기계장치 로봇을 염원하던 상상력이 이제 현실이 됐다. 로봇이 인간을 노동에서 해방시키면서 우리 삶으로 성큼 다가와 생활혁명을 일으키고 있다. 이른바 로봇 시대가 활착하고 있는 것이다. 로봇산업이 전 세계에서 가장 발달한 일본은 2025년이면 1가구 1로봇 시대를 예측하고 있다. 무엇보다 인공지능 같은 제4차 산업혁명의 핵심 기술의 진보로 향후 로봇은 우리가 사용하는 스마트폰만큼이나 가까이서 인간과 함께 지낼 날도 머지않았다.

무한한 발전을 거듭하고 있는 로봇이 우리 삶에 어떤 변화를 가져올까 궁금하다. 현재 로봇산업은 2015년 710억 달러 규모에서 연간 17% 성장해 2019년 시장 규모가 1,354억 달러에 이를 정도로 성장속도가 빠르게 증가하고 있다. 로봇은 제4차 산업혁명 시대 기술혁신을 주도하는 6대 기술 중 하나로 채택됐다. 전문가들은 로봇산업의 급속한 발전으로 곧 로봇이 애완동물처럼 인간과 함께 생활하는 공생시대가 열릴 것이라고 말한다.

로봇은 인간의 상상력이 기술진보와 함께 만들어 낸 인간에게 직접 필요한 가장 이상적인 피조물이다. 인간은 상상의 존재인 로봇을 현실로 구현하기 위해 엄청난 노력을 기울였다. 로봇은 이제 산업용 로봇과 지능형 로봇 두 가지 방향에서 발전하고 있다. 먼저 하드웨어 중심으로 발전한 산업용 로봇과 달리 지능형 로봇은 인간의 생활에 혁명을 가져오고 있다.

로봇 바텐더, 로봇 셰프, 로봇 춤 파트너, 로봇 도우미(개호로봇) 등 인간의 삶과 로봇의 공조는 피할 수 없는 현실이 됐다. 로봇이 인간생활에 혁명적 변화를 일으키고 있다. 이제 로봇과 협동함으로써 인간의 노동은 급속도로 감소하고 인간은 그야말로 저녁이 있는 따뜻한 삶을 누리면서 더 창조적이고 감성적인 삶을 살게 될 날을 기대할 수 있다. 확실한 것은 빠르게 변화하는 제4차 산업혁명의 물결 속에 로봇은 다양한 분야에 걸쳐 우리 미래의 삶을 전혀 다른 모습으로 바꾸어 놓게 될 것이다. 로봇 혁명이 우리를 기다리고 있다.

자율주행자동차(Self-driving Car)

자율주행차 도시를 바꾼다

인류의 역사가 증명하듯 급격한 기술발전은 필연적으로 도시의 변화를 가져온다. 제4차 산업혁명 시대의 미래 도시를 변화시킬 대표적인 기술은 자율주행이다. 자율주행차는 이제 현대인이 피해갈 수 없는 필연적 이동수단이 돼버렸다. 구미 선진국은 물론이고 전 세계적으로 이미 그 흐름은 대세가 되고 있다. 자동차산업이 발전한 우리나라도 자율주행차가 미래 성장동력 산업으로 급부상하고 있다.

미래 자동차는 운전대가 없다. 가속페달이나 브레이크도 없다. 자동차를 움직이는 주체가 인간이 아니다. 인간처럼 지능을 가진 기계가 스스로 자동차를 몬다. 2017년은 자율주행시대의 로드맵을 실현하는 분기점이 된 해였다. 당시 글로벌 선도기업들은 2020년을 자율주행 상용화의 원년으로 전망했다. 제4차 산업혁명의 핵심 동력인 자율주행 시대가 바로 코앞에 다가온 것이다.

자율주행차는 제4차 산업혁명에서 새로운 교통, 문화, 서비스 등 도시 모델을 완전히 변모시킬 주역으로 떠오르고 있다. 이제 영화에서나 보던 공상과학 같은 장면이 우리 생활 속으로 들어오고 있다. 자동차가 스스로 운전하고 두 손의 자유를 얻은 인간은 휴식을 취하거나 심지어 술판까지 벌인다. 자동차가 안전하게 목적지에 데려다 주기 때문이다. 자율주행의 자동차 문화가 우리 주변의 모든 것을 근본부터 뒤바꿀 태세를 보인다.

미국 라스베이거스에서 해마다 열리는 국제전자제품 박람회 CES는 2017년 1월에 특히 가장 많은 사람이 몰려들었다. 디트로이트 모터쇼에 가려던 사람들이 자율주행차 광고를 보고 이곳으로 발길을 돌린 것이다. 그 당시 사람들의 시선을 사로잡으며 가장 크게 관심을 모은 것은 공상과학 영화 속에서 빠져나온 듯한 자율주행차량이었다.

그 당시 한국인에게 가장 큰 관심의 대상이 된 것은 정의선 현대차 부회장이 라스베이거스 도심에서 전시장까지 직접 시운전한 자율주행차였다. 운전자는 핸들을 잡는 대신 자유롭게 신문을 보거나 휴식을 취했다. 차량 앞 유리 속 카메라와 전면에 설치된 센서를 통해 사람이나 물건이 돌발적으로 나타나도 무리 없이 급정거하거나 피하면서 안전 운전을 했다. 세계적인 영국 시장조사기관인 주니퍼 리서치는 2020년 이후 본격적인 자율주행차 상용화 시대가 열릴 것으로 전망하고 있다. 이 기관은 2025년까지 전 세계에 2,200만 대의 자율주행차가 보급될 것이라는 전망을 내놨다.

진정한 자율주행(Self-driving)

자율주행이란 말 그대로 운전자 없이 차량 스스로 주변 상황을 파악하고 주행하면서 목적지까지 안전하게 찾아가는 것을 말한다. 탑승자가 목적지를 입력하면 최적의 주행경로를 선택해 안전하게 목적지까지 사람을 이동시킨다. 유사한 개념을 가진 무인자동차와 커넥티드카(connected car)가 있다. 다른 차량이나 교통 및 통신기반시설과 무선으로 연결해 양방향 소통이 가능한 차량이다. 이들 차량이 먼저 실행돼야 완전한 자율주행이 가능해진다.

영화 〈마이너리티 리포트(Minority Report: 2002년)〉는 미래 자율주행차량이 움직이는 도시 모습을 잘 그려내고 있다. 사람들은 캡슐같이 생긴 자율주행차량을 이용한다. 차량은 혼잡한 도심을 교통상황에 따라 물 흐르듯 자유롭게 움직인다. 도로 위의 교통체증은 사라지고 차량 연료소비는 현저히 줄어든다. 미래 스마트카는 단순히 통신망과 연결되는 차원을 넘어 거대한 통제시스템 안으로 들어간다. 자율주행차가 상용화되면 자동차산업의 시스템이 도시 얼굴을 송두리째 바꿔버린다. 우리가 영화에서 미리 본 도시가 진정한 자율주행의 현실로 나타나게 된다.

자율주행, 최첨단기술의 결정체

마치 만화 같은 자율주행은 어떻게 가능할까. 자율주행차량에는 현재 차량의 위치를 판단할 수 있는 위치측정센서와 차량주변의 환경을 감지할 수 있는 환경인지센서가 장착된다. 그리고 이 환경인지센서에는 레이더, 라이다(lidar: 온도 등 측정장치), 카메라가 장착된다. 차량을 제어할 수 있는 모듈도 장착된다. 그 모듈이 각각 가속 및 감속, 조향, 변속을 제어한다. 그리고 이 모든 모듈을 통합할 수 있는 통합제어 모듈이 설치된다.

자율자동차의 기본적인 작동은 사람이 운전하는 원리와 같다. 이는 인지, 판단, 제어라는 3단계로 진행된다. 여행경로가 결정되면 센서를 통해 주변 상황을 인식한 뒤 전자제어시스템으로 모든 상황정보를 판단한다. 그리고 가속 및 감속, 조향, 변속 등으로 차량을 제어하게 된다. 이러한 4가지 기술이 유기적으로 작동해야 안전한 자율주행이 현실화된다.

이 3단계의 자율주행 관련 장비를 상용차에 장착하면 자율주행이 가능하기 때문에 그 활용 가능성과 가치는 무궁무진해진다. 이 시스템을 적용하면 일반자동차도 변속을 자동으로 할 수 있다. 자율주행차는 모든 플랫폼을 '무인'화하는 기술의 시작일 뿐이다. 결국, 버스, 트럭, 전철, 기차, 비행기, 선박, 기타 현재 사람이 구동하는 모든 운송수단에 사람이 필요 없게 된다.

자율주행 기술의 현주소

자율주행차량은 1~5단계의 레벨로 규정하고 있다. 현재 우리나라는 운전보조시스템을 적용하고 있어서 2단계까지 발전한 상태다. 미국 도로교통안전국의 자율주행자동화 단계에 따르면 1단계는 차간거리 제어 및 일정속도 유지 등이 가능한 선택적 능동제어 수준이다. 2단계는 2개 이상의 자동화시스템이 통합하는 수준으로 기존의 1단계와 자동화시스템이 연결된 통합적 능동제어로 어느 정도의 자율주행이 가능한 단계를 말한다,

3단계부터 운전자의 조작 없이도 목적지를 입력하면 일정 부분 자율주행이 가능해진다. 특정 상황에서만 운전자의 개입이 필요한 반자동 자율주행시스템 수준을 말한다. 4단계가 완전한 의미의 기계작동에 따른 자율주행으로 사람의 개입이 전혀 없이 자동차가 스스로 운전하는 단계이다. 이를 위해서는 다양한 인프라 개발이 뒷받침돼야 한다. 끝으로 완성단계

인 5단계는 자율주행차 관련법규 등 모든 제도와 기반 시설이 완비된 그야말로 완전자율주행 시대를 말한다.

현재 전 세계적으로 실험실 레벨에서는 3단계가 거의 종결상태에 와 있다. 실험실에서 기술이 완전하다고 해서 바로 양산되는 건 아니다. 실험이 완성되고 나면 양산되는 시점까지 2~3년이 필요하다. 상용화 부문에서는 현재 BMW 등 독일 3사가 빠르게 접근하고 있다. 4단계 완전자율주행은 미국이 각종 규제를 완화하고 실증사업을 진행하고 있다. 각국의 자동차회사와 IT업계는 이 거대한 시장을 선점하기 위해 발 빠르게 기술 구축에 매달리고 있다.

몇몇 자동차업계는 이미 3단계 자율주행차량을 선보이고 있다. 엄청난 기술발달로 규제가 기술발달을 따라잡지 못하자 각국은 관련규제 완화 카드를 꺼내기 시작했다. 우리나라도 2017년부터 자율주행차의 일반도로 이용을 허용하고 있다. 또 IT업계와 자동차회사가 손을 잡고 위성항법 시스템을 비롯해 정확한 주행정보를 제공하는 시스템 개발에 초점을 두고 있다. 많은 국가에서 2020년 자율주행차의 상용화를 위해 노력하고 있다.

세계는 왜 자율주행에 목을 매나

클라우스 프룉리히(Klaus Fröhlich) BMW 개발담당 이사는 "자율주행차는 우리가 차 안에서 어떻게 시간을 보내느냐에 관한 이야기가 될 것"이라며 편리성을 강조했다. 또한 세계적인 자동차기업 테슬라의 CEO 일론 머스크(Elon Musk)는 "앞으로 사람이 자동차를 직접 운전하는 것은 불법이 될 것이다. 너무 위험하기 때문"이라며 현재 인간이 하고 있는 운전의 위험성을 지적했다.

실제로 통계자료에 따르면 현재까지 교통사고의 95% 이상이 운전자 또는 사람의 실수가 원인인 것으로 밝혀졌다. 그러나 자율주행차는 소프트웨어적으로 컴퓨터가 움직이는 자동차이므로 정확도 측면에서 사람보다 훨씬 우월하다. 그래서 교통사고가 절대적으로 감소한다는 것이다. 또한 모든 것이 규칙에 따른 자동화로 돼 있기 때문에 교통체증이 사라지게 된다. 운전규칙도, 교통인프라와 교통체계도 모두 자동화된, 자율주행차의 궁극적인 목표는 기술의 완성도를 높여 교통사고를 없애는 것이다.

최근 시장조사업체 내비건트리서치에 따르면 세계 자율주행차 시장은 2020년 전체 자동차시장의 2%인 2,000억 달러를 차지한다. 그리고 2035년까지는 10%대가 넘는 1조 2,000억 달러에 이를 것으로 전망했다. 특히 자율주행 관련기술은 반도체, 무선통신, 센서 등 다양한 정보통신기술(ICT)이 필요하다. 따라서 전문가들은 제4차 산업혁명 시대의 초연결 사회에서 주요 핵심 기술 중 한 분야가 될 것으로 내다보고 있다.

자율주행 긍정적인 효과와 삶의 변화

미래창조과학부에 따르면 자율주행차 상용화로 2025년에는 우리나라 고속도로 교통사고 사망률이 50% 감소된다. 이에 따라 교통사고 비용은 연간 약 5,000억 원이 절감될 것으로 예상된다. 또 보험개발원은 자동비상제동장치와 후진자동제동장치 기술을 장착한 차량이 전체 50%에 이를 경우 연간 8,845억 원가량의 보험금이 절감될 것으로 추산하고 있다.

제4차 산업혁명 시대를 맞아 주목받고 있는 것이 공유경제(sharing economy)이다. 물건이나 공간, 서비스 등을 빌리고 나눠 쓰는 사회적 경제 모델을 말한다. 대표적인 서비스 분야가 차량공유다. 앞으로 2~3년 뒤에 태어나는 아이들이 자라면서 간혹 직접 자기 차를 모는 사람들을 보면 "아빠, 저 사람은 왜 저 무거운 차를 몰고 다녀요"라고 물어볼 것이다. 자율주행 시대에는 차량을 소유하기보다는 공유하는 것이 훨씬 더 편리하고 경제적이고 친환경적이다. 세계 최대 카셰어링 회사인 집카(Zipcar)의 로빈 체이스 대표는 "자율주행차가 우리의 삶 전반으로 들어오는 미래에는 사람들 대부분이 차를 소유하지 않을 것"이라고 단언한다. 공유경제의 핵심 모델이 바로 자율주행차이기 때문이다.

자율주행은 휴먼 에러(human error)를 없앤다. 음주운전이나 졸음운전으로 일으키는 사고가 더는 발생하지 않는다. 자율주행차는 주차장을 대폭 줄인다. 승객을 원하는 목적지까지 안전하게 데려다 주고 다음 승객의 목적지를 위해 이동하기 때문이다. 유휴 차량이 대폭 줄어들기 때문에 매연 문제도 크게 개선된다. 특히 서울처럼 인구밀도가 높은 지역에서 고질적인 주차 문제가 해결된다.

실제로 구글이나 우버는 IT기업이다. IT기업은 안전보다는 편리를 추구한다. 특히 렌터카 회사인 우버가 자동차회사에 뛰어든 것은 그만큼 사업성이 높기 때문이다. 렌터사업이 굉장히 큰 사업이고 향후 차량을 소유하지 않고 공유시스템으로 가기 때문이다. 사람들이 자율주행차가 가져올 긍정적인 효과로 안전과 편의, 경제성 그리고 친환경 등을 꼽고 있다.

이미 세계 곳곳에서는 이런 긍정적인 효과를 누리기 위해 자율주행을 대중교통수단으로 활용하기 시작했다. 극심한 차량정체 완화와 이산화탄소 저감을 위해 자율주행 택시를 도입해 시범운행을 진행하고 있다. 특히 미국과 싱가포르, 일본은 이미 일정한 노선의 자율주행버스 시범운용을 통해 상용화 가능성을 확인했다. 게다가 적용 범위를 넓히면서 대중교통의 패러다임을 바꾸고 있다.

차량 실제 사용 시간은 고작 5%

전 세계적으로 소유하고 있는 차량의 실제 운행시간 비율은 불과 5% 미만이라고 한다. 차량의 95%가량은 주차해 두고 있는 셈이다. 그러므로 놀고 있는 자동차를 공유경제의 일환으로 받아들일 수 있다면 현재 운행 차량의 70% 이상이 없어져도 전체 인력 운송에는 문제가 없다. 자율주행이란 새로운 교통, 문화, 서비스가 형성되면서 전혀 다른 시스템과 새로운 도시모델이 만들어질 수밖에 없다.

자율주행에 따른 새로운 시장은 비단 차량뿐 아니다. 모든 운송수단에 해당한다. 침체기를 맞고 있는 조선업을 살리기 위한 돌파구로 자율주행선박이 개발되고 있다. 일본의 혼다는 라이빙 어시스타란 기술을 적용한 넘어지지 않는 자율주행 모터사이클을 개발해 주목받았다. 자율주행에 따른 교통 신세계에서 가장 두각을 나타내고 있는 것은 일정한 노선이 있는 지하철과 기차다.

특히 독일, 프랑스, 일본 등은 모두 35개 도시에서 다양한 방식의 무인운전전철을 상용화하고 있다. 우리나라에서도 이미 이 자율주행을 도입하고 있다. 특히 신분당선에서 무인운전시스템을 도입해 차량의 출발, 정지, 출입문 개폐 작동이 자동화됐다. 이로써 철도 사고의 약 70%가 인적 사고로 발생하는 것을 대폭 줄이게 됐다. 게다가 운전자의 운전습관에 따라 증가하는 브레이크 등 각종 기계장치 마모율을 개선해 비용 측면에서도 많은 효과를 보고 있다.

자율주행이 넘어야 할 벽

자율주행차가 이동수단의 혁신을 이끌고 있다. 그러나 지금의 도로에 자율주행차량이 등장하기 위해서는 넘어야 할 산이 많다. 자율주행에 관한 사회적 인식이 높아지면서 안전에 늘 의문이 제기되고 있다. 실제로 2016년 11월 미국 인디애나주에서 자율주행차 운행 중 인명사고가 발생했다. 차량이 나무와 건물을 연이어 들이받아 운전자와 탑승자 2명이 사망하면서 사회적으로 큰 논란을 불러일으켰다. 문제는 이런 사고가 처음이 아니라는 것이다. 같은 해 동일한 모델의 차량이 유사한 사고를 연이어 일으켰다. 미국 도로교통안전국에서는 운전자 과실로 사건을 종결했다. 그러나 명확하지 않은 사고 원인을 두고 사람들의 불안감은 여전히 가시지 않고 있다.

또 다른 문제는 "자율주행차에 윤리를 프로그래밍화할 수 있는가"라는 점이다. 2015년 MIT테크놀로지리뷰에는 "왜 자율주행자동차는 사람을 죽이도록 프로그래밍해야만 하는가(Why Self-driving cars must be programed to kill?)"라는 섬뜩한 제목의 기사가 게재됐다. 기사 내용은 이렇다. 좁은 산길을 달리던 자율주행차가 갑자기 도로 위에 나타난 보행자를 만난다. 이때 자율주행차는 보행자를 살리기 위해 계곡으로 떨어져야 할 것인가. 아니면 탑승자를 위해 직진함으로써 보행자를 칠 것인가. 사람도 판단하기 어려운 상황을 자율주행차에 어떻게 프로그래밍할 수 있을까.

MIT 미디어랩 교수 이야드 라흐완(Iyad Rahwan) 박사팀은 사이언스 학술지에 〈자율주행차의 사회적 딜레마〉라는 논문을 발표해 사람들의 이중성을 신랄하게 비판했다. 설문조사 결과는 인명 피해를 최소화하는 자율주행차가 보급돼야 한다는 것이 지배적이었다. 하지만 정작 자신이 구매할 차량은 어떤 일이 있어도 탑승자를 보호할 것을 원했다. 이런 자율주행의 딜레마 논란은 반드시 사회적 합의가 필요한 부분이다.

다음은 해킹 문제다. 자율주행차는 디지털 네트워크를 기반으로 하기 때문에 해킹에 쉽게 노출될 수 있다. 누군가 악의적으로 프로그램을 해킹한다면 속도를 유지하는 차량은 치명적 위험에 빠질 수 있다. 또한 이동경로나 음성, 영상파일의 유출은 심각한 사생활침해로 이어질 수 있다. 탑승자의 개인 정보 보호를 위해 강력한 보안체계를 갖추는 것은 필수이다. 이러한 문제에 대비하기 위해 어떤 준비를 해야 할까.

전문가들은 현재 자동차와 관련된 여러 가지 법이나 제도는 사람이 운전을 한다는 전제하에 제정된 법이라고 말한다. 사람이 아닌 기계가 스스로 운전하는 자율주행차에는 기존의 법률을 적용하기 어려운 점이 많다. 그래서 새로운 시스템에 걸맞은 법을 제정해야 한다는 것이다. 하지만 기술발전을 따라가지 못하는 현 상황에서는 당분간 그런 문제점이 발생할 소지가 있다고 지적한다. 이는 비단 자율주행차만의 문제가 아니다. 근본적으로 소프트웨어에서 항상 일어날 수 있는 문제점이다. 빠른 속도로 달리는 자율주행차량이 해킹당하는 문제는 더 철저한 사회적 대책이 필요하다.

사물인터넷(IoT)

인터넷에 이어 다가오는 세상은 사물인터넷(IoT: internet of things)이다. 이는 모든 사물에 인터넷이 연결되는 세상을 말한다. 제4차 산업혁명의 핵심 키워드인 초연결 사회에서는 사물인터넷 활용이 필수이다. 지금까지의 인터넷 이용이 인간과 인간의 커뮤니케이션을 확장하는 데 기여했다면 이제는 사물과 사물의 연결까지 인터넷이 확장되는 것이다.

스마트폰, 태블릿PC 등 디지털 소프트웨어 커넥터의 보급이 늘고 스마트 시계, 스마트 안경, 스마트 카 등으로 스마트화의 대상이 확대되면서 이제 인간은 좀 더 시야를 넓혀 각종 사물이 인터넷에 연결되고 스마트화하는 환경을 만들어 가고 있다. 도로, 가로등, 자동차, 의학기기, 냉장고 등 가전, 침대 등 가구, 신발, 옷 등 생활용품을 비롯한 모든 사물이 연결되면 스마트 기기는 몇 개가 아니라 엄청나게 늘어난다. 기계와 인간, 기계와 기계가 교류하고 대화를 가능하게 하는 것이 사물인터넷이다.

사물인터넷은 특히 스마트폰이나 태블릿과 무선으로 연동해 사용하는 안경이나 손목시계, 밴드형 기기 같은 '웨어러블 기기'와 밀접한 관계를 맺고 있다. 기존에는 기기가 서비스와 별도로 존재해 왔다. 또 기기 각각의 특성을 유지한 채 이용돼 왔다. 그러나 이제 기기는 점차 플랫폼으로 확산되거나 통합하려는 환경으로 변화하고 있다. 특히 모바일 기기가 변화의 핵심에 자리 잡고 있다. 이동성(Mobility)을 통해 예전에는 생각하지 못한 범위로 확장되는 것이다. 여기에서 웨어러블 기기가 필수이다.

아예 항상 몸에 착용하는 데까지 ICT를 연결해 인간과 사물을 좀 더 쉽게 연결하고 디테일한 정보를 이용할 수 있도록 정보 이용 범위를 크게 확대하는 데 기여하는 것이다. 특히 헬스와 건강 정보를 통해 자신의 건강 상태를 수시로 체크할 수 있게 한다. 이는 혹시 발생할 수 있는 위급한 상황에 대처할 수 있는 장점이 있다. 또한 웨어러블 기기를 통해 스마트폰을 사용하지 않는 시간과 야외활동 정보를 확보할 수 있다. 이러한 데이터에 다양한 서비스를 연계해서 제공할 수 있다는 장점이 있다.

이런 변화에 따라 이용에서도 혁신이 나타나고 있다. 2013년 삼성전자는 갤럭시기어라는 스마트 시계를 출시했다. 이어 구글은 구글 안경(Google Glass)을 개발했다. 세계적인 두 ICT 기업이 시계와 안경에 주목한 것은 의미심장하다. 스마트 시계를 통한 개인 정보 활용은 물론이고 스마트폰이나 태블릿, 노트북 등과 결합한 동반 서비스가 가능하다는 장점이 있다. 디바이스 간 데이터 이동의 매개체 역할을 할 수 있다.

ICT의 발전을 통해 우리 사회는 진정한 '초연결 사회'를 구현하는 방향으로 변화하고 있다. 인간과 인간, 인간과 사물, 사물과 사물이 인터넷과 모바일로 연결되는 이러한 초연결 사회야말로 창조경제가 구현될 수 있는 기반이다. 우리나라는 특히 이러한 초연결 사회의 가능성이 높은 사회 중 하나이다. 단순하게 경제를 넘어서 사회 전체가 창조 사회로 가는 길을 ICT가 만들고 있기 때문이다.

사물인터넷 엄청난 데이터 생성

사물인터넷을 통해 실시간으로 소통하는 사물은 수많은 정보를 생성한다. 1인당 5개의 디지털 기기가 연결될 때 전 세계 5억 개의 기기가 서로 정보를 주고받을 수 있다고 한다. 이를 통해 형성되는 데이터 규모는 상상을 뛰어넘는다. 제4차 산업혁명 시대에는 거대 규모의 빅데이터가 생성된다. 세상 모든 사람의 정보와 디지털 흔적이 흐르는 또 다른 바다가 형성되는 것이다. 보이지 않지만 세상을 가득 메울 정도로 많은 빅데이터는 어떻게 활용하는지에 따라 국가 경쟁력을 좌우하는 황금열쇠가 된다. 그 이유는 빅데이터를 활용해 통계를 만들어 미래를 예측하고 좋은 비즈니스 모델을 만들어 내기 때문이다.

사물과 사물, 사물과 사람이 소통할 수 있는 것은 이전에 볼 수 없었던 새로운 일이다. 제4차 산업혁명 시대에 들어와 사물인터넷이 구현될 수 있는 가장 큰 요인은 센서기술과 통신기술의 발전 그리고 그 다양한 데이터를 빅데이터로 저장할 수 있는 스토리지(클라우드)가 형성됐기 때문이다. 다보스포럼 당시 클라우스 슈바브 회장은 포럼 주제를 정의하기를 제4차 산업혁명의 핵심은 디지털, 물리적, 생물학적 경계가 없어지면서 기술이 융합되는 것이라고 했다. 제4차 산업혁명의 주요 의제가 모든 경계를 허무는 기술의 융합이라면 이를 뒷받침할 핵심 요소가 필요한데 그중 하나가 사물인터넷이다.

전문가들은 사물인터넷이 본격적으로 활성화되는 시점이 제4차 산업혁명이 본격적으로 시작되는 시점이라고 본다. 인터넷이 연결된 환경에서 센서칩이 장착된 사물이 사람의 개입 없이 부착된 센서를 통해 인터넷으로 실시간 데이터를 주고받는 소통 시스템을 의미한다. 우리 주변의 여러 가지 사물이 사람의 손을 거치지 않으면서 실시간 정보를 주고받는 것이다. 그렇다면 지능을 지닌 사물이란 무엇일까? 대표적인 것이 바로 우리 손에 쥐인 스마트폰이다. 따라서 스마트폰의 휴대보급률이 세계 최대인 우리나라는 최적의 사물인터넷 기반을 가진 셈이다.

사물인터넷이 주는 일상의 변화

센서가 부착된 칫솔을 이용해 이를 닦으면 스마트한 칫솔은 내가 몇 번의 양치질을 했는지, 이가 잘 닦이지 않고 있는 부분은 어딘지 등을 데이터로 저장해 스마트폰으로 정보를 알려준다. 또 '스마트 유아복'은 체온과 맥박 등 아기의 신체 정보를 수집해 실시간으로 부모에게 전해 준다. 그야말로 모든 사물에 ICT가 결합되는 혁명적인 생활환경이 우리 곁으로 다가오고 있다. 스마트한 침대에서 자고 일어나면 간밤에 일어난 나의 수면 행동을 알 수 있다. 한쪽으로 기울어져 자거나 불편한 자세로 자게 되면 침대가 스스로 움직여서 자세를 교정해 준다. 이런 정보는 스마트폰으로 전송돼 잠버릇 분석 데이터로 활용된다.

우리의 세상을 사이버 세상으로 투영하기 위해서는 현재 있는 모든 사물을 실제 데이터화해 사이버 세상으로 구성돼야 한다. 그때 많은 역할을 할 수 있는 것이 사물인터넷이다. 우리가 가지고 있는 모든 사물이 서로 통신하고 데이터를 만들어 내고 이것이 데이터화되고 지능화될 때 제4차 산업혁명이 구현된다. 제4차 산업혁명 시대 이렇게 연결하고 데이터를 만드는 역할을 하는 것이 사물인터넷이라고 할 수 있다.

그러나 이렇게 ICT가 우리 생활에 깊숙이 파고들수록 개인 정보 보호는 점점 더 중요해진다. 모바일을 통해 항상 접속되면서 디지털 경험과 실제 경험이 통합되는 것은 프라이버시를 더욱 취약하게 만든다. 따라서 개인 정보 보호를 위해 사회와 기업, 개인의 인식 전환이 필요하다. 데이터의 증가로 민감하거나 부적절하게 위장된 데이터로 겪을 수 있는 위험도 증가한다. 지적재산권 문제도 발생한다. 데이터 권리나 공유를 위한 종합정책이 필요한 이유이다.

5G통신(Five Generation)

먼저 간단하게 이동통신의 역사를 살펴보자. 1세대(1G) 이동통신은 음성통화만 가능했던 카폰 세대를 말한다. 1990대 초 카폰이 웬만한 승용차만큼이나 비싸 귀족폰으로 불리기도 했다. 그 후 자동차 밖으로 나온 2세대(2G)통신의 휴대전화는 벽돌을 연상시킬 만큼 크고 묵직했다. 2G통신의 특징은 음성신호를 디지털신호로 전환해 사용하는 것이다. 이로써 음성뿐만 아니라 문자 같은 데이터 전송이 무선으로 가능해졌다. 이어서 스마트폰 세상이 나오게 된 것이 바로 3세대(3G)통신이다. 2007년 애플의 아이폰이 스마트폰 시대를 활짝 연 대표적인 제품이다.

3G는 음성과 문자뿐만 아니라 영상통화가 어느 정도 가능해진다. 그리고 모바일 콘텐츠를 내려받을 수 있게 됐다. 약하지만 데이터 서비스가 가능하다. 인터넷과 멀티미디어가 가능해졌다. 하지만 실시간으로 즐기기엔 속도에 문제가 있었다. 4세대(4G)부터는 언제 어디서든 인터넷 접속은 물론이고 게임도 할 수 있게 된다. 모바일 콘텐츠의 질과 양이 폭발적으로 성장했다. 지금의 4G만으로도 통신을 이용하는 데는 아무런 문제가 없다. 그런데 왜 4G에서 5G로 발전하려고 격렬한 경쟁을 벌이고 있는 것일까.

예를 들면 한 입체공간에서 활동하는 모습을 모두 담아 내려면 적어도 카메라 17대가 있어야 한다. 데이터만 무려 17배의 차이가 난다. 게다가 더 선명한 화질을 원한다면 용량은 훨씬 더 늘어나게 된다. 그 때문에 이 엄청난 용량을 끊어짐 없이 수신하기 위해서는 아주 빠른 네트워크 속도가 필요해진다. 그렇다면 5세대(5G)는 얼마나 빨리, 얼마나 많은 양의 데이터를 보낼 수 있을까.

2015년 발표된 에릭슨모빌리티리포트에 따르면 2020년이면 전 세계 스마트폰 가입은 61억 건으로 인구 대비 70%에 도달한다. 5G는 차세대 이동통신기술로 4G보다 무선인터넷 속도가 100배 이상 빠르고 용량은 1,000배 이상 많은 데이터를 전송할 수 있다. 이를테면 800메가바이트(MB) 용량의 영화 한편을 다운받는 데 3G에서는 7분 24초, 4G에서는 43초 걸린다. 그러나 5G통신은 단 1초면 충분하다.

게다가 단순히 네트워크 속도만 빨라지는 게 아니다. 처리해야 할 데이터양이 많아지면서 사물인터넷도 가능해진다. 스마트폰과 컴퓨터뿐만 아니라 대부분의 가전제품에 통신모듈이 적용되면서 이를 컨트롤할 수 있을 뿐만 아니라 사물 간에도 소통이 가능해진다. 5G시대가 본격적으로 펼쳐질 2020년에는 전 세계 500억 개의 단말기(폰)가 연결될 것으로 전망된다.

5G시대가 열리면 상상이 현실로

5G시대가 상용화되면 수면 중 이불을 발로 차 체온이 떨어지면 침대가 자동으로 온도를 높인다. 코를 골면 베개가 움직여 코고는 것을 멈추게 한다. 아침에 일어나면 저절로 커튼이 열리고 TV를 통해 교통정보와 교통 상황

을 체크해 준다. 샤워하면서 거울을 통해 날씨와 외부에서 온 메시지도 확인할 수 있다. 운전 중 전화가 오면 원격 주행으로 바꿀 수도 있고 비가 오고 어두워지면 자동으로 레이더가 전방에 나타나는 물체를 감지해 준다.

또 수업 중 바닷속 잠수부와 교실에서 실시간으로 통화하며 질문할 수도 있고 바닷속 생물을 3D프린터로 만들어 볼 수도 있다. 360도 VR(가상현실)영상으로 바닷속을 구경할 수도 있다. 쇼핑센터에 들어서면 자동으로 가장 잘 어울리는 옷을 골라주기도 한다. 멀리 있는 환자를 원격으로 치료할 수 있다. 그야말로 상상 속의 현실이 우리 곁에 다가온다.

5G의 핵심 기술은 아직까지 국제적으로 정해진 바가 없다. 현재는 5G기술 표준화의 백가쟁명시대라고 할 수 있다. 다만 스위스 제네바에 본부가 있는 전기통신 연합에서 5G시스템의 평가와 규격을 결정하게 된다. 2020년이면 5G기술 표준화를 발표할 예정이다. 그런 5G의 주요 특징은 초고속, 초저지연, 초연결성이다. 5G는 기존 네트워크보다 속도가 훨씬 더 빠르다. 끊김이나 지연 현상 없이 수많은 센서를 동시에 초연결한다. 그 때문에 제4차 산업혁명 시대의 차세대 기술로 주목받고 있는 것이다.

기업의 운명은 대용량 데이터베이스

제4차 산업혁명 시대 기업의 운명은 대용량 데이터베이스에 누가 더 많은 양의 데이터를 소유하느냐에 달렸다고 해도 과언이 아니다. 5G통신장비는 이러한 빅데이터를 가장 빠른 시간에 데이터베이스로 가져가는 기술이다. 데이터를 석유에 비유하면 5G통신은 송유관과 같은 역할을 하므로 속도가 빠를수록 더 많은 원유를 송유할 수 있는 것과 같은 원리다.

게다가 제4차 산업혁명 시대는 초연결 데이터 활용이 무엇보다 중요하다. 5G통신은 사람뿐 아니라 사물을 연결하는 기술이다. 다양한 물체와 장소, 특히 다양한 설비에서 나오는 데이터를 잘 묶으면 엄청난 부가가치를 만들 수 있다. 5G는 사물인터넷(IoT), 인공지능(AI), 증강·가상현실(AR/VR), 빅데이터 등 다양한 기술을 연계할 수 있다. 수많은 기기가 연결되고 폭발적으로 형성되는 데이터가 신속하게 이동하기 위해서는 5G와 융합이 필수이다.

따라서 자율주행차 제어, 스마트홈, 스마트 팩토리, 로봇 원격제어, 실시간 클라우드 컴퓨팅, 스트리밍 서비스 등에 이르기까지 수많은 분야에서 일대 혁신을 불러일으킬 것으로 기대된다. 하지만 우리 현실을 돌아보면 5G에 실을 만한 기술과 콘텐츠가 없다는 것이 문제다. 자율주행차와 AR/VR 분야의 콘텐츠가 매우 빈약하다. 또 로봇 제조와 기술, 제조업 혁신을 위한 스마트 팩토리 글로벌 지수, 드론 운용 능력 등 각종 분야에서 우리의 기술 수준이 구미 선진국에 비해 턱없이 뒤떨어져 있다.

예를 들어 자율주행차의 경우 도로에 엄청나게 많은 차량이 운행되고 있다. 그 차량이 모두 통신을 하게 된다. 또한 차끼리만 하는 게 아니다. 한 대의 차 안에서도 수많은 기기가 서로 통신하게 된다. 어느 것 하나라도 빠지게 된다면 사고의 위험이나 불편 등을 방지할 수 없다. 따라서 자율주행 차량만 하더라도 엄청나게 많은 초연결성이 필요하게 된다.

KT경제경영연구소는 5G통신의 산업 규모가 2030년 최소 47조 8,000억 원에 이르는 사회경제적 가치를 제공할 것으로 전망한다. 그리고 글로벌 경제효과는 12조 달러에 이를 것으로 추산한다. 현재 문제로 대두되고 있는 비싼 통신요금, 초기에는 수도권에만 집중된 5G 인프라, 보안문제 등 아직 점검하고 보완해야 할 이슈가 남아 있다. 그런데 전 세계에 5G

통신망이 구축됨에 따라 전문가들은 2020년에는 5G 이용자가 22억 명으로 늘어날 것으로 전망한다.

5G통신과 '수확체증의 법칙'

제4차 산업혁명은 '수확체증의 법칙'을 근거로 발전한다. '수확체증의 법칙(Increasing Returns of Scale)'이란 투입된 생산 요소가 늘어나면 늘어날수록 산출량이 기하급수적으로 증가하는 현상을 말한다. 지금까지의 전통산업경제에 적용되던 '수확체감의 법칙(Diminishing returns of scale)'과 완전히 상반되는 현상이다. 수확체감의 법칙은 어떤 산업이든지 일정 수준에 도달하면 반드시 성장이 정체될 수밖에 없다. 즉, 자본과 노동 등 생산요소가 한 단위 추가될 때 이로 인해 늘어나는 한계생산량은 점차 줄어든다. 하지만 제4차 산업혁명의 기반은 이와 전혀 다른 것이다.

제4차 산업혁명이 세팅되면 수확체증에 따른 새로운 패러다임이 만들어지고 새로운 분배체계가 형성된다. 그리고 수많은 제도적 보완이 뒤따르게 된다. 그래서 5G통신이 엄청난 역할을 하게 된다. 전문가들은 이를 네트워크 경제의 잠재적 발현이라고 설명한다. 특히 5G통신이 사람, 기계, 지능, 데이터, 서비스가 상호 연결되는 초 연결 환경을 가능하게 해 주는 기반이기 때문이다. 그래서 개인 고용과 일의 성격이 변화하고 산업 전반이 5G통신의 플랫폼에 예속된다. 결국 모든 산업이 5G통신 플랫폼에 연결돼 살아가게 된다.

원료가 자원이 아닌 지식 기반 경제에서 이룩되는 제4차 산업혁명의 주력 산업은 정보산업, 소프트웨어산업, 문화산업, 서비스산업 등이다. 이들 산업에서는 생산량이 증가하더라도 추가 비용이 거의 들지 않는다. 따라서 전형적인 수확체감의 법칙이 아닌 수확체증 현상이 나타나게 된다. 제4차 산업혁명의 특징이 산업의 플랫폼화이기 때문이다. 따라서 일단 시장에서 성공한 제품이나 기업은 계속해서 성공할 수 있다. 반면 한 번 실패한 제품이나 기업은 계속해서 실패하게 된다.

예를 들면 미래 5G통신에 자율주행차가 연동된다. 자율주행차 도입이 완성된다면 지금의 직업 30% 정도가 사라지게 된다. 보험회사가 없어지고 부품회사의 절반이 줄어든다. 택시기사가 사라진다. 자동차 생산량도 70%가량 줄어든다. 지금 움직이는 자동차의 20~30%만 있어도 차량공유제 등을 통해 충분히 인류가 활동할 수 있다. 자율주행차 시대 자동차는 소유가 아니라 공유로 변하게 된다.

이러한 혁명적인 변화가 5G에 연동돼 일어난다는 것이다. 제4차 산업혁명은 제3차 산업혁명에 비해 본질도 속도감도 완전히 다르다. 따라서 엄청난 변화가 우리 눈앞에 다가와 있는 것이다. 그리고 노키아, 삼성, 화웨이 등이 바로 이러한 5G의 미래 먹거리에 목숨을 걸고 있는 것이다.

3D프린터(Three Dimensional Printer)

3D프린터는 3차원의 입체적 공간에 인쇄하는 장치를 말한다. 3D프린팅은 다리, 건물, 주택 심지어 자동차, 평원, 기차 등 수없이 많은 제품을 만들어 낸다. 미래에는 3D프린팅 기술로 상상하는 모든 것(물리적, 유형)이 실현될 것이다. 분말 기반의 재료를 레이저로 녹인 뒤 응고시켜서 프린트하거나 액체 기반의 재료를 강한 자외선 혹은 레이저를 이용해 순간적으로 굳혀서 프린트한다. 또 가장 흔한 방식으로 고체 기반의 재료를 열을 가해 녹인 뒤 쌓아 올려 상온에서 식혀 굳히는 방법 등이 있다.

3D프린팅의 주재료로 플라스틱 소재를 많이 이용한다. 최근 다양한 산업 분야에서 3D프린팅의 활용 가능성에 주목하면서 플라스틱 소재 외에도 고무, 금속, 세라믹, 음식재료 등 다양한 소재가 이용되고 있다. 전통적으로 항공이나 자동차 같은 제조업 분야에서 주로 활용됐다. 그러나 최근에는 그 활용 영역을 빠르게 넓혀 가고 있다. 가장 대표적인 분야가 의료, 건설, 소매, 식품, 의류 산업이다.

3D프린팅, 인공장기의 길 활짝

특히 의료 분야는 가장 적극적으로 3D프린팅 기술을 도입하고 있다. 관절, 치아, 두개골, 의수 등을 비롯한 인공 귀나 인공 장기를 만드는 데 이용한다. 따라서 장기를 이식(transplant)하는 것이 아니라 장기를 기른다. 3D프린터로 장기를 기를 수 있다. “Can we grow organs instead of transplanting them?: 우리가 장기를 이식하는 대신에 장기를 기를 수는 없을까?” 웨이크포레스트대학의 재생의학과 앤서니 아탈라(Anthony Atala) 교수는 30개의 조직으로 신장을 완벽하게 만드는 데 성공했다.

그는 당시 장기 중 신장을 가지고 나왔는데 그것이 바로 아탈라 교수팀이 3D프린터로 기른 콩팥이었다. 그리고 한 젊은 친구를 데리고 나왔다. 그 젊은 친구가 10년 전에 중학생이었을 때 콩팥 기능 이상으로 3D프린터로 만든 신장을 이식했는데 지금은 레슬링 선수가 된 것이다. 이제 장기를 프린팅하는 시대까지 왔다. 또 과학자들이 3D프린터로 고기를 인쇄하는 방법도 발견했다. 미국항공우주국(NASA)은 우주에서 먹을 음식을 만들기 위해 3D푸드프린터를 개발한 것이다.

무엇보다 2019년 4월 15일 이스라엘 텔아비브대학(TAU)의 과학자들이 환자의 세포와 생물학적 물질을 이용해 처음으로 인간 심장을 3D프린트하는 데 성공했다. 과학자들이 이전에 환자의 세포를 이용해 합성심장과 생체가공 조직을 만든 일은 있지만 생물학적 물질을 재료로 복잡기관을 만든 것은 처음이다. 텔아비브대학 연구진은 “누구나 세포, 혈관, 심실, 심방으로 가득 찬 심장을 성공적으로 조작하고 인쇄할 수 있다”라며 “그러나 이번 ‘개념입증 위업’은 새로운 유형의 장기이식의 길을 열었다”라고 말했다.

이 연구진은 특히 심장은 인간의 세포와 환자에게 특정한 생물학적 물질로 만들어지는데 이번 연구에서 이러한 물질은 복잡한 조직 모델의 3D프린팅에 사용될 수 있는 당과 단백질로 구성된 물질을 완성했다며 이번 연구를 통해 향후 개인의 맞춤 조직과 대체장기 개발을 위한 접근 방식의 가능성이 마련됐다고 강조했다.

또 의류 분야에서는 이미 패스트 패션 브랜드 '자라'가 "이제 더는 옷을 만들지 않겠다"라고 선언한 바 있다. 그 대신 디자인만 팔겠다는 것이다. 자라는 앞으로 3,000개의 3D프린팅센터를 세계에 공급할 계획이다. 물론 나라마다 자라의 매장 수에 비례해 공급한다. 고객은 직접 자신이 원하는 신체 사이즈를 측정한 후 이 정보를 자라에 보내면 자라의 패션 디자인으로 2시간 이내에 가장 가까운 3D프린팅센터에서 옷을 만들어 배달해준다.

국내 300여 개 3D프린팅 업체가 아직은 대부분 수익을 내지 못하고 있다. 가장 큰 이유는 소재 때문이다. 쉽게 말하면 플라스틱 소재는 가성비가 나오지 않는다. 하지만 줄기세포 분자 등 바이오 소재나 금속(또는 액체금속)은 각광받고 있다. 따라서 적합한 소재 확보가 시급한 실정이다. 현재 국내에서는 판교 테크노밸리에 가면 누구나 쉽고 재미있는 3D프린팅을 직접 체험할 수 있다.

드론(Drone: 무인항공기)

드론은 무선전파로 조종할 수 있는 무인비행기를 말한다. 1989년 일본 키엔스사가 자이로 센서를 응용한 소형 쿼드로터 드론 '자이로소서(Gyro-Saucer)'를 완구용으로, 취미용으로 개발해 출시했다. 그 후 미국과 중국 등에서 아이디어를 낚아채 드론 설계기술과 제어기술이 안정화 단계에 접어들면서 이벤트와 택배 서비스, 과학농업, 안전운용, 공공안전에 이어 군사기술에 이르기까지 다양한 분야에서 기술개발이 활발히 진행되고 있다.

우리나라의 경우 2018년 평창동계올림픽 당시 공중에 무려 1,218개의 드론이 만들어 낸 거대한 스노보드와 오륜기 이벤트는 인텔의 슈팅스타(Intel's Shooting Stars) 드론을 이용했다. 한국은 드론을 차세대 주력 산업으로 육성하기 위해 기술과 산업 발전을 위한 지원정책을 수립했다. 하지만 관련 하드웨어와 소프트웨어 기술개발보다는 응용기술 시범사업을 진행 중이다.

가트너의 리서치 부문 대표 피터 손더가드(Peter Sondergaard)는 "언젠가 드론이 사람의 눈과 귀가 돼 줄 것"이라고 말했다. 2025년까지 드론은 많은 산업 부문에서 표준화된 작업의 한 부분이 될 것으로 전망한다. 특히 농경, 지리 조사, 기름 및 가스 파이프라인 검사 등에도 이용될 것으로 보인다. 이제 드론은 기존의 IT 세계 너머까지 확장되고 있는 수많은 신흥 기술 중의 하나인 스마트 기계로 긍정적인 진화를 거듭하고 있다.

드론의 군사무기화 우려

그러나 드론은 사물 인식 기능과 GPS를 통한 정밀한 위치 조작 등 소프트웨어 기술로 많은 주목을 받는다. 9월 14일 오전 4시 사우디 국영석유기업 아람코의 아브카이크 탈황·처리 시설과 쿠라이스 유전이 10대의 드론 공격을 받아 가동이 중단됐다. 파괴된 시설의 하루 원유 처리량은 700만 배럴 이상으로 사우디 전체 산유량의 70%에 이른다. 특히 GPS를 장착한 드론은 이제 세계를 위협하는 무기로도 활용되고 있다.

특히 원자력발전소가 즐비한 우리나라에도 비상이 걸렸다. 드론이 자주 출몰하지만 절반 이상은 어디서 왔는지 몰라 사실상 무방비 상태인 것으로 나타나 위협이 가중되고 있다. 무엇보다 주변에 16기의 원전이 둘러싸고 있고 국내 최대 석유화학단지가 즐비한 울산 시민의 드론 공격 우려는 그만큼 더 커지고 있다.

전문가들은 드론이 대중화되면서 원전 인근 출몰 빈도가 급격히 증가하고 있지만 그중 절반 이상은 원점조차 파악하지 못한다는 것은 심각한 방호공백이라고 지적했다. 현재 노후 원전이 밀집한 부산, 울산 인근 원전이 드론 공격을 받으면 그 피해는 예상을 초월한다. 적극적인 방호 방안이 필요하다.

블록체인(Block Chains)

블록체인(block chain)은 관리 대상 데이터를 '블록'이라고 하는 소규모 데이터가 개인 컴퓨터끼리 직접 연결해 파일을 공유하는 피투피(P2P: peer to peer) 방식을 기반으로 생성된 체인 형태의 연결고리를 말한다. 기반 분산 데이터 환경에 저장돼 누구라도 임의로 수정할 수 없으나 누구나 변경 결과는 열람할 수 있는 분산 컴퓨팅 기술 기반의 원장관리기술이 블록체인의 본질이다.

2008년 사토시 나카모토라는 가명의 개인이 제안한 블록체인은 2019년 현재 제4차 산업혁명을 논할 때 빠지지 않고 등장하는 대표적인 기술이 됐다. 그럼에도 불구하고 여전히 블록체인을 대하는 사회적 인식은 암호화폐 투자나 투기로 광풍이 불던 2017년에 멈춰 있다. 이에 따라 정작 블록체인이 만들어 낼 중요한 변화와 그 대응에 관한 사회적 논의는 아직 기초적인 수준을 벗어나지 못하고 있는 실정이다.

하지만 이 순간에도 블록체인이 만들어 낼 변화는 현실로 다가오고 있다. 2017년을 기점으로 블록체인에 기반해 탈중앙화된 수많은 서비스가 탄생했다. IBM, 카카오 같은 대기업이 블록체인에 기반한 플랫폼을 출시했다. 수천만 명이 이용하는 삼성전자의 플래그십 스마트폰 모델엔 암호화폐 지갑이 적용돼 있다. 수십억 명의 사용자를 보유한 페이스북이 발표한 암호화폐 프로젝트 '리브라'는 미국 의회의 직접적인 견제를 받을 정도로 큰 파급력을 보여 주고 있다.

주춤하는 블록체인의 제도적 안전장치

디지털 공간은 데이터의 복제와 변조가 쉽다는 특징이 있다. 따서라 데이터를 관리하고 신뢰성을 보장하는 중앙화된 제3자의 존재가 필수였다. 블록체인은 경제적 인센티브를 위해 자발적으로 참여하는 다수가 동일한 내용의 원장을 공유해 탈중앙화된 분산원장을 구현한다는 특징이 있다. 이렇게 만들어진 분산원장에 담긴 데이터는 모두가 동일한 내용을 가지게 된다. 특정 참여자가 접속을 차단하거나 내용을 임의로 변경하는 것은 불가능하다. 이는 기존과 달리 중앙화된 제3자 없이도 데이터를 신뢰할 수 있도록 해 준다. 이로써 디지털 공간에 '유일한' 존재를 만들 수 있도록 한다.

블록체인이 만들어 내는 '유일한' 존재는 디지털 공간에서 소유를 증명하는 방식을 변화시킨다. 블록체인은 디지털 공간의 '유일한' 존재와 무형의 권리를 결합해 디지털 자산화함으로써 제3자를 통해 소유를 증명할 수 있다. 이는 부동산이나 비상장 주식 같은 자산 거래를 위한 복잡한 과정을 생략할 수 있도록 해 효율적인 금융 거래가 가능하도록 한다. 무엇보다 블록체인 방식을 바탕으로 암호화폐로 대표되는 새로운 개념의 소유가 시도되고 있다. 비트코인은 중앙화된 시스템 없이도 복제와 변조가 불가능한 디지털 자산을 탄생시킬 수 있다. 블록체인이 거대한 변화를 불러올 수 있어 제4차 산업혁명의 핵심 기술로 자주 등장한다.

현재 전 세계적으로 블록체인 기술이 물류, 금융, 농업 등 산업 각 분야에서 혁신을 불러일으키고 있다. 하지만 우리나라는 2017년 ICO(가상화폐공개) 전면 금지 이후 큰 진전이 없는 상황이다. 따라서 지난 2년 동안 수많은 국내 신생 블록체인 기업이 해외로 떠났다. 블록체인 산업 비중 역시 빠르게 축소되고 있다. 지금부터라도 블록체인의 부작용을 최소화할 수 있는 제도적 안전장치를 마련해 사회적 가치를 만들어 낼 수 있도록 정부의 종합적인 대책이 시급하다.

바이오공학(BIO-Tech)

DNA(유전자)

"생명은 어떻게 시작되었는가? 삶과 죽음은 어디에서 비롯되고 무엇을 향해 나아가는가? 유전자란 무엇인가?"

30억 년 생명(체)의 연대기 가운데 마지막에 출현한 인류에게서 이 질문이 시작된다. 생명 역사의 오랜 관찰자이자 주체로서 137억 년간 진화해 온 우주를 향해 던지는 동시에 존재 속으로 한 발 더 깊이 다가가는 질문이다. 그 해답을 구하는 여정에서 인류는 몇 가지 실마리를 발견할 수 있었다. 그 하나가 '유전자(DNA)'이다. DNA는 유전형질을 규정하는 인자를 담고 있는 본체다. 어버이가 가지고 있는 무수한 유전형질은 DNA를 통해 유전정보로 자식에게 전해진다.

인류는 이제 우리 눈에 보이는 세계나 알려진 지식이 전부가 아니라는 걸 잘 알고 있다. 생명의 문제를 찾아 나선 기나긴 여정 끝에 무엇을 만나게 될지 모른다. 하지만 돛을 올린 걸 후회하지는 않을 것이다. 지금까지 인류가 경험해 온 것처럼 말이다. 이미 인류는 너무도 많은 비밀을 정확히 알아채버렸다. 이제는 뒤로 되돌아가려고 해도 갈 수 없을 만큼 많이 와버린 것이다. 디지털 기술혁명과 함께 바이오공학(Bio Technology)은 마지막 종착지를 향해 가고 있는지도 모른다. 제4차 산업혁명 시대에 발전하고 있는 핵심 기기가 인류에게 생명의 비밀을 담고 있는 판도라상자의 뚜껑을 손에 쥐여 준 것이다.

게놈 프로젝트(Genome Project)

게놈(Genome)이란 '한 생물의 전체 유전자'를 뜻한다. 1916년 독일의 식물학자 한스 빙클러(Hans Winkler)가 이 용어를 처음 사용했다. 그렇다면 사람의 게놈은 몇 개일까? 유전자는 염색체 안에 있다. 사람은 46개(23쌍)의 염색체를 가지고 있다. 그래서 23쌍의 염색체에 있는 유전자 정보만 알아내면 한 생명체의 모든 비밀을 알 수 있다.

이 23쌍의 염색체 묶음을 게놈이라고 한다. 여기에는 약 30억 개의 염기쌍이 있다. 게놈 프로젝트의 최종 목표는 게놈을 구성하고 있는 약 30억 개 DNA 염기의 배열 순서를 밝혀 내 지도로 만드는 작업이다. 이제 게놈 지도가 완성돼 인체 내의 모든 생명 현상을 이해하고 예측할 수 있게 됐다. 또한 이 지도를 바탕으로 유전자 기능을 분석하면 어떤 유전자가 어떤 병에 결정적 영향을 미치는지도 밝힐 수 있다.

유전성 질환을 일으키는 유전자를 교체하거나 작동할 수 없도록 예방할 수 있다. 또한 유전자 검사를 통해 자신에게 치명적일 수 있는 질병을 미리 피해 가는 것이 가능해졌다. 개개인의 유전자 특성에 따른 맞춤 의약품 시대가 열릴 수 있다. 이것이 실현될 경우 정말 대단한 일이 아닐 수 없다. 기본적으로 병원과 약국이 우리 곁에 있을 필요가 없게 된다. 2016년

다보스포럼에서 향후 10년 내 의사와 약사 일자리 중 80%가 사라진다고 발표한 이유다.

게놈 프로젝트는 1990년 10월 1일 미국을 중심으로 프랑스, 영국, 일본 등이 참여해 시작됐다. 이는 15년에 걸친 3차 5개년 계획으로 구성됐다. 그러나 프로젝트에 참가한 유전학자 크레이그 벤터가 1998년 5월 민간 기업 셀레라지노믹스를 설립하며 "3년 내에 인간 게놈을 모두 풀겠다"라고 공개경쟁을 선언했다. 이에 따라 게놈 연구 일정은 당초 계획보다 많이 앞당겨지게 되었다.

마침내 2001년 2월 12일 인간 게놈프로젝트가 1차 완성됐다. 그 후 미국, 영국 등 6개국으로 구성된 인간 게놈지도 작성 팀과 민간 기업 셀레라지노믹스가 각각 수행한 연구를 토대로 2003년 마침내 DNA 염기서열의 약 99%를 밝혀 낸 것이다. 또 수백 개에서 수천 개 단위의 염기가 모여 만든 유전자의 수와 위치를 규명하는 데도 성공했다.

그런데 과학자들이 게놈지도를 분석한 결과 인간의 유전자 수는 그동안 알려졌던 10만 개보다 훨씬 적은 약 2만 6,000~4만 개에 불과한 것으로 나타났다. 이는 초파리의 두 배 정도밖에 안 되는 것이다. 그런데 어떻게 이 적은 수의 유전자로 초파리보다 훨씬 복잡한 인간의 형질이 나타나는지에 관한 의문은 아직도 풀리지 않고 있다.

앤젤리나 졸리 유전자 검사로 유방절제수술

세포속의 유전 정보가 어느 세포에서 어떻게 발현되느냐에 따라 개인 차이가 생긴다. 유전자 중 어느 특정 유전자의 '변이'가 암이나 비만 등을 일으킬 수 있다. 배우 앤젤리나 졸리는 2013년 이런 유전자 검사를 통해 유방암 발병률이 87%에 이른다는 것을 알게 됐다. 그리고 유방암 발병을 막기 위해 그 부위를 절제했다. 아마도 졸리가 게놈지도를 토대로 유방암 절제 수술을 한 것이 세계 최초일 것이다.

당시 졸리는 유방암에 걸리지 않았다. 하지만 유전자 검사 결과만 가지고 예방적 유방 절제 수술을 받기로 결정한 것이다. 그의 수술 체험담이 타임지에 보도되면서 세인의 주목을 받았다. 졸리의 수술을 진행한 뉴욕 대학 임상암센터의 디렉터(Director) 리처드 샤피로 박사는 요즘 매일 아침마다 '장래의 환자'에게서 끊임없이 전화받고 있다고 행복한 고민을 토로한 바 있다.

샤피로 박사는 "졸리가 미래를 대비해 앞서서 상황을 헤쳐 나간 태도와 그렇게 대범하게 자신을 드러낸 것은 매우 멋진 일이었다. 그녀의 결정을 보고 나서 수많은 여성이 예방적 절제술을 고민하고 있다"라고 전했다. 한마디로 이 병원은 졸리의 타임지 기고문으로 대박이 난 것이다. 이제는 누구나 유전적 경향성이 있는 사람은 졸리처럼 유전자 검사를 통해 미리 모든 병을 예방할 수 있는 시대가 우리 곁에 온 것이다.

유전자 교정(Genetic Modification)

세포(Cell)의 구성

생명체를 구성하는 조직의 최소 단위가 세포(Cell)이다. 인간의 몸에는 약 '60조 개의 세포'가 있다. 세포는 크게 3개의 소기관으로 구성된다. 에너지를 만들어 내는 '미토콘드리아'와 단백질을 변형해 세포 밖으로 분비하거나 지방을 운반하는 '골지체' 그리고 '세포핵'으로 구성된다.

세포핵은 핵을 싸고 있는 핵막, RNA와 단백질 등 물질이 출입하는 핵공 그리고 DNA 등 크게 세 가지로 구성된다. 세포핵 안에는 46개(23쌍)의 '염색체(많은 염색사가 꼬여 짧게 응축된 것)'가 있다. 그 염색체 안에서 각각의 특징을 만들어 내는 물질이 '유전자(DNA)'이다. 인간의 경우 염색체 안에는 '30억 쌍의 염기서열'이 존재한다.

유전자는 아데닌(Adenine)과 티민(Thymine), 구아닌(Guanine)과 시토신(Cytosine)이라는 4개의 염기성분이 쌍을 이뤄 이중 나선구조로 연결된다. 이 염기쌍이 어떻게 나열되는가에 따라 유전정보의 서열(염기서열: DNA sequencing)이 달라진다. 각기 서로 다른 염기서열이 바로 각 개인의 유전정보(데이터)인 것이다. 그리고 이 유전정보를 인위적으로 바꾸는 것이 유전자 변형(genetic modification)이다.

유전자 가위 신의 도구인가

유전자 가위란

유전공학에서 말하는 '유전자 가위'는 '특수한 단백질 효소'를 가리킨다. 이 효소가 상대의 유전자에 결합해 특정한 염기서열을 잘라내기 때문에 붙여진 이름이다. 유전자 가위로 문제의 염기서열을 잘라 내면 나머지 부위가 재조합돼 정상 유전자로 복구된다. 아직은 유전자 가위로 혈우병을 치료할 수 있는 것은 동물실험 단계이다. 머지않아 임상시험에까지 돌입하게 된다면 혈우병 환자에게는 분명 희소식이 될 것이다.

2011년 스티브 잡스의 죽음이 전 세계로 타전됐다. 인류에게 스마트폰을 손에 쥐여 준 천재 엔지니어이면서 전문 경영인이었다. 그를 죽음으로 이끈 건 췌장암이다. 그는 현대 의학을 총동원해 죽음을 모면하려 했다. 하지만 결국 피하지 못했다. 그런데 유전자 가위로 잡스의 병든 유전자를 건강하게 바꿀 수 있었다면 어떻게 됐을까? 실제로 잡스는 죽음 직전 자신의 유전체 정보를 전부 해독해서 치료법을 찾으려고 노력했다. 물론 그 당시 의술로는 잡스를 살릴 방법이 없었다. 그러나 불과 6년 뒤인 2017년 유전공학은 눈부신 발전을 이룩하면서 완전히 새로운 단계로 접어들었다. 바로 이 유전자 가위 때문이다. 잡스가 6~7년만 버텨 주었다면 하는 아쉬움이 남는다.

2017년 4월 일본에서 과학자들을 위한 '저팬 서프라이즈' 시상식이 열렸다. 그 당시 수상자는 두 명의 여성 과학자였다. 그들은 에마뉘엘 세르팡테 박사와 제니퍼 다우드나 박사는 2013년 새로운 유전자 가위(CRISPR)를 개발했다. 두 박사가 개발한 유전자 가위는 캐스나인(CAS9) 단백질과 안내 역할을 하는 RNA로 구성된다. 캐스나인 단백질은 전령인 RNA의 안내에 따라 해당 염기서열 중에 원하는 위치를 정확히 찾아가 절단한다. 이런 기능과 정확성은 이전에 어떤 유전자 가위로도 도달하지 못했다. 임무를 마치고 나면 안내 역할을 하는 RNA와 캐스나인 단배질은 자연 소멸되고 유전자는 세포가 가지는 재생 능력에 따라 잘린 부위가 복구돼 부작용도 거의 없이 원상회복된다.

이렇게 기존의 유전자 교정기술을 뛰어넘은 새로운 유전자 가위는 최고의 과학 성과로 꼽혔고 두 과학자는 유력한 노벨상 수상자 후보로 떠올랐다. 그동안 유전자 가위는 1, 2, 3세대를 거치면서 발전해 왔다. 2013년에 개발된 1, 2세대 유전자 가위는 똑 같은 쥐의 췌장에서 유전자 적중 쥐를 만드는 데 2년이 걸렸다. 지금은 1주일이면 족하다. 이는 시간적인 면에서 혁명이라고 할 수 있다. 그런데도 만들기가 어렵고 비용이 많이 들면서도 정확성이 떨어졌다. 하지만 2017년에 만들어진 3세대 유전자 가위 크리스퍼 캐스나인(CRISPR CAS9)은 효율과 비용, 정확성 등 모든 면에서 우월한 특징을 보인다. 이는 유전자 가위가 암을 정복할 날이 머지않았다는 걸 보여 준다.

유전자 가위 암 정복에 희망

유전자 가위를 면역 세포에 적용해 암 치료 임상시험을 한 사례가 미국을 중심으로 유럽이나 중국 등지에서 속속 이뤄지고 있다. 우리나라에서도 연구가 활발히 진행되고 있다. 인간의 생로병사는 유전자와 긴밀한 관계가 있다. 인간이 유전자의 모든 정보를 읽고 그 유전자를 교정할 수 있다면 삶과 죽음의 공식은 기존의 개념을 완전히 바꾸게 될 것이다.

2016년 영국의 암연구소에서는 유방암 환자 560명의 종양샘플을 받아 유전체 검사를 수행했다. 환자마다 유전자 구성이 달랐다. 유방암을 일으키는 유전자를 정확히 알아내더라도 개인마다 다르게 구성된 메커니즘(작동원리)까지 밝혀내야 유전자 치료가 가능하다는 것을 보여 주는 것이다. 다른 종양도 마찬가지라는 것을 밝혀냈다. 과학자들은 지금까지 유전자 연구 및 발전 속도로 보면 암을 정복할 날도 머지않았다고 한다.

2017년 2월 유전공학 분야에서 가장 앞선 나라 영국에서 놀라운 뉴스

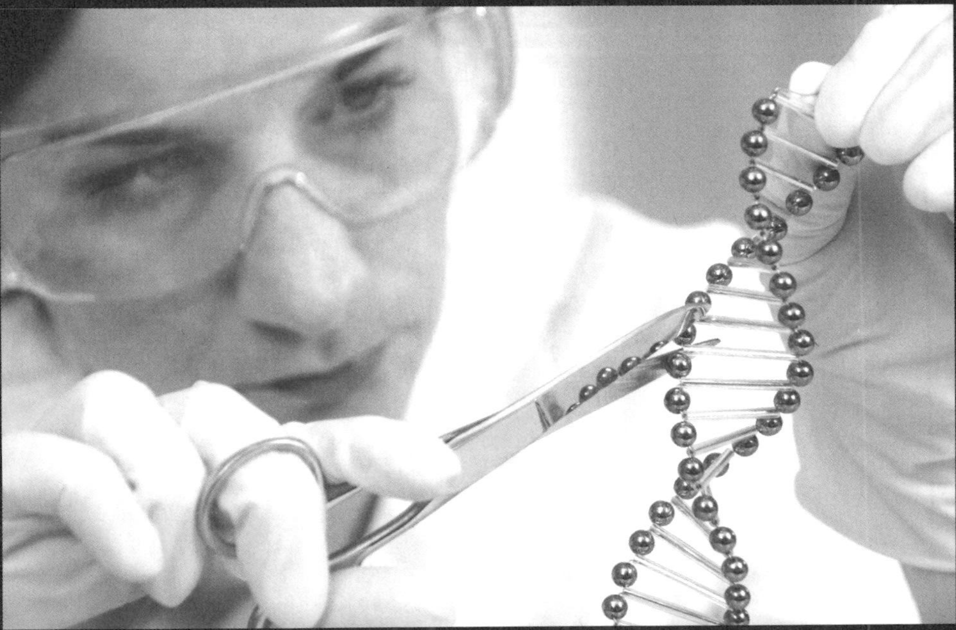

크리스퍼(CRISPR) 유전자 편집가위는 원하는 유전자를 잘라내고 교정할 수 있는 '특수한 단백질 효소'를 가리킨다. 유전자 가위를 이용해 질병을 일으키는 유전자를 잘라내면 병을 예방할 수 있다. 아직은 유전자 가위로 혈우병을 치료할 수 있는 것은 동물실험 단계다. 머지않아 임상시험에까지 돌입하게 된다면 혈우병과 암 환자를 비롯한 모든 병을 치료하게 될 것이다. 따라서 과학자들은 유전자가위를 흔히 '신의 손'이라고 부른다.

가 전해졌다. 생후 14주 만에 백혈병 진단을 받은 여자아이가 유전자 가위 교정법으로 2년 만에 완치됐다는 것이다. 비록 임상시험에 응한 결과라고 하더라도 유전자 치료법의 새로운 가능성이 열린 것이다. 백혈병은 유전자 연구가 가장 빨리 진행된 암종이기도 하다. 혈액세포가 빠르게 성장하기 때문에 즉, 분열 속도가 빠르기 때문에 유전자 교정 이후 정상세포가 빠르게 자라 더 빠르게 확인할 수 있다.

그러나 유전자 교정을 위한 임상시험에는 아직까지 많은 제약이 따른다. '복제양 돌리'로 유전공학에 포문을 연 영국도 예외는 아니다. 따라서 백혈병 환자를 위한 임상시험은 의료 당국으로부터 특별 승인을 받아야 한다. 유전자 치료법이 이렇게 조심스러운 것은 유전공학이 오히려 인간의 존엄성을 해칠 수 있다는 비판여론 때문이다.

영국 정부는 유전공학 초기부터 비판자들의 문제 제기를 받아들였다. 인간 배아수정관리국이라는 전문기관을 설립해 유전공학의 연구와 실험을 전담, 관리하고 과학자들의 계획과 목적을 국민에게 공개할 것을 약속했다. 현재까지 영국은 인간 모델 유전자 치료에 가장 적극적인 나라다. 이미 인간배아에 유전자 교정실험을 허용했다. 그리고 완벽한 유전자 해독을 위해 10만 명의 인간 유전체 분석을 시작했다. 뒤이어 미국과 중국, 스웨덴이 쫓고 있다. 유전자 연구에 대한 윤리적 비판은 잘 받아들여지지 않는다. 그래서 반대론자들은 규제를 맡은 정부기관이 유전공학에 지나치게 우호적이라고 비판한다. 시험관아기도 처음에는 격렬한 반대에 부딪혔다. 하지만 이젠 불임부부의 희망이 된 것처럼 유전자 교정 연구도 곧 대중의 환영을 받게 될 것이라고 과학자는 말한다.

유전자 가위로 불리는 치료법이 완성되면 인류의 미래는 획기적으로 바뀔 것이다. 수명은 더욱 늘어나고 불로불사가 실현될지도 모른다. 시작은 식량위기, 병과 죽음의 공포였다. 절박함이 생명의 본질이자 정수인 유전자에까지 닿은 것이다. 배아단계에서 유전형질을 바꾼 하나의 존재는 이전과 같은 존재일까 아니면 다른 존재일까? 또 유전자 정보를 지닌 이들이 권력을 휘두르며 인간의 속성을 예단하고 구속하는 미래는 과연 공상으로 그칠 수 있을까? 이 기술이 위대한 발견으로 이어질지, 생태계 재앙이라는 부메랑으로 돌아올지는 우리 인간의 뜻(지혜)에 달렸다.

신의 손이 된 유전자 편집가위

2018년 11월 말 중국 난팡과기대 허젠쿠이 부교수는 세계 최초로 유전자 편집 기술을 이용해 에이즈(AIDS: 후천성면역결핍증) 면역력이 있는 쌍둥이 여자아이를 출산시켰다고 주장해 세계를 놀라게 했다. 최근 중국이 박차를 가하고 있는 분야가 유전학이다. 2018년 선전에 있는 '게놈시퀀싱회사'가 거대한 데이터베이스 접속 권한을 얻었다. 그 속에는 엄청난 유전정보가 들어 있다.

중국 과학자들은 그 정보를 바탕으로 유전자 편집 기술과 변형 기술을 속속 선보이고 있다. 유전자 정보를 이용해 형광돼지, 근육질돼지 등을 탄생시켰다. 이제 유전자 편집가위 기술과 유전자 변형 기술로 모든 생명체를 조작할 수 있는 단계에 다다른 것이다. 앞서 2017년 말 상하이 한 연구실에서 짧은꼬리원숭이 '중중'과 '화화' 두 마리가 태어났다. 이 두 마리 원숭이는 '체세포핵치환복제기술(SCNT)'로 탄생한 최초의 영장류다.

체세포핵치환복제기술은 유전물질이 들어 있는 세포핵을 없앤 난자에다 복제하려는 동물의 체세포를 집어넣어 세포핵을 바꾸는 복제 기법이다. 복제된 배아를 다른 암컷동물 자궁에 착상시키면 체세포 주인인 동물과 똑 같은 복제 동물이 태어난다. 20년 전 복제양 돌리가 만들어진 이후 많은 동물이 이 같은 기법으로 복제됐다. 그러나 중국의 영장류 복제는 곧 바로 인간복제도 가능할 수 있다는 여론이 일면서 많은 비난을 받았다.

마침내 2018년 11월 8일 중국 과학자 허젠쿠이 교수가 크리스퍼 유전자 가위를 사용해 세계 최초로 유전자 가위로 편집한 아이를 탄생시켰다고 발표한다. 이후 허젠쿠이 교수는 서둘러 유튜브 영상을 통해 세계 최초로 '루루'와 '나나'라는 가명의 두 소녀가 유전자 변형 아기로 태어났다고 밝혔다. 허젠쿠이는 2018년 11월 28일 제2차 인간 유전체 편집 국제 정상회의에서 자신의 실험 결과를 발표했다. 59장의 슬라이드를 사용해 가며 비교적 상세하게 실험의 목표, 실험에 참여한 사람들의 조건, 특별한 실험에 대한 동의, 미래에 가능한 일들, 신생아의 건강 모니터링 정책 등 자신의 실험 과정의 기본 정보를 제시해 많은 논란을 일으켰다.

크리스퍼(CRISPR) 유전자 편집가위는 원하는 유전자를 잘라내고 교정할 수 있는 단백질 효소이다. 이 유전자 가위를 이용해 질병을 일으키는 유전자를 잘라내면 병을 예방할 수 있다. 본래 유전자 편집 기술과 유전자 변형은 인간의 질병을 치료하고 나아가 부족한 식량을 확보하려는 좋은 의도로 발전해 왔다. 하지만 향후 이 기술이 어디로 향할지 누구도 알 수 없는 상황에 이른 것이다. 중국에서 최초의 유전자 편집 아기가 탄생함에 따라 전 세계적으로 "생식세포 유전자 편집 임상시험을 멈춰야 한다"라는 비난의 목소리가 높아진 것이다.

WHO 수석 과학자 소미야 스와미나탄은 "모든 사람에게 최대의 이익을 주지만 인류 건강에 미치는 위험을 최소화하기 위한 지침을 마련할 것"이라고 강조했다. 한편 2019년 4월 14일 7개국 18명의 과학자 및 윤리학자들은 국제학술지 네이처에 생식세포를 이용한 유전자 편집 임상연구를 멈춰야 한다며 모라토리엄(중단)을 요구했다. 이들은 "2018년 허젠쿠이 교수의 연구가 계기가 됐다"라며 "임상을 진행하려면 생식세포 대상의 유전자 편집 기술의 안전성과 효율성이 충분히 확보돼야 한다"라고 비판했다. 네이처에 따르면 학자들은 영구 금지가 아닌 향후 5년간 임상을 금지하되 이후에 토론과 의견 수렴 등을 통해 결정할 것을 제안했다.

1997년 복제양 '돌리(Dolly)'가 탄생했다. 이는 당시 다자란 포유류는 복제할 수 없다는 과학계의 상식을 깨뜨린 엄청난 사건이었다. 이는 인간 복제도 현실로 나타날 수 있다는 것을 의미했다. 그 때문에 종교계를 비롯한 여러 인권단체는 복제 연구를 극력 반대했다. 광범위한 토론 끝에 결국 선진 기술을 보유한 대부분의 국가에서 복제 연구 관련 법규를 만들었다. 21세기 초 생물학계를 가장 시끄럽게 했던 이 사건 이후 21년 만에 결국 중국에서 그런 염려가 현실이 된 것이다. 이제 인간의 기술로 누구든 자신이 원하는 '아기'를 가질 수 있는 세상이 된 것이다.

불로장생의 비밀 텔로미어

텔로미어(Telomeres)는 유전자 정보를 담고 있는 염색체 양쪽 끝에 달려 있는 보호 모자 같은 부분을 말한다. 마치 모자처럼 달라붙어 염색체가 손상되는 것을 막아주는 역할을 한다. 2009년 텔로미어 연구로 노벨 생리의학상을 수상한 엘리자베스 블랙번 교수는 텔로미어를 이렇게 설명한다. 염색체를 구두끈이라고 가정한다면 텔로미어는 구두끈의 맨 끝부분에 끈이 풀리지 않도록 보호하는 딱딱한 부위라고 생각하면 된다.

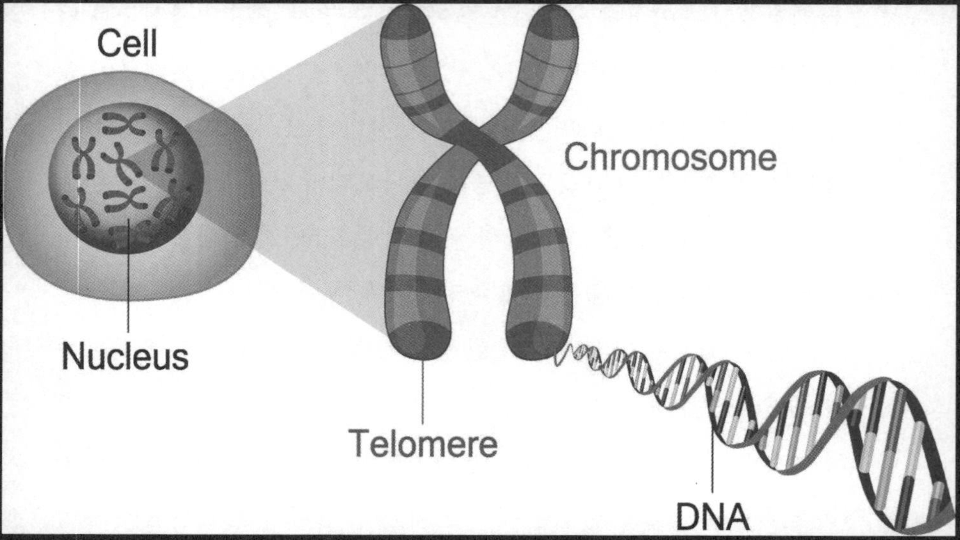

우리 인간의 영원한 젊음을 유지하는 불로장생의 비밀을 담고 있는 텔로미어. 이 천기누설에 인간이 점점 가까이 다가가고 있다. 2018년 8월 미국 스탠퍼드 대학 연구팀이 사람의 세포를 대상으로 염색체 끝 부분에 모자 모양으로 달린 텔로미어 길이를 10% 더 연장하는 데 성공했다. 이로써 세포분열이 28배나 왕성해졌고 세포 기준으로 10년 이상 젊어진 게 확인된 것이다.

게다가 최근 과학자들은 또 텔로머라제라는 효소가 텔로미어를 만들고 보충해 텔로미어 길이의 감소를 늦추거나 막거나 더 나아가 되돌릴 수도 있다는 것을 밝혀냈다. 텔로머라제 활성이 증진될수록 텔로미어의 길이가 짧아지는 것을 방지할 수 있다. 이는 곧 우리의 노화를 늦출 수 있음을 확인한 것이다. 인간의 생로병사를 주관하는 텔로미어 연장기술과 텔로미어 생성물질인 텔로머라제가 완성되는 향후 20년 뒤에는 인간이 보편적으로 젊고 건강한 모습으로 200년을 산다는 생명공학자들의 설명이 현실이 되고 있다.

인간이 늙는다는 것은 인체를 구성하고 있는 기본 단위인 세포가 늙는다는 걸 의미한다. 세포 차원에서 늙는다는 것은 세포가 더는 분열을 하지 못한다는 것이다. 이를테면 세포가 분열을 계속한다면 세포가 젊고 건강한 세포를 계속 생성할 수 있어 세포의 주체인 인간이 늙지 않는다. 이는 곧 세포가 언제까지 분열하느냐가 인간 생명의 한계와 일치한다는 것이다. 그리고 텔로미어가 바로 이런 역할의 한계를 담당하는 것이다. 텔로미어의 경우 세포가 분열할 때마다 조금씩 닳아 없어지게 된다. 결국 텔로미어가 일정 부분 닳아 없어지게 되면 세포는 분열을 멈추게 된다.

인체에는 닳은 텔로미어를 복구해 주는 특별한 장치가 존재한다. 이 장치가 정상세포에서 작동한다면 더는 늙지 않는다. 그런데 아직은 이 장치가 암세포에서만 작동하는 것을 밝혀냈다. 암세포는 정상세포와 달리 끝없이 무한 증식하는 특징이 있다. 그래서 암세포의 경우 텔로미어가 줄어들지 않는다. 암세포에서는 텔로미어가 줄어드는 걸 막기 위한 복구장치가 작동하기 때문이다.

그런데 정상세포의 경우 텔로미어가 줄어드는 것을 막는 복구장치가 작동하게 되면 되레 암세포로 발전할 위험이 있다. 정상세포가 분열할 때마다 텔로미어 길이가 조금씩 줄어드는 이유이다. 따라서 과학자들은 텔로미어를 양 끝에 두고 있는 것은 암을 방지하기 위한 것인지도 모르기 때문에 인위적으로 바꾸는 것은 위험할 수 있다고 주장한다.

이제 암세포에서 텔로미어 복구 장치를 풀 수 있다면 암을 치료하는 열쇠를 찾을 수 있다. 이와 관련한 연구가 어느 분야보다 활발하다. 그런데 최근에 밝혀진 연구는 암의 15%가량이 복구 장치가 없는데도 무한 증식을 한다는 것이다. 연구 결과 또 다른 복구장치가 있다는 것을 밝혀냈다. 이를 대안적 복구 장치라고 한다. 따라서 과학자들은 이 두 종류의 복구 장치에서 해답을 얻는다면 암 치료에 획기적인 길이 열릴 것이라고 설명한다.

텔로미어 연장기술 개발 성공

영원한 젊음을 유지하는 불로장생의 비밀. 이 천기누설에 인간이 점점 가까이 다가가고 있다. 2018년 8월 미국 스탠퍼드대학 연구팀이 사람의 세포를 대상으로 염색체 끝 부분에 모자 모양으로 달린 텔로미어 길이를 10% 더 연장하는 데 성공했다. 이로써 세포분열이 28배나 왕성해졌고 세포 기준으로 10년 이상 젊어진 게 확인된 것이다.

새로운 변형 RNA 방식으로 암세포처럼 무한 증식하는 부작용이나 면역 거부반응도 피할 수 있었다. 이로써 흔히 노화시계로 불리는 텔로미어를 연장하는 데 성공함으로써 암과 같은 불치병이나 노화에 기인된 성인병 예방과 치료에 큰 도움이 될 것으로 보인다. 텔로미어 연구는 동물실험에서는 성공했다. 치매에 걸린 쥐의 뇌를 젊게 하고 빛이 바랜 털을 검게 바꾸고 광택이 나게 하는 등 노화억제에 해답을 얻고 있다.

이번 연구에서는 특히 스트레스를 받으면 텔로미어가 짧아져 수명이 준다거나 감기 등 일반 질병에도 쉽게 노출되는 것으로 밝혀지고 있다. 무병장수나 불로장생의 꿈이 현실로 다가오고 있는 셈이다.

텔로미어 생성물질 텔로머라제

최근 과학자들은 또 텔로머라제라는 효소가 텔로미어를 만들고 보충해 텔로미어 길이의 감소를 늦추거나 막거나 더 나아가 되돌릴 수도 있다는 것을 밝혀냈다. 텔로머라제 활성이 증진될수록 텔로미어의 길이가 짧아지는 것을 방지할 수 있다. 이는 곧 우리의 노화를 늦출 수 있음을 확인한 것이다.

그런데 텔로머라제를 인위적으로 늘리게 될 경우 암의 징표인 통제 불능의 세포 증식을 촉진할 위험이 나타날 수 있다. 아직은 텔로머라제를 활성화하는 방법을 찾지 못하고 있다. 더 많은 연구와 안전성이 검증돼야 한다. 즉, 가장 안전하고 부작용이 없이 텔로미어의 마모를 늦추거나 심지어 재생 복구하는 기술이 완성된다면 인간은 불로장생의 길을 열게 된다.

과학자들은 이를 정복할 날이 그리 머지않다고 낙관한다. 그래서 아직은 우리의 건강한 생활습관으로 텔로미어의 마모를 늦추는 수밖에 없다. 그중 가장 강한 영향을 미치는 것은 스트레스이다. 특히 만성질환을 앓고 있는 아이가 있는 여성이 대개 스트레스를 많이 받는데 조사 결과 이들 텔로미어의 길이가 가장 짧은 것으로 드러났다. 만성적으로 극심한 스트레스에 노출될 때 텔로미어의 길이가 더 빨리 짧아진다는 것을 밝혀냈다. 스트레스와 반대로 운동, 충분한 수면, 좋은 식단, 섬유소가 풍부한 채소와 야채, 과일 등은 텔로미어 길이의 감소를 늦추는 효과가 있는 것으로 나타났다.

미래는 꿈꾸는 자의 현실이 된다

많은 사람이 미래를 예측할 수 없다고 말한다. 하지만 통찰력으로 세계에서 일어나고 있는 일들을 면밀히 분석하고 파악하면 인류가 나아갈 방향과 기회를 자연스럽게 포착할 수 있다. 세상에는 수많은 자료와 그들이 지닌 통찰력을 바탕으로 미래를 꿰뚫어보는 일을 하는 미래학자가 있다. 그들이 주장하는 미래는 허무맹랑해 보일 수도 있다. 하지만 사실은 높은 확률로 예측이 적중돼 왔다. 이제는 데이터로 본 미래가 예측이 아니라 과학이기 때문에 확률은 더욱 높아질 수밖에 없다.

무엇보다 미래를 제대로 이해하고 예측할 수 있다면 우리는 더 많은 기회를 얻을 수 있다. 또한 미래에 능동적으로 대처함으로써 훨씬 더 나은 결과를 얻을 수 있다. 준비된 자와 준비되지 않은 자의 미래가 얼마나 다른 차이를 부르는지 굳이 설명할 필요도 없다. 이런 깊은 통찰력을 바탕으로 미래를 예측할 수 있다면 우리가 바로 미래를 바꾸는 주인공이 될 수 있다. 분명한 것은 우리가 원하든 원하지 않든 그런 미래가 분명이 도래한다는 것이다.

연도별로 본 관심 있는 미래

2020년 5G시대가 열리면서 자율주행차가 운행되기 시작하고 모든 사물 인터넷에 연결된다. 세계 통신기술에서도 거대한 진화가 일어난다. 전기로 뇌파를 디지털 신호로 바꿀 수 있어 텔레파시로 문자메시지를 보낼 수 있다. 2021년 바이오공학에서는 줄기세포를 통한 장기배양과 장기이식이 보편화된다. 동물실험 단계까지 온 텔로미어 개선으로 수명연장 기술이 급성장한다. 가상현실이 보편화된다. 그러나 이 시기 가상현실은 뇌신경을 접속해 오감을 전부 느끼는 것이 아니라 HMD처럼 시청각에 국한된다.

2022년은 3D프린터로 출력한 인공심장 등 인간의 장기가 뇌를 제외하고 모두 상용화된다. 배터리와 전력 송수신 기술이 발달해 무선송신기술을 보편화한다. 모든 기업에서 재택근무를 점차 보편화한다. 이와 함께 노조가 점차 사라지면서 생산성과 업무효율이 크게 개선된다. 보안 목적의 CCTV는 정교해지면서 사람의 마음까지 읽는다. 다시 말해 체험, 표정 등 행동 패턴을 분석해 손님인지 도적인지를 판단한다. 2023년 방수, 세균 채취, 온도조절, 셀프클리닝 기능 등을 갖추고 나노기술을 접목한 원단으로 만든 의복이 먼저 군인과 경찰의 의복으로 활용된다. 또 뇌에 칩을 넣어 알츠하이머병을 치료하거나 잃어버린 기억을 복원할 수 있다.

2025년 인류는 냉동된 쥐를 부활시켜 냉동인간을 되살리는 기술의 실마리를 얻게 된다. 자동차는 인공지능 장착이 의무화되고 자율주행시스템이 장착되지 않은 자동차는 운전이 금지된다. 일론 머스크가 제안한 자기장을 이용해 비행기보다 빠르게 이동할 수 있는 하이퍼로프가 완공된다. 이 열차를 이용하면 서울에서 부산까지 15분에 갈 수 있다. 증강현실(AR: 현실세계에 3차원의 가상물체를 띄워서 보여주는 기술)로 멀리 있는 사람을 어색하게나마 만질 수 있게 된다.

2026년 3D프리터로 인간의 장기 프린트를 시작하고 임플란트 기기가 널리 보급된다. 누구나 바이오 물질을 손쉽게 개발할 수 있어 바이오 테러가 심각한 사회문제가 될 수 있다. 심각한 폐기물처리도 인류를 위협하게 된다. 북극 빙하가 녹으면서 해수면이 상승해 수많은 섬과 해안 도시가 사라진다. 인간의 팔과 같은 기능을 하는 로봇팔도 등장하게 된다. 2027년 일반자동차는 거의 소멸하고 전기차만 남게 된다. 인류가 달에 거주하게 된다.

2028년 비행기에서 조종사가 사라진다. 정찰기는 모두 드론으로 대체된다. 도마뱀에서 발견한 P21원 유전자와 줄기세포를 이용한 연구로 잘린 손가락과 발가락을 재생시킨다. 몇몇 멸종된 동물이 복원된다. 2029년 인공지능 연구 60년 만에 인간과 동일한 인공지능을 가진 안드로이드 로봇이 등장한다. 이 로봇은 인간과 대화가 가능하며 인간 도우미 역할을 하게 된다. 인간이 하는 대부분을 인공지능이 하게 된다. 인간은 노화를 막고 수명을 지속적으로 늘리게 된다. 나노기술을 통해 인체의 장기를 보강하고 교체할 수 있다. 수술 없이 뼈대를 강화하거나 신체 내부의 수술을 진행할 수 있다. 매점과 함께 점원이 사라진다.

2030년 교육에 큰 변혁이 일어난다. 전 세계 대학의 80%가 문을 닫는다. 유튜브나 코세라, 칸아카데미 같은 온라인 무료과정이 보편화된다. 나노테크놀로지 산업이 본격적으로 시작되고 모든 제품의 단가가 파격적으로 낮아져 풍요의 시대가 열리게 된다. 사람들은 기본소득제도 덕분에 먹고살기 위해 일하는 것이 아니라 재미와 자아실현을 위해 일하는 사람이 많아지게 된다. 가상현실이 대중화돼 현실과 똑같은 가상현실에서 그대로 느낄 수 있다.

2031년 결혼하는 사람보다 미혼자가 더 많아진다. 나혼자 삶이 보편화된다. 직업 개념이 바뀌어 평생직업 개념이 사라지고 인생에 적어도 3~5곳의 직장을 가지게 된다. 줄기세포가 완전히 보편화된다. 피부, 코, 뼈와 귀 재생이 가능해진다. 인공장기를 제조하는 3D프린터는 모든 병원에서 모두 사용할 수 있다. 2032년 인터넷 속도는 테라바이트(TB) 속도로 빨라지고 4세대 원자력이 등장한다. 2033년 화성에 착륙하는 비행기가 나온다. 2035년 러시아 북극지방의 동토가 농토로 변해 거대한 양의 곡물생산 전쟁터에는 인간 대신 로봇만이 출전한다. 미·중·러는 달에 식민지를 건설한다. 3036년 세포조직 공학기술로 축산농가 없이 배아육을 만드는 기술이 보편화된다. 이는 가장 빨리 성장하는 산업이 된다. 생명공학은 인간의 시력을 능가하는 인공눈을 만든다.

지구상 모든 병이 사라진다

2035년 모든 암이 완전 정복된다. 의사와 약사가 필요 없는 시대가 된다. 폐암 진단의 경우 이미 왓슨이 의사의 능력을 훨씬 더 뛰어넘었다. 곧 수많은 의사를 대체하게 된다. 2037년 뇌를 그대로 복사해서 컴퓨터 안으로 전이시키는 마인드 업로드가 가능해진다. 양자컴퓨터가 널리 사용된다. 2038년 3D프린터로 각자 프린팅하기 때문에 큰 제조업 공장이 완전히 소멸한다. 3D프린터가 의식주를 모두 해결하기 때문이다. 옷 프린터 하나면 평생 옷 걱정할 필요가 없다. 복잡한 유기분자의 순간이동이 가능해지며 사형은 모든 국가에서 사라진다. 2039년 촉감까지 완벽한 가상현실 기술은 인류의 삶에 보편화된다.

2040년 인도경제가 부흥하면서 미국 중국과 G2를 이루게 된다. 2042년 지구촌 인구는 90억 명이 된다. 2043년 나노기술로 물건의 가치는 지적 재산가치와 거의 같아진다. 나노기술로 자신이 원하는 체형을 얻을 수 있고, 신체의 일부를 바꿀 수 있다. 성형수술 없이 누구나 연예인의 외모를 가질 수 있다. 성별을 바꿀 수 있다. 외모지상주의는 완전히 사라진다. 각자의 개성은 더 강해지고 성별을 구분하는 것 자체가 무의미해진다. 성별과 인종에 관한 차별주의는 역사 속으로 사라진다.

2045년 기술적 특이점에 도달하는 시기가 된다. 모든 인간의 지능을 합친 것보다 더 똑똑한 인공지능이 등장한다. 인간과 기계가 융합하는 기술이 등장하게 된다. 초지능, 초인공지능 시대가 열린다. 초지능이 되느냐, 인간으로 남느냐는 개인의 선택이다. 중국이 자유민주주의를 선택한다. 2046년 철강산업이 소멸하고 200배나 강한 그래핀 시대가 열린다. 현존하는 모든 언론이 사라지고 유튜브가 그 자리를 차지한다.

2050년 유전자를 조작한 디자이너 베이비가 탄생한다. 완벽한 아이를 탄생시킬 수 있다. 키, 피부, 지능 등을 마음대로 선택할 수 있고 3명 이상의 부모를 가진 아이를 탄생시킬 수 있다. 정규직은 노예계약으로 여겨져 인구 대부분은 프리랜서로 살아간다. 지구촌 인구는 약 100억 명에서 정점을 찍는다. 인조 합성 바이오인간이 탄생한다. 우주여행이 해외여행처럼 쉬워진다. 2051년 기업보다는 똑똑한 사람이 권력이 된다. 2053년 화성에 인류가 거주한다. 인간과 기계가 똑같은 법적 지위를 갖는다. 2060년 냉동인간을 되살리는 냉동보존 기술이 완성된다.

3부 미·중 문명 교체 헤게모니

미·중 전략적 동반자에서 주적으로

'핑퐁외교'로 시작된 미·중 밀월

미국은 1960년부터 베트남전쟁에 개입해 성과를 내지 못하자 1969년부터 국내 여론이 반전(反戰)으로 돌아섰다. 게다가 1970년에는 미국이 캄보디아의 내전에도 군사개입을 시작하면서 캄보디아와 라오스 등 인도차이나 전역으로 전장이 확대됐다. 결국 미국은 전선이 분산되고 국내 여론이 악화되면서 힘과 명분을 잃는다. 이어 인도차이나반도의 공산화가 확실시된다. 그때 미국은 인도차이나 전선에서 손을 떼려고 준비하며 암암리에 중·소 분쟁을 계획한다.

미국이 공산당 종주국을 자처하는 소련과 중국이 인도차이나에서 서로 지배권을 노리는 야욕을 이용하려 한 것이다. 미국의 속셈은 중·소분쟁을 유도하면서 중국을 미국편으로 끌어들이는 것이었다. 미국은 대(對)중국 관계를 개선하고 미·중 밀월관계를 이끌어 내기 위해 국무부에서 밀실외교를 작동했다. 1969년 1월 출범한 리처드 닉슨 행정부는 인도차이나 영향권을 지렛대로 중국과 대화 채널 조성을 시도했다. 중국의 최고지도자 마오쩌둥(毛澤東) 역시 미국과 관계를 개선하는 것이 소련과 관계를 대등하게 만드는 데 필요하다고 판단했다. 미·중의 상호 손익계산이 맞아떨어진 셈이다.

마침내 1971년 4월 10일 미국 탁구선수단이 중국을 방문하는 역사적인 '핑퐁외교'가 시작됐다. 1971년 6월 10일 닉슨 미국 대통령은 6.25전쟁 이후 20년 넘게 계속돼 온 대중국 무역금지 조치를 해제했다. 이어 10월 25일 유엔에서 중공(중화인민공화국)이 대만(중화민국: 중국)을 대체한 '중국'이 됐다. 그 당시 유엔 안전보장이사회 상임이사국은 미국, 러시아, 영국, 프랑스, 중국(대만) 5개국이었다. 그러나 미국의 입김으로 유엔은 대만의 상임이사국 자리를 박탈했다. '유엔총회결의 2758호'의 체결로 그 자리에 중공을 대신 끼워 넣었다. 미·중 밀월의 대가로 본래 중국(대만)의 자리가 중공으로 대체되면서 대만은 아예 유엔에서 족보마저 뽑힌 채 국제고아로 전락했다.

'상하이 공동성명'과 미·중 수교

1972년 2월 21일 닉슨 대통령이 헨리 키신저 국무장관과 함께 중국을 방문해 상하이에서 중국 지도자들과 '상하이 공동성명'을 발표했다. 이 성명에서 미·중 양국은 세계 모든 국가의 이익에 합치되게 국제관계를 유지하고 아태지역에서 패권을 추구하지 않을 것이라 규정했다. 또 대만과 중국의 문제는 중국인 스스로가 외부 간섭 없이 해결해야 하며 대만은 중국의 일부분이라는 것을 인정해 버렸다. 그야말로 국제정치의 냉혹한 현실을 가장 적나라하게 보여 준 외교사례로 꼽힌다. 여기에서 "영원한 적도 영원한 동지도 없다"라는 말이 회자된다.

이 공동성명은 미·중 양국의 20여 년간에 걸친 적대관계를 청산하고 외교관계를 정상화하는 데 기여했다. 이를 구체적으로 실현하기 위해 두 나라는 스포츠와 문화 분야에서부터 관계를 발전시켜 나가기로 한다. 그리고 1973년 헨리 키신저 국무장관이 다시 중국을 방문했다. 중화인민공화국과 미국이 베이징과 워싱턴에 연락사무소 개소를 합의했다. 그 후 양국의 정치가와 민간인의 교류가 빈번해졌다. 그와 함께 교역량도 급속하게 늘어났다.

중국이 1979년 미국과 전격적으로 수교하면서 자유 진영과의 관계를 회복했다. 마침내 미·중이 전략적 동반자 관계로 세팅된다. 이로써 세계는 자유민주와 공산진영이라는 두 체제 논리가 끝나고 세계는 바야흐로 다극화시대로 접어들었다. 특히 냉전하에 서방 측 국가와 소련 간 대립 등 미묘한 관계에서 마침내 중국은 합법정부로 서방 국가의 인정을 받았다. 이로써 중국은 하나의 중국 원칙과 홍콩 반환협정의 두 마리 토기를 잡는 데 성공한다.

중국의 경제성장과 체제안정

특히 덩샤오핑(鄧小平)의 지도 아래 1978년부터 시작된 경제개혁으로 서방 국가 등 자유세계 여러 나라와 교류가 강화됐다. 중국이 점차 국제무대의 주인공으로 부상하기 시작한 것이다. 이미 덩샤오핑이 흑묘백묘론을 제기할 때부터 사회주의 이념은 하나의 통치술로 전락하고 말았다. 세계역사에 빛나던 중국 철학도 자취를 감췄다. 노자의 도가철학과 공자와 맹자를 대표하는 공맹철학도 공산사회주의 이념 아래서는 오히려 발전을 가로막는 거추장스러운 한낱 쓰레기로 변해 버린 것이다.

1989년 6월 4일 베이징 톈안먼광장에서 젊은 대학생과 노동자들이 민주화를 요구하는 시위 사태가 발생했다. 1911년 신해혁명에 이어 중국 역사에서 두 번째 찾아든 자유민주주의 여망과 기회였다. 하지만 당시 덩샤오핑이 배후에서 조종한 공산당 정권이 수천 명의 인민을 탱크로 깔아뭉개는 비인권적 탄압이 일어난다. 당시 중국 측 집계로는 2,000명이 사망했다고 발표했다. 하지만 실제 사망자는 1만여 명에 이르는 것으로 알려졌다. 그러나 인권을 무엇보다 높은 가치로 존중해 온 서방은 침묵으로 일관했다. 미국의 뒷배가 작용했기 때문이었다. 물론 당시 미국은 소련을 세계를 위협하는 '악의 제국'으로 규정한 상황에서 중국 정부와 협력은 무엇보다 절실했다.

이처럼 미국이 중국을 향해 흔든 올리브가지(화해 제스처)가 미·중 관계의 새 역사를 쓰게 됐다. 앞서 1945년 8월 전 세계를 무려 7년간 피바다로 물들인 제2차 세계대전이 드디어 막을 내리지만 2년 뒤 1947부터 미·소 냉전시대가 본격적으로 진행됐다. 이후 20여 년간 냉전이 지속된 가운데 미국의 전략으로 미·중 밀월이 시작된 것이다. 그 여파로 먼저 1989년 11월 9일 베를린 장벽이 무너지고 마침내 1991년 말 구소련이 해체됐다. 소련 사회주의체제가 몰락하면서 미·소 냉전도 막을 내렸다.

냉전 종식으로 지구상 절반가량을 피로 물들이며 인민을 탄압해 온 공산사회주의 이념은 휴지조각이 되어 쓰레기통에 내버려졌다. 그 당시 소련 붕괴와 함께 대부분의 사회과학자와 역사학자들은 지구상에서 공산사회주의 체제 국가가 더는 생존하지 못할 것으로 내다봤다. 특히 곧 중국 공산정권이 무너지면서 또 한 번 피비린내 나는 사태가 발생할 것으로 예견한 학자도 많았다. 그러나 중국에는 이미 대외 무역 개방으로 경제 부흥을 통해 이념과 체제 파탄을 피해갈 수 있는 장치가 마련돼 있었다. 이렇게 중국은 미국을 든든한 뒷배로 삼아 30년 가까이 연평균 10%가 넘는 폭발적인 경제성장을 이룩할 수 있었다.

중국의 꿈(夢)과 시진핑 등극

특히 뉴밀레니엄(2000년) 들어 전 세계는 떠오르는 중국을 찬양하기 시작했다. 2001년에는 세계무역기구(WTO)에도 가입했다. 중국은 전 세계 공장을 중국으로 빨아들이는 제조업 '블랙홀'이 되어 갔다. 국제정치학자와 경제학자들은 한결같이 2016년을 기점으로 중국 경제가 미국을 앞지를 것으로 예단하며 '중국몽(The Chinese Dream)'을 노래했다. 무엇보다 미국이 2008년 9월 7일 발생한 리먼브러더스 사태로 경제위기를 겪을 당시 중국몽 찬양은 가히 절정에 이르렀다. 세계는 너나없이 중국이 세계 패권을 거머쥘 날을 손꼽아 헤아리며 중국몽에 흠뻑 취해 버렸다.

중국몽은 시진핑 중국 국가주석이 2012년 18차 당대회에서 총서기에 오른 직후 처음으로 내세운 슬로건이다. 중화민족의 위대한 부흥을 실현하겠다는 야망을 드러낸 것이다. 덩샤오핑이 대외정책의 원칙으로 제시한 '도광양회(韜光養晦: 빛을 감추고 은밀히 힘을 기른다)'와 결별할 것을 선언한 것으로 받아들여졌다. 이후 중국의 대외정책은 중국에 이익이 되는 일이면 적극 영향력을 행사하겠다는 '분발유위(奮發有爲: 떨쳐 일어나 해야 할 일을 한다)'로 한 단계 더 발전했다.

시진핑은 앞서 2007년 10월 당 중앙정치국 상무위원이 되고 중앙무대에 진출하면서 당 서열 6위에 올랐다. 차세대 지도자급 인사로 급부상한 것이다. 2008년 3월 정부 2인자인 국가부주석 자리를 차지했다. 2010년

10월 '대권 승계의 보증수표'로 통하는 중앙군사위원회 부주석에 올랐다. 바로 이듬해인 2012년 11월 당총서기인 당중앙군사위원 주석에 선출됐다. 2013년 3월 마침내 전국인민대표회의에서 국가주석과 국가중앙군사위원회 주석의 지위에 등극했다. 2014년 시진핑이 야심 찬 미래 계획 '중국제조 2025'를 발표하면서 중국의 세계 패권 야욕을 드러냈다.

트럼프 등장과 미·중 밀월 파탄

2016년 11월 8일 세계 각국은 미국발 '뉴스 속보'로 놀라움을 금치 못했다. 워싱턴 정가의 아웃사이더로 서자 취급을 받던 기업인 트럼프 후보가 예상을 뒤엎고 미국 대통령에 당선된 것이다. 그날 뉴스 속보로 전 세계 각국의 수많은 정치지도자는 그야말로 "악" 소리를 내지 않을 수 없었다. 무엇보다 절대다수가 힐러리 후보의 당선을 확신했기 때문이다. 게다가 대부분의 국가수반이 트럼프와 일면식도 없었을 뿐 아니라 제대로 된 정보마저도 확보하기가 어려웠던 상황이었다.

2016년 대선 당시 미국의 주요 40개 신문 방송에서 한결같이 힐러리 후보 지지를 선언했다. 폭스(FOX)뉴스 등 그나마 2~3개 우파 언론마저 중립을 선언해 버렸다. 자연히 전 세계로 타전되는 미국의 대선 관련 소식은 힐러리 찬양 일색이었다. 정반대로 트럼프 관련 뉴스는 노골적 비난과 야유뿐이었다. 심지어 '괴짜', '또라이', '망나니' 등 그야말로 입에도 담기 어려운 비어로 트럼프를 채색한 것이다. 특히 한미 동맹으로 관심이 높은 우리나라는 더욱 혼란스러웠다. 그 바람에 필자는 서교출판사의 뒤늦은 요청으로 《트럼프 시대 트럼프를 말하다》라는 제목의 책을 집필하게 됐다.

예고된 미·중 무역전쟁

트럼프가 공화당 대선후보로 선출된 이후 6개월 내내 여론조사에서 힐러리 후보에게 3~5%포인트 밀렸다. 그래서 트럼프 캠프 진영은 총 득표 수보다 선거인단 승리로 당선을 노렸다. 대표적인 케이스가 '러스트벨트(rust belt)'를 공략하는 것이었다. 러스트벨트는 미국 북동부 5대호 주변의 쇠락한 공장지대를 일컫는다. 녹을 뜻하는 러스트는 쇠락해 공장설비에 녹이 슬었다는 의미에서 붙여진 것이다. 동부 뉴욕주와 펜실베이니아주를 포함해 웨스트버지니아, 오하이오, 인디애나, 미시간, 일리노이, 아이오와, 위스콘신 등 중서부와 중북부 주들을 가리킨다.

본래 1870년대 이후 100년간 미국 산업을 주도해 공장(factory)벨트로 불렸다. 과거 이들 지역에선 자동차, 철강, 기계, 석탄, 방직산업 등 제조업종이 활황을 보였다. 우리의 울산이나 창원과 같은 곳이었다. 그러나 1970년대 이후 고비용 구조와 제조업 쇠퇴로 인구가 줄고 범죄율이 치솟아 골칫거리가 되고 말았다. 제조업체들이 해외와 미국 남·서부 해안으로 이전하면서 인구 유출이 심했다. 2000년 기준 러스트벨트의 고용 인구와 생산품의 부가가치 비중은 각각 27%로 떨어졌다. 그리고 트럼프 대선후보 당시 이 지역 주민들은 현실 정치에 강한 불만을 표출하고 있었다.

당시 트럼프는 이 지역을 유세하면서 오바마 정부를 맹비난했다. 정부정책 부재로 중국에 빼앗긴 6만 개의 공장과 300만 개 일자리를 반드시 되찾아오겠다고 공언했다. 현지 유세 현장의 열기는 정말 뜨거웠다. 당시 러스트벨트 캠페인을 다녀온 필자의 몇몇 미국인 친구들이 전한 말이다. 그들은 2016년 여름부터 트럼프 당선을 공공연히 떠들고 다녔다. 그 후 필자도 트럼프 당선을 주장하게 됐다. 실제로 트럼프는 이들 지역을 집중 공

트럼프행정부는 2018년 4월 3일 처음으로 대(對)중국 관세폭탄을 예고했다. 이어 3개월 뒤인 7월 6일 0시(현지 시간)를 기해 첫 중국산 수입상품 340억 달러(38조 원)어치에 25% 관세 부가를 선언했다. 이에 중국이 반격을 가하면서 미·중 무역전쟁은 벌써 1년 반 가까이 이어지고 있다. 치킨게임으로 치닫고 있는 미-중 무역전쟁은 결국 중국이 무너지거나 완전히 굴복할 때까지 계속될 것이다.

하지만 2020년 11월 대선을 앞두고 미국 내 경기에 나쁜 영향을 초래할 경우 트럼프 대통령이 무역전쟁을 잠시 휴전할 수는 있다. 그러나 궁극적으로 트럼프 대통령이 당선되지 않고 민주당으로 정권이 넘어가더라도 중국이 굴복할 때까지 미·중 전쟁은 계속될 것이다.

략해 근소한 표차로 이기면서 선거인단 확보에 성공해 대통령에 당선됐다.

트럼프는 대선후보 당시 중국을 향한 비난을 멈추지 않았다. 중국의 불공정 무역관행의 문제점을 구체적으로 지적했다. 그뿐만 아니다. 환율조작국 지정, 특허권 침해, 기술 절취 등 그의 지적과 공약 속에는 이미 미·중 무역전쟁의 화약고를 터뜨릴 뇌관이 곳곳에 숨겨져 있었다. 그리고 당선되자마자 거침없이 미·중 전쟁의 뇌관들을 만지작거렸다. 모두가 세계의 대통령이 된 트럼프행정부 출범과 그의 입만을 숨죽여 바라보았다.

치킨게임으로 치닫는 미·중 무역전쟁

전 세계가 숨죽여 지켜본 가운데 마침내 2017년 1월 20일 트럼프 행정부가 돛을 올렸다. 오바마 정부 시절 다져놓은 스타트업 기업들의 활황에다 '셰일(Shale)혁명'이라는 전무후무한 행운까지 겹쳤다. 미국 경제는 그야말로 유례없는 활황기를 맞았다. 1년간 기초체력을 다진 트럼프행정부는 2018년 4월 3일 처음으로 대(對)중국 관세폭탄을 예고했다. 이어 3개월 뒤인 7월 6일 0시(현지 시간)를 기해 첫 중국산 수입상품 340억 달러 어치에 25% 관세 부가를 선언했다. 이에 중국이 반격을 가하면서 미·중 무역전쟁은 벌써 1년이 훨씬 넘게 이어지고 있다.

트럼프행정부가 첫 관세폭탄을 선언할 때만 해도 국제 정세에 어두운 수많은 경제학자, 정치학자들이 중국의 승리를 속단했다. 무엇보다 중국이 보유하고 있는 엄청난 달러(약 3조 달러)와 미국채권(1조 달러) 등을 내세우며 3~4개월이면 미국이 꼬리를 내리면서 적당한 타협으로 끝날 것으로 예상했다. 언론의 공세로 트럼프는 이미 '떠벌이', '허풍쟁이'로 뇌리에 각인돼 있었기 때문이다. 그러나 미·중 무역전쟁은 반격에 반격으로 이어졌다. 일반의 예상과 달리 상하이 주식이 폭락을 거듭했다. 결국 2018년 10월 되레 시진핑이 트럼프에게 직접 전화를 걸어 사실상 항복을 선언했다. 그 후 꼬리를 내린 중국이 미국 측 요구에 쩔쩔매면서 오늘에 이르고 있다.

미국 행정부의 요구에 100% 응할 경우 중국은 사실상 백기를 들어야 한다. 지금 중국은 대국의 자존심과 미국의 요구 사이에서 고민을 거듭하고 있다. 이런 상황에서 미·중 무역전쟁은 엎치락뒤치락하며 장기화 국면에 들어섰다. 이제야 이 전쟁의 본질이 조금씩 드러나기 시작한다. 하지만 아직도 미·중 무역전쟁을 제대로 들여다보는 사람은 많지 않다. 이 전쟁의 본질은 미·중이 적당한 타협으로 끝날 수 있는 내용이 아니다. 미·중 가운데 반드시 하나는 완전히 백기를 들거나 아니면 엎어져야 끝나는 치킨게임으로 가고 있다.

1972년 헨리 키신저가 핑퐁외교의 바람을 타고 중국으로 날아가면서 시작된 미·중 밀월이 40여 년 만에 위기에 봉착한 것이다. 그 당시 미국이 중국에 안긴 첫 선물이 '유엔총회결의 2758호' 체결이었다. 유엔에서 대만을 고립시키고 중국이 원하는 하나의 중국에 손을 들어준 것이다. 그러나 트럼프의 등장으로 미·중 밀월 역사의 시곗바늘은 다시 원점으로 되돌려졌다. 트럼프가 당선되자 대만 총통 차이잉원(蔡英文)과 전례 없는 통화를 했다. 그리고 미·중 무역전쟁 와중에 미국은 대만을 다시 중요한 파트너로 끌어들였다. 최근 중국 본토를 겨냥해 작전반경 3,222km인 F16V전투기 66대(80억 달러)를 대만에 판매하기로 확정했다. 트럼프의 대중 전략이 조금은 읽히는 단면이다.

미·중 무역전쟁 본질은 제4차 산업혁명

문명 교체 미·중 헤게모니 싸움

지금 미국과 중국은 불꽃 튀는 패권 헤게모니 경쟁을 벌이고 있다. 이 경쟁은 도래하는 새로운 패러다임의 주도권을 잡기 위한 문명 충돌의 양상으로 확대되고 있다. 그리고 그 밑바탕에 제4차 산업혁명이 도사리고 있다. 기성세대와 전혀 다른 행동양식과 소비패턴을 보이는 신인류의 출현과 함께 현대 첨단기술의 초융합이 일어나면서 문명의 패러다임이 바뀌고 있는 것이다. 그래서 이 혁명은 기술진보의 연장선상에서 진행된 기존 제1~3차 산업혁명과는 그 성격이 근본부터 다를 수밖에 없다.

트럼프 행정부가 출범하면서 말로만 간을 보던 관세폭탄이 마침내 출범 2년차인 2018년 7월 6일 중국에 첫 펀치를 안겼다. 그 후 단 하루도 거르지 않고 미·중 무역전쟁이 전 세계 신문과 방송의 주요 국제 뉴스로 다뤄지고 있다. 트럼프와 시진핑이 펀치를 주고받을 때마다 세계 주요 증시가 요동쳤다. 미·중 무역전쟁이 의미하는 바가 한국은 물론이고 국제 경제에 그만큼 핫(hot)하고 민감한 문제이기 때문이다. 대부분이 처음엔 무역수지 불균형에 따른 무역 분쟁으로 가볍게 생각했다.

그러나 분쟁이 가열되면서 2019년 초부터 미국이 드디어 중국의 반도체 관련 기업 ZTE에 이어 세계 최대 통신장비업체 화웨이를 건드리면서 기술전쟁의 양상을 띠기 시작했다. 무엇보다 민간기업을 위장한 화웨이야말로 중국 미래전략의 핵심 기업이라는 것을 트럼프 행정부가 모를 리 없다. 특히 시진핑이 주창한 '중국제조 2025'의 핵심 사업 중에서도 핵심인 화웨이는 제4차 산업혁명의 플랫폼이자 인프라 기업이다. 화웨이 5G통신 장비는 미래 모든 기술을 연동하는 플랫폼으로 여기에 바로 중국의 패권 비밀이 담겨 있다.

새로운 산업혁명에 민감한 미·중

현재 인류사회에 거세게 불어닥치고 있는 제4차 산업혁명은 현대 문명의 패러다임 그 자체를 송두리째 바꾸고 있다. 그 변화를 가장 먼저 감지한 나라가 미국과 중국이다. 미·중 두 나라는 제4차 산업혁명을 새로운 문명을 교체하는 패러다임으로 인식하고 주도권 싸움에 사활을 걸고 있다. 그리고 이 변화의 헤게모니를 누가 잡느냐에 따라 미래 문명세계의 질서가 완전히 한쪽으로 정착하게 된다.

앞서 1780년대 영국에서 시작된 제1차 산업혁명이 반세기 뒤인 1830년대 이 혁명이 세팅되면서 세계 문명질서에 엄청난 변화가 일어났다. 제1차 산업혁명에 동참한 나라는 영국을 필두로 프랑스, 독일, 이탈리아, 러시아, 미국 등 구미 서방국가이다. 그리고 아시아에서는 일본이 한발 늦었지만 유일하게 막차로 이 혁명열차에 올랐다. 인류에게 처음으로 찾아온 기술혁명은 서양의 과학지식을 바탕으로 엄청난 발전을 이룩했다. 이 혁명이 얼마나 무서운가를 보자. 인구와 국토 면적이 한반도와 비슷한 영국이 산업혁명으로 불과 100여 년 만에 전 세계를 호령하는 패권국가로 성장해 한때 해가 지지 않는 대영제국을 건설했다.

게다가 제1차 산업혁명에 동참한 국가들은 기술발전으로 모두 선진국으로 진입했다. 혁명 당시 축적한 과학기술과 함께 수많은 특허와 원천기술, 기초과학 지식을 쌓았기 때문이다. 이후 이어진 제2, 3차 산업혁명은 제1차 산업혁명의 원천 기술과 지식의 토대에서 이어졌다. 그래서 제1차 산업혁명을 받아들여 선진국이 된 국가가 지금도 변함없이 선진국 지위를 누리고 있다. 인간의 자유와 상상력을 마음껏 누리지 못하면서 도태된 전체주의 러시아를 제외하고 지금 세계를 선도하는 G7이 바로 미국, 영국, 독일, 프랑스, 이탈리아, 일본, 그리고 유럽의 이민자로 세워진 캐나다가 아닌가.

이처럼 산업혁명이야말로 한 국가의 흥망성쇠를 가름할 만큼 절대적인 힘을 보유하고 있는 것이다. 따라서 이런 산업혁명의 무서운 변화를 감지한 미국과 중국이 어느 나라보다 예민하게 제4차 산업혁명을 받아들이고 있다. 미국은 기존의 패권을 지키고 유지해야 한다. 반면 패권을 추구하는 중국은 이 혁명에 반드시 성공해야한다. 문명의 패러다임이 바뀌는 시대 미국과 중국이 제4차 산업혁명에 건곤일척의 패권을 건 이유가 설득력 있게 다가온다.

중국 공산당정부의 트라우마

중국은 1980년대부터 지난 40여 년간 엄청난 경제발전을 토대로 거대한 부를 쌓아 왔다. 그런데 돈을 긁어모으면 모을수록 중국 공산당정부가 앓아온 소갈증 같은 병증이 도지고 있는 것이다. 지난 한 세기 선진국과 기술 격차로 생긴 '트라우마' 때문이다. 중국이 거대한 변화를 어느 국가보다 먼저 감지하고 이 혁명이 몰고 올 문명 교체의 본질을 정확히 파악한 것이다. 그래서 중국은 더욱더 제4차 산업혁명에 목을 매고 있다.

실제로 중국은 19세기 말까지만 해도 전 세계 GDP의 30% 이상을 차지한 세계 최대 강성대국이었다. 7세기 초(618년) 들어선 당나라제국 이후 19세기 말 영국을 중심으로 유럽대륙에서 산업혁명이 완성되기 전까지는 중국은 전 세계 패권국이나 다름없었다. 물론 부침은 거듭됐다. 그러나 중국은 이 혁명의 대열에서 탈락했던 것이다. 그리고 20세기 초 청나라가 멸망(1911년)한 뒤 최고 지위를 내려놓아야 했다. 그 후 거의 80년 동안 덩치만 큰 삼류국가로 전락하면서 서양의 조롱과 멸시천대를 받아왔다. 이 뼈아픈 경험을 한 중국은 산업혁명이 얼마나 무서운지를 잘 안다.

패권 위한 개헌 시진핑 장기집권

시진핑은 2017년 전당대회에서도 중국몽을 무려 32차례나 언급했다. 그리고 2050년까지 세계 최강국으로 우뚝 서겠다는 야심 찬 목표를 제시했다. 이어 2018년 3월 11일 시진핑 주석의 장기 집권을 확정짓는 개헌안이 전국인민대표대회(전인대)에서 99.8%의 찬성으로 통과됐다. 주석 임기 제한을 철폐하고 장기집권 체제를 구축한 것이다. 여기에는 미국을 향한 중국 패권의 음모가 숨어 있었다. 이날 베이징 인민대회당에서 열린 전인대 3차 전체회의에선 인민대표(국회의원 격) 2,980명 가운데 2,964명이 표결에 참여해 개헌안 찬성 2,958, 반대 2, 기권 3, 무효 1의 절대적 표차로 통과시켰다. 시진핑의 막강한 권력을 보여 준다. 이는 중국인의 패권을 향한 무언의 협력에서 나온 힘이다.

현재 법적으로 시진핑의 임기는 2023년까지이다. 하지만 이번 개헌으로 그는 장기 집권 심지어 종신 집권까지 모색할 수 있게 됐다. 아울러 개정된 헌법에는 시진핑의 '새로운 시대의 중국 특색의 사회주의 사상'이 추가됐다. 현역 최고 지도자가 자신의 이름을 헌법에 기재하는 것은 마오쩌둥 이래 처음이다. 중국 안팎에서는 시진핑이 미·중 패권 경쟁을 빌미로 종신집권 야욕을 실현했다고 말한다. 그러면서 반대파인 후진타오 진영에서는 마오쩌둥 시대 비극이 되풀이될 수 있다는 우려와 일인독재에 거센 비난이 제기되고 있다.

제4차 산업혁명에 사활 건 중국

지금 스마트폰을 든 신인류의 등장과 함께 디지털 기술을 바탕으로 초융합 시대가 펼쳐지고 있다. 기존의 산업혁명은 제1차 산업혁명의 대열에 오르지 못하면 그 다음 혁명으로 진입할 수 없는 한계가 내포돼 있었다. 하지만 이 새로운 혁명은 어느 정도 디지털 기술과 자본력을 갖춘 국가라면 무섭게 도래하는 문명 교체의 물결에 편승할 수 있다. 제4차 산업혁명은 인류가 미처 예상치 못한 전혀 다른 패러다임으로 등장한 새로운 기술문명의 진보이기 때문이다.

이제 준비하는 국가는 누구나 이 혁명에 성공할 수 있다는 전대미문의 기회가 찾아온 것이다. 그래서 제4차 산업혁명이 한국에도 처음이자 마지막으로 열려 있는 기회의 창이라고 할 수 있다. 이런 관점에서 볼 때 중국은 정말 무서운 국가다. 이런 가능성을 알아차린 것이다. 중국은 이미 이

혁명을 선도하고 있는 미국과 건곤일척의 명운을 걸고 도전장을 내민 것이다. 중국은 머지않아 미국을 뛰어넘겠다는 주도면밀한 준비를 국가 차원에서 주도하고 있다. 자본의 흐름이 그것을 말해주고 있다.

중국은 지난 20~30년간 연평균 10% 이상 발전을 이룩했다. 이를 기반으로 수많은 기술과 자본력을 확보하면서 미국에 이어 제4차 산업혁명에 한발 앞서갈 수 있는 발판을 마련한 것이다. 중국의 무서운 힘은 이미 이 새로운 문명을 자신들이 접수할 수 있다는 강한 자신감에서 나오고 있다. 실제로 중국은 이 혁명의 원유라고 부르는 데이터부터 챙기기 시작했다. 이 빅데이터로 미국과 함께 제4차 산업혁명에 한 발 앞서가고 있다. 그래서 시진핑과 중국 공산당정부가 더욱더 그 야망을 강하게 불태우고 있는 것이다.

중국 경제 삼두마차 BAT

BAT란 2010년대 들어 중국의 3대 플랫폼 IT업체로 떠오른 바이두(Baidu: 百度), 알리바바(Alibaba: 阿里巴巴), 텐센트(Tencent: 腾讯)를 지칭하는 용어다. 2013년부터 본격적으로 사용되고 있다. 스마트폰과 SNS 시대를 이끄는 미국의 4대 IT업체를 가리키는 TGIF(트위터: Tweeter, 구글: Google, 아이폰: Apple, 페이스북: Facebook)에 대응하는 중국 버전의 신조어인 셈이다. 미국의 TGIF는 현재 GAFA(구글, 애플, 페이스북, 아마존)로 대체됐다.

바이두, 7억 사용자 글로벌 인터넷 공룡

바이두는 중국어권의 최대 검색엔진이자 포털사이트다. 미국의 구글이나 다름없다. 현재 바이두는 중국 검색시장의 약 70%를 점유하고 있다. 2000년 1월 베이징에서 설립되었으며 창업자는 리옌훙(李彦宏) 현 대표 겸 CEO이다. 2005년 8월 5일 미국 나스닥에 상장했다.

2016년 8월 중국인터넷네트워크정보센터(CNNIC)가 발표한 통계자료에 따르면 2016년 기준 중국의 인터넷 사용자는 7억 1,000만 명으로, 전체 인구의 51.7%이다. 그중 모바일 인터넷 사용자는 6억 5,600만 명으로, 스마트폰으로 인터넷에 접속하는 비중이 92.5%에 이른다. 단일 국가로 이 같은 인터넷 사용자 규모는 단연 세계 최대다.

이 7억 명에 이르는 중국의 인터넷 유저들은 자국의 인터넷기업을 해외 진출 없이도 글로벌 규모로 키웠다. 중국의 3대 IT업체인 BAT(바이두, 알리바바, 텐센트)는 이런 중국 자체의 시장 규모에 힘입어 기본적인 내수 위주 기업임에도 미국의 글로벌 업체들과 어깨를 겨룬다. BAT는 시가총액 기준에서 세계 10대 인터넷기업에 꾸준히 랭크되고 있다. 하지만 BAT는 미국의 구글, 페이스북, 아마존에는 아직 미치지 못한다.

바이두는 처음 다른 포털사이트에 검색기술을 제공하는 소프트웨어 회사로 출발했다. 그러나 2001년 9월 독자적인 사이트인 바이두닷컴을 정식으로 오픈하면서 대표적인 검색포털사이트로 부상했다. 이후 구글과의 경쟁에서 중국 공산당 특유의 '애국심 마케팅'이 통하면서 인민은 중국 정부의 '만리장성 방화벽'에 적극 협조했다. 마침내 구글을 따돌리고 중국어권 최대의 검색포털사이트가 됐다. 구글차이나는 2010년 1월 중국에서 완전히 파탄났다.

중국 검색시장에서 거대공룡이 된 바이두는 2013년부터 다각화하기 시작한 신규 사업 영역에서도 텐센트와 알리바바에 비해 열세를 면치 못하고 있다. 2016년 5월 '웨이쩌시 사건'으로 최대 위기에 봉착했다. 악재가 이어지는 가운데 부진을 만회하려는 움직임으로 자율주행차, AI로봇 등 인공지능 분야에 집중 투자하면서 사활을 거는 모양새를 보인다. 검색 기반 비즈니스 모델을 인공지능 기반으로 바꿔 다가오는 제4차 산업혁명 시대 핵심 기술인 인공지능에 주도권을 쥐겠다는 계획을 세웠다.

알리바바, 전자상거래 세계 1위

알리바바그룹은 현재 세계 최대 규모의 전자상거래 플랫폼이다. 1999년 당시 영어교사였던 마윈이 항저우에서 창업했다. 2000년 일본 소프트뱅크의 투자를 유치하면서 본격 성장했다. 2003년 전자상거래 사이트인 타오바오를 개설한 뒤 가파른 성장세를 보이고 있다. 그 영향으로 미국 이베이(Ebay)가 2006년 중국 시장에서 완패하고 철수했다. 2004년에는 온라인 결제 시스템인 알리페이(Alipay)를 설립했다. 2008년에는 세계적인 제품을 중국 소비자가 직접 구매할 수 있도록 한 사이트인 티몰을 열었다.

알리바바는 중국 전자상거래 시장의 약 80%의 점유율을 보이고 있다. 2013년 매출 79억 5,000만 달러, 순이익 35억 6,000만 달러에 이른다. 2013년 기준 알리바바 산하 사이트에서 팔린 상품은 2,480억 달러어치로 이베이, 아마존의 거래 규모를 더한 규모보다 크다. 2014년 7월 기준 일본 소프트뱅크가 34.4%, 야후가 22.6%의 주식을 보유하고 있다. 마윈 회장은 8.9%로 개인으로는 최대 지분을 확보하고 있다. 2019년 시가총액이 537조

원으로 중국에서 1위, 전 세계 6위 기업으로 도약했다.

알리바바는 전자상거래 플랫폼이 주력사업이라는 점에서 미국의 아마존과 종종 비교된다. 하지만 이들 글로벌 이커머스(E-commerce: 전자상거래)의 두 거인 사이에는 중요한 차이가 있다. 수익구조 면에서 아마존은 아마존닷컴의 판매수수료와 클라우드 서비스인 AWS(Amazon Web Services) 판매로 수익을 낸다. 반면 알리바바는 판매수수료를 없애고 플랫폼 접근성을 높이는 대신 광고나 부가서비스로 수익을 낸다.

텐센트, 세계 8위 기업으로 등극

텐센트는 중국 최대의 SNS 회사이자 세계 1위 온라인게임 회사다. 7억이 넘는 중국 인터넷 사용자에게 PC 버전의 메신저 QQ와 모바일 버전의 위챗(WeChat) 서비스를 제공하고 있다. 2018년 텐센트는 중국 상장기업 가운데 시가총액 2위로 한 해를 마감했다. 2019년 현재 시가총액 약 475조 원으로, 2015년에 비해 순위가 세 단계나 상승했다. 2004년 6월 홍콩증권거래소 상장 당시 시가총액이 약 1조 원이었으니 14년 만에 500배 이상 증가한 것이다.

텐센트는 단순히 게임 퍼블리싱에 그치지 않았다. 매년 조 단위의 자금을 풀어 공격적 인수합병(M&A), 전략적 투자를 가속화했다. 대표적으로 2011년 '리그오브레전드' 개발사 라이엇게임스에 4,000억 원을 투자했다. 또 2012년 카카오톡에 720억 원을 투자해 14%의 지분을 확보했다. 이로써 2014년 코스닥에 상장한 다음카카오의 2대주주(9.9%)가 되었다. 카카오톡 투자는 재무적으로도 성공한 것이지만 카카오의 실험적 시도를 벤치마킹해서 위챗(Wechat)에 적용하는 등의 기술적 가치를 생각하면 수치로 환산할 수 없는 이득을 챙긴 셈이다.

텐센트는 막대한 현금력을 바탕으로 마치 벤처캐피털처럼 투자한다. 2013~2014년 2년간 투자한 기업만 40곳이 넘고, 투자집행금액은 4조 원에 육박한다. 투자 대상도 온라인, 오프라인 가리지 않는다. O2O(online to offline: 온라인과 오프라인 결합)사업이 가능한 일상 소비의 모든 영역뿐만 아니라 금융, 유통물류, 인공지능에 이르기까지 닿지 않은 분야가 없다. 이런 '문어발' 전략이 가능한 것은 텐센트가 7억 중국 온라인 메신저 유저의 최대 플랫폼이기 때문이다.

텐센트의 모바일 메신저 위챗은 중국인의 생활 전반에 파고들었다. 위챗이 발표한 '2016년 위챗 데이터 보고'에 따르면 위챗의 2016년 9월 평균 이용자는 7억 6,800만 명으로, 전년 대비 35% 증가했다. 이용자의 50%는 하루 최대 90분 위챗을 이용한다. 하루 메시지 발송 건수는 67% 증가했고 55세 이상 중년층에서도 꾸준히 늘고 있다. 음성 및 영상 통화는 하루 1억 건으로 180% 증가했다.

텐센트는 위챗페이 같은 결제기능 등을 갖추면서 점점 더 중국인의 생활 전반에 꼭 필요한 애플리케이션이 되고 있다. BAT 중 바이두의 성장이 다소 부진한 가운데 앞으로 핀테크, O2O, 공유경제, AR/VR 분야에서 텐센트와 알리바바의 경쟁이 기대된다. 현재 중국 3대 IT기업인 BAT는 초창기 외국 벤처캐피털의 투자를 받고 미국과 홍콩 등에서 상장해 크게 성공한 공통점을 갖고 있다.

화웨이 악질적 정보 약탈 기업

중국 미래 먹거리 주워담을 5G

중국은 제4차 산업혁명에 사활을 걸었다. 그리고 이 싸움에서 가장 큰 기대를 건 기업이 화웨이이다. 화웨이 5G야말로 중국의 미래를 먹여 살리면서 제4차 산업혁명을 선도할 기업이기 때문이다. 화웨이는 2012년 스웨덴의 에릭손을 누르고 세계 최대 5G통신장비업체로 등극한다. 제4차 산업혁명을 이끄는 핵심 인프라인 5G통신에 중국의 국가독점자본이 총동원된 것이다. 중국인들은 화웨이를 왕관에 박힌 보석(crown jewelry)이라 부른다. 한마디로 국보와 같은 기업임을 전 중국인이 인정하고 있는 것이다.

무엇보다 제4차 산업혁명의 핵심 요소 중 하나가 21세기의 '석유(oil)'라고 부르는 '빅데이터(big data)'이다. 제4차 산업혁명의 미래는 대용량 데이터베이스에 누가 더 많은 데이터를 쓸어 담느냐에 따라 기업의 운명이 달라진다. 나아가 미래 한 국가의 승패는 데이터로 갈릴 수 있다. 이런 빅데이터를 수초 만에 '데이터센터'로 가져가는 기술이 5G통신장비이다. 빅데이터를 석유로 치면 5G통신장비는 석유를 나르는 송유관이다. 그리고 지금 ICT시대의 정보로는 정보 전달의 고속도로라고 할 수 있다.

특히 5G통신장비는 제4차 산업혁명 시대 초연결 데이터 활용의 기반 플랫폼이다. 5G통신은 사람들뿐만 아니라 사물과 사물, 사물과 사람을 연결하는 초(超)융합 기술이다. 다양한 물체와 장소, 특히 다양한 설비에서 나오는 데이터를 잘 묶어 혁신하면 엄청난 부가가치를 창출할 수 있다. 이것이 제4차 산업혁명의 한 가지 특징이다. 사물인터넷(IoT), 자율주행차, 가상현실 등 초연결 시대를 열어줄 핵심 기술인 5G에서 가장 앞선 회사가 바로 중국의 화웨이이다. 그래서 화웨이를 중국을 먹여 살릴 중국의 삼성이라 부르는 것이다.

민간기업 탈 쓴 국영기업 화웨이

화웨이는 '화위(和爲: 중화를 위해)'라는 의미이다. 창업자가 중국 인민해방군 총참모부 장교 출신 런정페이(任正非) 회장이다. 게다가 창업 초기에 인민군 납품 물량을 기반으로 급성장했다. 2018년 매출이 약 1,071억 달러 규모다. 이처럼 엄청난 미래 먹거리를 겨냥한 중국 정부가 화웨이를 민간기업으로 위장해 서방의 선진기술을 절취하고 시장을 잠식하고 있다. 중국은 이러한 정책을 통신장비와 스마트폰 분야에서 이미 현실화하고 있다.

화웨이는 2019년 현재 임직원 18만여 명에 연매출이 1,200억 달러에 육박하고 있다. 2012년 창립 이후 연간 20% 성장해 온 엄청난 기업이다. 현재 5G 기지국만 35만 곳으로 미국의 10배이다. 중국 공산당정부의 지원을 받아 급성장한 중국 내 최대 기업이자 이동통신 중계기 부문 세계 최대 통신장비제조업체다. 직원 평균 연봉이 10만 달러이다. 형식적으로 직원이 주식을 100% 가지고 있는 비상장유한회사로 위장돼 있는 것이다.

화웨이 직원이 되면 일정 몫의 주식을 받는다. 하지만 퇴직할 때는 그 주식을 자신이 매각할 수 없다. 모두 기업에 반납하는 대신 퇴직금 형식의 돈을 받는 구조다. 화웨이의 겉모습은 사회주의의 가장 멋있는 이념을 실현한 벤처기업처럼 보인다. 그러나 내부 실속을 들여다보면 겉보기와는 전혀 다르다. 화웨이 내부 사정을 잘 아는 전문가들은 "민간기업의 탈을 쓴 국영기업"이라고 지적한다.

화웨이는 또 2015년 스마트폰 분야로도 진출했다. 이에 따라 2019년 현재 매출 규모는 통신장비보다 스마트폰 매출이 절반을 넘는다. 직원의 50%가 연구개발(R&D)에 종사하고 있으며 매출의 15%를 연구개발에 사용한다. 5G의 특허 출원 건수도 15.5%로 세계 1위 기업이다. 이어 노키아(14%), 삼성(13%), 엘지(12.8%) 순이다. 그런데 출원 건수는 특허기술과 다르다. 여러 기술을 미리 출원해 두었다가 상대 회사가 소송을 걸어오면 우리도 이런 기술을 가지고 있다고 맞서 싸우는 대응수단용에 불과하다.

그래서 화웨이의 경우 세계적 차원의 특허기술은 글로벌 기업에 비해 턱없이 부족하다. 다만 5G통신장비 분야에서 미래 발생할 수 있는 소송에 대비한 보험 성격의 특허출원 건수만 높을 뿐이다. 전문가들이 지적하는 화웨이의 야비한 한 단면이다. 중국 정부는 미래를 내다보고 화웨이에 가장 큰 희망을 걸고 있다. 중국 당국은 화웨이를 민간기업이라고 주장한다. 그러면서도 미국이 화웨이를 건드리면 중국이 국가 차원에서 보호하려고 이를 악물고 덤벼든다.

중국 공산당정부 지원으로 약진

화웨이는 2015년 스마트폰에 진출한 지 불과 2~3년 만에 중국 내에서 삼성과 애플 같은 거대 기업을 몰아내고 1위로 등극했다. 5G의 경우 3G에서 4G를 거치지 않고 바로 5G로 건너뛸 정도로 중국 공산당정부가 국가 자본과 내수를 기반으로 주도하고 있다. 나아가 빅데이터 처리와 인공지능, 자율주행과 관련된 분야로 확대하고 있다. 전문가들은 이를 두고 전 세계 자유시장경제와 자유민주주의 진영을 향한 무모한 도발이라고 지적한다.

이에 미국 정부는 안전보장상 위험성을 내포하고 있다는 이유로 화웨이의 장비를 쓰지 않기로 결정했다. 또 미국의 요청을 받은 동맹국 캐나다, 호주, 뉴질랜드, 일본 등도 정부 조달 시장에서 화웨이를 배제하기로 결정했다. 게다가 미국의 요청을 받은 캐나다 사법 당국이 멍완저우(孟晩舟) 화웨이 부회장 겸 최고재무책임자(CFO)를 이란 제재 위반과 물품 우회 수출 과정에서 금융사기를 저지른 혐의로 2018년 12월 체포하면서 캐나다와 중국이 갈등을 빚고 있다.

원래 통신기술은 전통적으로 북유럽 국가의 전유물이었다. 스웨덴(에릭손)과 핀란드(노키아)가 기술원조 국가이다. 하지만 화웨이는 중국 공산당정부의 엄청난 지원과 함께 기술 도둑질까지 겸해 4G기술을 건너뛰고 5G시장을 선점해 나갔다. 현재 '화웨이-에릭손-노키아'가 5G통신 분야에서 3강 체제를 굳히고 있고 삼성이 뒤를 바싹 추격하고 있는 형국이다. 하지만 삼성의 저력으로 보아 이들을 앞설 수 있다는 게 전문가들의 평가다.

미국 정보 탈취하다 들통난 화웨이

화웨이가 백도어(back door) 설치로 정보를 훔쳐가는 것은 어제오늘 그리고 한두 건의 문제가 아니다. 중국이 2016년 11월 미국에 판매한 스마트폰 수백만 대에서 백도어 프로그램이 발견됐다. 이를 규명해 낸 미국 보안업체 크랩토와이어사는 중국제 스마트폰을 포함해 자동차, 가전기기 등 무려 7억 대의 제품에 설치된 소프트웨어 안에 백도어 프로그램이 내장된 것을 확인한 것이다.

화웨이의 해당 백도어 프로그램은 문자메시지, 연락처, 통화기록, 위치정보 등 기기에 저장된 데이터를 72시간에 한 번씩 특정한 서버로 전송하는 것으로 밝혀졌다. 그런데 화웨이 측은 이를 단순한 기술적 실수라고 주장하고 나섰다. 그러나 해당 프로그램의 알고리즘이 미국 정보기관에서 사용하는 백도어 '더블펄서(DoulbePulser)'와 유사한 것이 밝혀지면서 사달이 난 것이다.

화웨이 백도어 프로그램은 정상적인 기기에 숨겨 또 다른 불법 기능을 하도록 조종된 것을 말한다. 백도어는 헤드센터에서 신호를 보내면 정상 기능을 하다가도 작동 기능을 변환하면서 센터의 요구에 응한다. 이는 운영체제나 프로그램 등을 만들 때 정상적인 인증 과정을 거치지 않고 접근할 수 있도록 만든 일종의 뒷마당이다. 화웨이는 이를 통해 정보를 훔치는 것으로 범죄 행위에 해당한다. 문제는 화웨이는 백도어라는 뒷구멍을 통해 기업과 국가기관의 모든 정보를 중국의 서버로 훔쳐가는 것이다.

전방위적 세계 정보기술 도둑질

화웨이가 백도어 프로그램을 설치해 정보를 도둑질한 것은 미국만이 아니다. 전 세계적으로 저가 입찰, 판매 공세를 활용해 수많은 정보도둑질을 한 것이다. 2011년에는 유럽 최대통신사 보다폰사가 납품받은 중국제 휴대전화에서 백도어 프로그램이 발견됐다. 2015년 우리나라 한국과학기술원(KAIST) 시스템 보안연구실과 보안컨설팅업체가 분석한 결과 수입된 중국제품 CCTV에서 '백도어 프로그램'이 발견됐다. 카이스트는 긴급 보안위협 보고서를 작성해 그해 5월 31일 화웨이의 불법 행위를 발표했다.

화웨이는 자사 제품 노트북 컴퓨터 〈메이트북〉에 백도어를 심어 이 제품을 사용하는 모든 개인과 기업 등의 정보를 약탈한 사실이 밝혀졌다. 이는 미국 마이크로소프트가 화웨이 메이트북에 업데이트 파일을 위장한 백도어 프로그램이 심어진 것을 2019년 밝혀낸 것이다. 화웨이는 또 폴란드 최대 이동통신사 오렌지폴스카사 통신장비에 백도어를 구축한 것이 밝혀졌다. 그래서 폴란드 정부의 수사당국이 화웨이 폴란드 현지법인 직원을 전격 구속했다. 수사당국은 화웨이가 백도어 프로그램으로 폴란드 최대통신사를 통해 모든 정보를 탈취해 간 것이라고 주장했다.

화웨이는 인도 국영통신사 바랏산차르니감(BSNL) 통신장비에 백도어를 심어 정보를 약탈해간 것이 인도 수사당국에 적발됐다. 특히 인도는 중국과 군사적으로 적대관계에 있다. 그래서 인도 정부가 화웨이는 물론이고 중국제 통신기기와 전자제품 전체를 국가안보 위해 요소로 지정하고 전면 수입금지 조치를 내렸다. 또 호주 정부통신망 서버에 사용되고 있는 화웨이 제품에 중국 정보기관이 접속을 시도해 정보를 약탈한 것이 호주 정보당국에 발각됐다.

화웨이는 또 네덜란드 이동통신 3사가 도입한 화웨이 장비에 백도어 프로그램을 구축해 정보를 탈취해 간 사실이 들통났다. 현재 네덜란드 정부가 이를 수사당국에 의뢰해 중국 정부의 개입 여부를 수사 중이다. 화웨이는 특히 친중 국가인 파키스탄 정부가 주문한 치안용 감시체계에 파키스탄 전 국민의 안면인식 정보를 탈취해 간 사실이 드러났다. 중국이 파키스탄과 620억 달러 차관과 과다르항 등으로 감정이 이반되고 있는 상황에서 화웨이 문제가 불거져 향후 두 국가의 관계가 주목된다.

화웨이처럼 백도어 프로그램을 가진 통신제조사는 제품을 원격 조종해 다양한 정보를 제어하고 탈취해 갈 수 있다. 내부 네트워크에도 침투해 주요 산업정보를 마음대로 빼 갈 수 있다. 이런 화웨이의 불법행위는 단순하지 않다. 4G보다 5G통신시대에는 한층 더 복잡한 사회문제를 야기할 수 있다. 5G 시대를 맞아 트럼프 대통령이 계속 화웨이 문제를 들고 나와 압박하는 이유 중 한 가지이다.

정상 인증 안 거치고 정보 훔쳐

파이낸셜타임스(FT)가 공개한 중국 인민해방군 '백서'에 따르면 국가 사이버전쟁은 통신 분야에서 준비돼야 한다. 그 백서에는 사이버전쟁이 적국의 네트워크에서 훔치고, 바꾸고, 삭제하고, 속이고, 방해하고, 분열시키고, 마비시키는 것이 기본 목표라고 적혀 있다. 또한 이를 위해서는 거꾸로 적국의 네트워크를 해킹해야 한다. 중국 인민해방군은 '민간 중국통신회사'와 함께 사이버전쟁 협력 작업을 가속화하고 있다고 쓰여 있다. 마치 중국 병법가 손무의 《손자병법》을 집약해 놓은 것 같다.

먼저 2003년 당시 세계 최대 통신장비업체였던 시스코(Cisco)사가 "지적재산을 불법 복제했다"라며 화웨이를 제소했다. 처음에는 "기술을 도둑질한 적이 없다"라며 오리발을 내밀었다. 그러나 몇몇 증거가 밝혀지자 불법 도용을 시인하면서 "시스코의 프로그래밍 코드를 가지고 단순히 한번 사용해 보려고 했다"라며 "라우터(router) 프로그램을 짜는 데만 사용했을 뿐 결코 해킹한 적은 없다"라고 군색한 변명을 했다.

또 지금은 파산한 캐나다 통신장비업체였던 노텔(Nortel)은 한때 세계적인 IT기업이었다. 당시 화웨이는 중국 주재 노텔사의 직원 계정을 이용해 1990년대 말에서 2000년 초까지 10년간 노텔사의 컴퓨터를 해킹했다. 사장부터 회사의 모든 컴퓨터를 해킹해 기밀을 훔쳤다. 나중에 화웨이 제품에서 노텔사의 하드웨어와 지적 재산이 들어 있는 것이 밝혀졌다. 심지어 노텔의 매뉴얼(manual)까지 불법 복제한 것도 드러났다.

인공지능 이용해 통신망 뚫어

실제로 2016년 10월 21일 미국 동부에서 대규모 디도스(DDos: 분산서비스거부) 공격 피해가 발생했다. 과거엔 대부분 컴퓨터로 해킹했다. 그러나 이제는 양상이 사뭇 달라졌다. 프린터, 카메라, 체중기 등 가정용, 사무용 기기를 통해 해킹이 이루어진다. 이런 사례는 컴퓨터가 아니라 인공지능(AI)을 이용해 네트워크를 뚫고 들어와 정보를 탈취할 수 있기 때문이다.

제4차 산업혁명 시대는 모든 사물인터넷(IoT) 기기가 서로 연결되기 때문에 관련 보안체계가 더 허술하게 노출될 우려가 있다. 이런 우려를 불식하는 데는 두 가지 방안이 있다. 무엇보다 화웨이처럼 위험성이 노출된

화웨이의 겉모습은 중국 사회주의의 가장 멋있는 이념을 실현한 벤처기업처럼 보인다. 그러나 내부 실속을 들여다보면 겉보기와는 전혀 다르다. 화웨이가 백도어(back door)라는 뒷구멍을 통해 전 세계 기업과 국가기관의 모든 정보를 중국의 서버로 훔쳐간다. 화웨이 내부 사정을 잘 아는 전문가들은 "민간기업의 탈을 쓴 악질적인 국영기업"이라고 지적한다.

무엇보다 화웨이는 휴대폰과 5G통신장비, 그리고 전자제품 등에 백도어를 심어 전 세계 각국의 기밀정보를 전방위적으로 도둑질한 것이 속속 밝혀졌다. 이제 구미 서방 선진국을 중심으로 전 세계가 중국 화웨이 5G통신장비를 깊이 불신하면서 경계하고 있다.

기기는 아예 사용하지 않는 것이 상책이다. 또 다른 방법은 보안을 완벽하게 하는 것이다. 그러나 보안은 아무리 완벽하게 해도 다시 침투할 수 있다는 게 첨단기계의 맹점이며 한계이다. 따라서 완벽한 보안은 불가능하다는 게 전문가들의 주장이다. 무엇보다 여기에 화웨이의 위험성이 있다는 것이다.

미국 규제에 화웨이 안전할까

5G야말로 미·중 무역전쟁의 핵심 사안으로 또 다른 안보전쟁이다. 트럼프 대통령의 화웨이 압박이 2018년에 이어 2019년에도 계속되는 이유이다. 트럼프는 세계 최대 통신장비 기업인 화웨이를 더는 두고 보지 않을 것이다. 무엇보다 화웨이가 내재하고 있는 여러 가지 위험성 때문이다. 화웨이는 미국의 제재에도 2018년 최고의 매출을 올렸다. 그렇다고 화웨이가 안전하다고 할 수는 없다.

이를테면 ZTE는 꾸준히 성장하는 기업이었고 화웨이만은 못하지만 잘나가던 기업이었다. 그런데 미국이 핵심 부품을 금지하고 수입까지 제재하자 아무 것도 못하는 파산 직전의 좀비(zombie)기업이 됐다. 마찬가지로 화웨이에 들어가는 핵심 부품을 미국 정부가 하나하나 막으면 필시 화웨이도 버티기 어렵다는 게 전문가들이 지적이다.

실제로 지금 미국 조야에서는 트럼프행정부의 화웨이 5G 문제를 놓고 디지털 냉전(cold war)이 시작됐다고 말한다. 2019년 5월 15일 트럼프 대통령이 행정명령에 서명한 이유는 화웨이가 미국의 국가안보에 심대한 위협을 가할 수 있다는 것이다. 다음날 16일 미국 상무부는 화웨이 5G통신장비 핵심 기술을 포함해 안보를 위협하는 기업들의 명단을 리스트에 올렸다.

이에 따라 구글과 아마존, 마이크로소프트를 비롯해 영국의 ARM까지 화웨이와 부품거래를 중단했다. 물론 화웨이의 런정페이 회장은 자체 기술개발로 화웨이를 존속시킬 수 있다고 강한 의지를 내비친다. 하지만 모든 산업과 과학기술은 모든 사람의 창의성과 자유를 존중하는 바탕에서 번영했다. 전문가들은 과거 미국이 소련을 컨테인먼트(containment: 봉쇄)시켰듯이 자유시장이 중국과 거래를 끊게 되면 결국 화웨이는 얼마 가지 못하고 무릎을 꿇을 것으로 보고 있다.

미·중 무역전쟁은 처음은 무역수지 불균형에 따른 관세보복전쟁으로 촉발됐다. 경제전쟁으로, 기술패권전쟁으로 이어졌다. 하지만 이제는 미국 내에서도 문명의 충돌로 보는 시각이 강해지고 있다. 결국 이는 문명과 반문명의 충돌로 보는 경향이 있다. 미·중 무역전쟁은 이제 그 누구도 양보할 수 없는 패권전쟁으로 확대됐다. 하지만 여전히 경제력, 군사력, 디지털 소프트웨어 기술이 한 수 위인 미국이 중국을 굴복시킬 것으로 보는 시각이 강하다.

이처럼 미국이 화웨이를 제재하는 동안 이런 경쟁자가 치고 올라온다면 화웨이의 매출이 떨어지는 것은 불을 보듯 뻔하다. 5G 패권전쟁의 목표는 미국이 정보독점력을 지키기 위한 것이다. 미국은 정보독점을 통해 패권과 국가 이익을 지키려 할 것이다. 현재 한국은 5G통신기업체로 SKT, KT, LG 3개가 있다. SKT와 KT는 화웨이 장비를 쓰지 않기로 했다.

그러나 LG는 화웨이 제품을 사용하기로 하고 이미 국내에 4,000여 개의 기지국에 설치했다. 그러자 수많은 고객이 한결같이 LG가 국내 정보를 중국에 넘긴다며 좋았던 LG 기업 이미지가 나빠지고 있다고 말한다. 하지만 LG는 고객들의 이 같은 반응에 "사드 배치와 반도체 추격에 따른 반중 정서 때문"이라고 일축한다. 두고 볼 일이지만 수많은 전문가는 LG의 미래는 어두울 수밖에 없다고 주장한다.

5G통신 표준 규격의 문제점

5G통신 시대는 네트워크가 초고속인데다 기계가 매우 지능화하고 있기 때문에 군사통신망이 어느 구간에서는 일정 부분 민간 통신망을 이용하지 않을 수 없다. 특히 초고속 5G통신망은 군사적인 독자망을 따로 갖출 수 없어 상호 연동할 수밖에 없다는 것이 전문가들의 지적이다. 현재 미국 트럼프 행정부가 동맹국을 상대로 화웨이 5G통신망 사용을 적극 반대하는 가장 큰 이유이다. 이 기술과 중국 공산당정부의 의도를 알아차린 영국, 캐나다, 호주, 일본 등은 이미 확실한 동참을 선언했다. 이어서 프랑스와 독일, 이탈리아 등 서방 선진국도 고민을 거듭하고 있으며 결국 미국의 손을 들어주지 않을 수 없을 것이다.

게다가 5G통신 무기체계의 경우 미국은 주파수분할을 표준으로 한다. 그런데 중국은 시(時)분할을 표준으로 한다. 미국과 중국이 표준 규격부터 서로 다른 방식이다. 그래서 한번 연동되면 바꾸기가 어려운 것이 5G통신이다. 게다가 군 당국이 자기들의 목적에 맞게 사용하려는 의도와 관련될 수가 있다. 그래서 이러한 표준규격이라는 것이 일반적으로 생각하는 것보다 훨씬 중요한 이유이다.

현재 5G를 선점하고 있는 화웨이 장비를 사용하고 기지를 구축하는 것이 비록 싸다고 하더라도 재고가 필요한 부분이다. 화웨이에 이어 삼성, 노키아 등도 이미 화웨이 기술에 근접하고 있다. 무엇보다 화웨이가 자유시장 경제체제에서 성장한 기업이 아니라 중국 정부의 국가독점자본의 지원으로 발전한 기업이기 때문에 더욱 위험하다. 게다가 미국이 화웨이에 첨단기술 공급을 차단하고 있어 자칫 화웨이 기술이 향후 삼류로 떨어진다면 그때 당할 리스크는 이루 말할 수 없다.

이러한 문제로 미국이 화웨이를 규제하면서 주변 동맹국의 동참을 독려하고 있는 것이다. 영국, 프랑스, 일본, 호주, 캐나다 등이 현재 미국의 화웨이 규제에 동참하고 있다. 현재 유럽에서는 이탈리아가 유일하게 화웨이 통신장비를 사용하겠다고 밝혔다. 그러나 최근 이탈리아마저도 화웨이 5G통신장비 사용을 재고하겠다고 밝힌 바 있어 미국의 규제로 화웨이가 나락으로 떨어질 공산이 커지고 있다.

중국은 국가 자본을 주도해 서방 기술을 절취 또는 M&A를 통해 5G 통신장비를 이미 선점한 상태다. 그런 야비한 방식으로 세계를 장악하려고 하니 미국이 그냥 봐줄 리가 만무하다. 게다가 전 세계 안보라든지 국방 안보까지 해칠 수 있다는 증거와 백도어 문제 등이 나타나자 더는 두고 볼 수 없게 된 것이다. 미국이 지금 화웨이 죽이기에 들어간 명분들이다. 무엇보다 중국 정부가 화웨이를 민간기업으로 위장해 서방의 선진기술을 절취하면서 시장을 잠식하고 있기 때문이다.

10월 미·중 무역협상에서 1단계 타결 임박을 앞두고 미국 정부는 화웨이 제재를 완화하기는커녕 자국 통신망에서 화웨이 5G통신장비를 완전히 퇴출하는 방안을 추진키로 했다. 게다가 유럽에서도 화웨이 장비에 대한 경계심은 더 커지고 있으며, 특히 미온적이던 독일마저도 이를 거부하려는 움직임을 보이고 있다. 중국 통신장비 업체 화웨이의 시름이 깊어지고 있는 이유다. 따라서 화웨이는 중국 내 시장에 집중하고 있지만 얼마나 버틸지는 미지수다.

무엇보다 2019년 10월 14일 중국 공산당 중앙선전부가 시진핑 주석의 사상과 정책을 알리는 선전 앱에서도 백도어가 발견됐다. 여기에는 화웨이와 함께 알리바바도 연루된 것으로 드러나 미국 정가가 발칵 뒤집혔다. 시진핑의 선전 모바일 앱 '쉐시창궈(학습강국)'에서 백도어로 보이는 코드가 발견된 것이다. 이는 미국 정부의 후원을 받아 전 세계 인터넷을 감시하는 오픈테크놀로지펀드(OTF)가 최근 발표했다. 게다가 쉐시창궈 앱은 중국 3대 과학기술(IT)업체 중 하나인 알리바바가 2019년 1월 개발한 것이어서 더 큰 우려의 주목을 받고 있다.

우리나라는 아직 미국의 동참 촉구에 아무런 반응을 내놓지 않고 있다. 그런데 화웨이가 전 세계를 상대로 전방위적으로 백도어를 통해 정보 약탈을 일삼은 것이 드러나면서 이제는 미국의 요청이 아니라 각 국가에서 스스로 화웨이를 배제하고 나선 것이다. 그래서 화웨이에 깊이 발을 담그고 있는 우리나라 통신기업 LG통신의 미래가 우려되는 대목이다.

중국 공산당의 국내외 문제

중국의 외국 기업 통제와 횡포

중국 공산당정부의 외국 기업에 대한 횡포는 이미 잘 알려져 있다. 대부분의 대기업이 중국 시장을 보고 들어간다. 그러나 결국은 모든 것을 다 털리고 나오는 것이 이제 상식이 됐다. 대기업이 중국에 진출하기 위해서는 중국 기업과 일정 부분 합작을 해야 한다. 중국 정부는 큰 시장을 보고 들어오는 외국 기업을 상대로 기술 오픈과 심지어 기술 이전까지도 강제한다.

그리고 중국 기업이 어느 정도 기술을 완성하고 나면 외국 기업을 쫓아내는 방식이다. 중국 공산당정부는 국영기업의 독점구매와 각종 보조금, 세금 혜택을 통해 자국 기업을 지원하고 보호해 준다. 그 대표적인 기업이 화웨이다. 특히 중국 스마트폰 시장에서 잘나가던 삼성과 애플이 불과 몇 년 만에 망가지고 퇴출될 정도로 중국 정부의 횡포가 심각하다.

중국에는 근대적 법체계가 존재하지 않는다. 소유권제도도 없다. 이런 것들이 제대로 적용이 안 되는 국가 주도 시스템으로 돌아가고 있다. 오늘날 중국을 두고 디지털 '레닌이즘'이라고도 하고 '오웰리언'이라고도 한다. 사회주의 국가인 중국은 세계 자유자본주의 체제에 들어와서 생존하고 거기서 번영해 왔다. 그런 중국을 톈안먼사태 때 무자비한 탄압을 조종한 덩샤오핑이 공산당 체제를 넘어 국가독점자본주의 체제로 전환한 것이다.

특히 중국은 환율 등 외환을 엄격하게 통제하고 있다. 한국이 1997년 외환위기(IMF)를 겪으면서 국제투기자본에 모두 털리는 과정을 직접 확인했기 때문이다. 중국 정부가 절대로 자본을 개방하지 않는 이유다. 중국은 산업통제, 언론통제, 인터넷의 SNS 등 공산당 독재정부가 모든 것을 통제하고 있다.

미국의 대(對)중국 입장 전환

미국은 중국을 끌어내 소련을 붕괴시키는 데 활용했다. 그리고 중국이 경제적으로 부흥하면 자유주의 무역체제에서 아무런 문제없이 함께 발전해 나갈 것으로 믿었다. 그러나 최근 중국 정부는 자유무역시장에 의존해 엄청난 부를 이룩하면서도 국가독점자본을 이용해 세계 무역질서를 해치면서 결국 비뚜로 나가고 있는 것이다. 그래서 현재 미국에서는 친중 인사가 다수인 민주당마저도 중국을 키운 헨리 키신저의 판단이 잘못됐다는 자성의 목소리가 나오고 있다.

미국의 입장 전환은 한마디로 “프랑켄슈타인과 같은 괴물을 키웠다고 자책하고 있다”라는 것이다. 이는 트럼프 대통령의 2018년 9월 25일 유엔 연설과 10월 4일 마이크 펜스 부통령의 허드슨 연구소의 연설에서 그 사실이 구체적으로 드러났다. 이제 미국이 중국을 더는 두고 볼 수 없다는 것을 명확히 한 것이다.

중국 공산당의 국제사회 문제

일대일로(一帶一路: One belt, One road)

일대일로란 중국 주도의 '신(新) 실크로드 전략 구상'으로, 내륙과 해상의 실크로드경제벨트를 지칭한다. 향후 35년간(2014~2049년) 고대 동서양의 교통로인 현대판 실크로드를 다시 구축한다는 중국 공산당정부의 야심 찬 계획이다. 중국과 주변국가의 경제·무역 합작 확대의 길을 연다는 대규모 프로젝트다. 2013년 시진핑 주석의 제안으로 시작됐다. 2017년 현재 100여 개 국가와 국제기구가 참여하고 있다. 내륙 3개, 해상 2개 등 총 5개의 노선으로 추진되고 있다.

중국이 추진하는 전략적 진출 거점인 파키스탄의 과다르, 방글라데시의 치타공, 미얀마의 벵골만 연안, 남중국해를 모두 연결하면 마치 진주목걸이와 비슷하다는 의미에서 이 프로젝트를 흔히 진주목걸이라고 부른다. 중국 컨설팅회사 부즈앨런해밀턴이 2005년 1월 미 국방부 의뢰로 작성한 '아시아의 에너지미래보고서'에서 사용한 말이다. 보고서에 따르면 중국은 중동에서부터 남중국해까지 해로를 따라 전략적 관계를 만들고 있다. 이는 중국의 에너지 자원을 지키고 광범위한 안보 목적을 위해 방어적, 공격적 입지를 구축하는 방식으로 이뤄지고 있다고 설명한다.

특히 시진핑이 주창한 전략과 계획은 처음에는 그럴듯했다. 그러나 문제는 이 계획을 시행하면서 관련 국가, 특히 가난한 나라에 해당국의 GDP와 맞먹는 규모의 엄청난 차관을 높은 금리(12%)로 제공하는 것이다. 하지만 모든 것을 중국에 유리한 조건으로 사업을 시행하다 보니 결국 차관을 갚지 못하는 경우가 발생한다. 이때 중국은 해당국 관련 지역의 육상 또는 해상 거점을 장기임대로 뺏는 야비한 짓을 하고 있다. 그 결과 파키스탄 같은 나라는 차관 상환에 허덕이다 결국 IMF의 구제 금융을 받는 어려움을 겪고 있다. 스리랑카는 콜롬보항을 99년 장기 무료임대로 뺏기다시피 넘겨주기도 했다.

처음에는 멋모르고 참여한 국가가 중국의 강한 설득에 상호 윈윈하는 사업으로 생각한다. 그러나 지금은 중국을 현대판 제국주의 강탈자 또는 조공국가로 만들겠다는 야욕이라고까지 비난하고 있다. 특히 아프리카 국가를 비롯해 많은 관련 국가에서 불만을 드러내면서 탈중국을 선언하는 국가까지 나타나고 있다. 일부 학자들은 이런 행패를 두고 머지않아 시진핑의 운명과 함께 몰락의 길로 들어서는 것이 아닐까 하는 의구심을 드러내기도 한다.

한편 일본 정부가 8월 30일 '요코하마선언'을 채택했다. 일본 정부가 아프리카 각국이 중국의 과잉부채 이른바 '부채의 덫'에서 빠져나올 수 있도록 돕는 대책 마련에 나선 것이다. 요코하마에서 폐막한 '제7차 아프리카 개발회의'는 새로운 실크로드 경제권 구상인 일대일로(一帶一路)의 대안으로 개최된 것이다. 학자들은 이를 아프리카와 아시아 발전도상국에 과도한 융자를 제공해 감당키 어려운 외채 문제를 야기한 중국을 염두에 둔 선언이라고 분석한다. 일본 정부는 요코하마선언에 따라 앞으로 중국의 빚에 허덕이는 아프리카 각국에 재정 관리 전문가를 파견하는 등 지원을 본격화할 방침이다.

인공섬 만들어 남중국해 장악

남중국해 분쟁은 중국, 대만, 베트남, 필리핀, 말레이시아, 브루나이 등 6개국이 남중국해상의 해양 지형물의 영유권, 해양 관할 주도권 싸움이다. 다국적 해양영토분쟁의 범위는 남중국해 전체(총면적 124만 9,000㎢)를 포괄하며 스프래틀리군도(중국명: 난사, 베트남명: 쯔엉사군도), 파라셀군도(중국명: 시사, 베트남명: 호앙사), 매클스필드(중국명: 중사), 프라타스(중국명: 둥사)를 중심으로 전개돼 왔다. 현재 스프래틀리를 제외한 3개 군도는 중국(파라셀, 매클스필드)과 대만(프라타스)의 일국(一國) 실효지배하에 있으며 스프래틀리 군도를 둘러싼 갈등이 가장 첨예하게 진행되고 있다.

중국과 동남아국가 간의 해양 영토 분쟁에 미국은 그동안 제3국으로서 불개입 의지를 유지해 왔다. 그러나 2010년 7월 하노이에서 열린 아세안지역안보포럼(ARF)에서 빌 클린턴 당시 미국 국무장관이 "남중국해는 미국의 이해와 직결된 사안"이라며 남중국해에서 '항행 자유'의 중요성을 역설했다. 이어 미국은 지금 핵심 관련국으로서 목소리를 내고 있다. 이에 따라 남중국해 분쟁의 쟁점은 '배타적 경제수역(EEZ)에서 타국의 군사 활동을 어디까지 허용할 것인가' 하는 해양질서 문제로 확대됐다.

전통적인 해양강국인 미국은 항행의 자유를 중시하며 국제관습법과 유엔해양법협약(UNCLOS)에 따라 타국의 EEZ에서도 공해에서와 마찬가지로 항행의 자유, 상공비행의 자유를 가질 수 있다는 견해이다. 일본, 호주, 영국 등 해양 국가는 미국과 '항행 자유' 작전에 동참하면서 연안국의 과도한 해양관할권 주장을 묵인하지 않겠다는 의지를 보였다. 반면 중국은 EEZ 내 타 국가의 군사 활동이 연안국의 안보 이익과 권리를 침해하므로 자국의 EEZ를 통과하는 상선과 군함은 무해통항(innocent passage)을 위한 사전 허가를 받아야 하며 군사 활동은 허용하지 않겠다고 주장했다.

특히 2013년 11월 이래 중국이 파라셀군도와 스프래틀리군도의 암초를 매립해 인공섬을 건설하면서부터 사안의 복잡성이 커졌다. 중국은 국가주권과 영토를 수호하기 위한 정상 활동이며 '핵심 이익' 수호를 위해 무력 사용도 불사하겠다고 했다. 반면 동남아분쟁당사국과 미국 등 이해 관련국은 "법에 기초한 기존 질서를 흔드는 불법군사화 활동"이라고 비난하고 있다. 중국이 건설 중인 7곳의 인공섬은 이미 완성단계에 이르렀다. 그중 3곳에는 활주로와 2,000여 명의 병력이 주둔할 막사가 있다. 2018년 5월 중국이 "주권 보호와 안전상 필요한 조치"라며 인공섬 3곳에 최신예 미사일을 배치해 인근 관련국과 군사적 긴장이 계속되고 있다.

남중국해에는 세계에서 가장 많은 해양 생물이 서식하고 있으며(약 2,500종) 조사 기관이나 시기에 따라 편차는 있으나 대략 110억 배럴의 원유와 190조 m^3가량의 천연가스가 매장돼 있는 것으로 추정된다. 또한 믈라카와 싱가포르해협에서 대만해협까지 포함돼 전 세계 해양 물류의 약 25%와 원유 수송량의 70% 이상이 남중국해를 지난다. 한국의 원유 수송 대부분이 이 지역을 통해 이루어지고 있다.

중국은 이런 분쟁의 여지가 있는 남중국해의 80% 이상을 중국 해역이라고 주장한다. 국제해양법상 섬으로 인정하지 않는 암초 및 산호초를 인공섬으로 만들어 자기 영해라고 주장하고 있다. 구단선을 주장하면서 1400년 전부터 중국이 다스렸다고 주장한다. 중국이 남중국해를 차지하고 막으면 믈라카해협으로 운송되는 물동량이 중국의 손아귀로 넘어간다. 미국이 중국과 갈등을 빚으면서 항행의 자유를 주장하며 적극적으로 개입하는 상황이다.

트럼프행정부의 중국 죽이기

자유 시장경제 틀 만든 미국

미국은 1941년 12월 7일 일본 해군의 진주만 공격으로 제2차 세계대전에 참전하게 됐다. 막강한 군사력을 가진 미국의 개입으로 1944년 초부터 전세가 연합국의 승리로 기울기 시작했다. 그해 7월 당시 미국, 영국, 프랑스 등 연합국 중심의 44개 국가 대표가 미국 동부지역 뉴햄프셔주에 있는 브레턴우즈(Bretton Woods)에서 모여 전쟁 이후 세계를 논의했다. 그때 미국이 인류사에서 전례 없는 제안을 했다. 전승국이자 사실상 전 세계 패권국이 돼버린 미국이 패전국에 어떠한 전쟁부담금도 물리지 않겠다 고 한 것이다. 그리고 전승국의 모든 식민지도 자유화하고 세계시장을 자유무역체제로 준비하자는 것이다.

당시 전 세계의 금 보유량 중 70% 이상을 차지하고 있던 미국이 자유무역을 위해 달러의 기축통화(금본위제: 금 온스당 35달러)를 제의했다. 그 대신 전 세계 가장 강력한 해군력을 가진 미국이 무역항로를 안전하게 지켜줄 것을 약속했다. 물론 모든 국가가 미국의 제안을 받아들였다. 이 협정에 따라 국제통화기금(IMF)과 국제부흥개발은행(IBRD)이 설립됐다.

이와 함께 가트(GATT: 관세무역일반협정) 체제를 창설했다. 이는 모두 통화 가치 안정, 무역 진흥, 개발도상국 지원을 목적으로 결국은 자유세계 환율을 안정시키고 원활한 자유무역을 지원하는 것이 주요 목표였다. 특히 가트는 모든 회원국이 미국을 중심으로 무역을 해서 먹고살아갈 수 있는 바탕을 만들어 준 것이다.

마침내 1945년 8월 15일 미국의 히로시마 원폭 투하로 일본이 항복을 선언했다. 전쟁은 연합국의 승리로 막을 내렸다. 2차대전은 20세기 들어 새롭게 태어난 괴물인 독일의 나치, 이탈리아의 파시즘, 일본의 덴노 전체주의의 사악한 군국독재세력의 무자비한 팽창에 맞서 자유세계가 연합해 벌인 전쟁이었다. 당시 영국 총리 윈스턴 처칠은 "사실 소련 스탈린 공산 전체주의도 매우 나쁘다. 하지만 자유세계를 식민지로 강탈하는 악의 세력인 나치와 파시스트, 덴노 전체주의를 괴멸시키기 위해 어쩔 수 없이 당분간 소련과 손을 잡지 않을 수 없다"라고 주장했다. 이는 소련의 스탈린 공산 전체주의의 우려를 미리 언급한 것이다.

실제로 러시아의 레닌은 1917년 볼셰비키 10월 혁명에 성공한 이후 동유럽을 공산화하면서 소비에트사회주의공화국연방 건설에 박차를 가했다. 이어 1924년 레닌이 죽고 스탈린이 등장하면서 소련 공산 전체주의가 완성됐다. 그리고 중국도 국공내전에서 마오쩌둥의 중화인민공화국이 장제스의 중화민국을 대만으로 내몰고 공산 전체주의 체제를 수립했다. 한반도는 미국의 자유주의체제에 줄을 선 남한 정부와 소련 공산 전체주의체제로 편입된 북한 공산주의로 분리되면서 한반도가 두 동강 났다. 특히 1947년 해리 트루먼 대통령이 소련 전체주의와 자유민주주의 시민 대결을 벌여야 한다고 주장함으로써 냉전(cold war)시대가 시작됐다.

제2차 세계대전 이후 유럽의 황폐화된 동맹국을 위해 미국이 유럽 재건, 원조 계획인 마셜플랜을 수립했다. 이 마셜플랜은 1947년 6월에 있었던 구미 회의에서 조직됐다. 미국은 소련과 그 동맹국에도 '정치적 개혁과 외부 감독을 받는 조건하에' 동일한 원조 계획을 제시했다. 사실 소련이 이 계획의 이점을 취할 것을 우려해 미국은 일부러 받아들이기 곤란한 조건을 내밀었다. 예상대로 소련은 그 제안을 거절했다. 미국은 소련에 대항해 서유럽을 지키기 위한 방편으로 1949년 북대서양조약기구(NATO)를 창설했다. 이어 1950년 김일성이 소련 스탈린과 중공 마오쩌둥의 승인하에 6.25전쟁을 일으켰다. 하지만 미국이 주축이 된 유엔군의 도움으로 3년간에 걸친 전쟁이 휴전하면서 가까스로 한국을 지켜 내고 소련의 남하를 막았다.

하지만 공산주의 체제를 완성한 소련과 중국은 전체주의라는 막강한 독재 권력을 바탕으로 약소국을 공산화하기 시작했다. 1960년대 들어 베트남, 캄보디아, 라오스 등 인도차이나반도에서 미국에 맞서 공산세력 팽창에 힘을 쏟았다. 미국을 중심으로 한 유엔의 자유민주주의 세계는 거의 모든 것을 미국에 의존했다. 엄청난 자본과 인명 손실을 내면서 미국 정부는 마침내 국내 반전 여론에 부닥쳤다. 미군이 힘을 잃으면서 베트남전쟁에 패배하고 인도차이나반도가 중소 공산주의 체제로 편입되고 말았다.

냉전 종식한 미국의 세계 정책

미·소 대립 상황은 1958년의 베를린 위기와 1962년의 쿠바 미사일 위기로 정점에 도달했다. 핵전쟁 직전까지 간 미국과 소련은 핵전쟁 방지에 공통의 이익을 발견하면서 유럽의 상호 세력권을 존중하게 됐다. 하지만 미국은 냉전의 버거운 싸움을 줄이기 위해 1970년대 미·중 화해분위기를 만든다. 중국을 미국 편으로 끌어들이면서 냉전 양극체제가 다극체제로 전환됐다.

이로써 미·소 간의 긴장이 완화되는 데탕트가 1979년까지 지속된다. 하지만 1979년 소련의 아프가니스탄 침공으로 데탕트는 붕괴됐다. 그러나 소련 브레즈네프 정부는 이미 미국과 캐나다로부터 곡물 수입 없이는 국민을 먹여 살릴 수 없는 형편이었다. 공산주의체제 이념으로는 자유주의를 이길 수 없다는 것이 점차 표면화됐다. 이후 소련이 피폐해지면서 미·소 간 경제정책의 균형관계가 깨졌다. 소련은 이제 미국과 군비 확장 경쟁을 할 수 없는 빛 좋은 개살구가 되었고 결국 1991년 해체되고 말았다.

구소련이 해체되고 미·중 밀월관계가 지속되면서 세계는 전에 없는 안정을 되찾았다. 미국은 1995년 1월 1일 세계무역기구(WTO)를 창립해 가트 체제를 재정비했다. 먼저 가트 체제의 75개 회원국과 유럽공동체 회원국이 WTO의 창립 회원국이 됐다. 기존 가트 회원국이었던 나머지 52개 국가는 1997년 콩고를 마지막으로 모두 WTO에 가입하면서 마침내 WTO체제가 확립됐다.

그 후 미·중 관계가 무르익으면서 중국도 2000년 회원국이 됐다. 중국은 WTO체제하에서 급속한 발전을 이룩하며 미국의 패권을 넘보는 세계 경제대국으로 성장했다. 그러나 중국은 자유무역체제에서 공정한 게임을 하지 않고 있다. 그래서 2차대전 이후 WTO를 통해 공정한 무역질서를 지켜 온 미국으로서는 더는 두고 볼 수 없는 상황에 이른 것이다. 특히 미국을 중심으로 한 자유시장경제는 신뢰와 정직이라는 슬로건이 핵심이다. 그런데 중국은 세계 무역질서를 흩트리면서 자국의 부와 기술을 축적하며 세계 최강을 꿈꾸고 있다.

트럼프 대통령의 보복 선언

트럼프 대통령은 중국 공산당에 아주 뿌리 깊은 불신이 있다. 게다가 워싱턴 정가를 중심으로 대부분 미국 엘리트도 미국의 선의가 지난 40년 동안 중국 공산당에 철저히 이용당했다고 분노한다. 트럼프가 애독하는 두 권의 책 가운데 한 권이 《손자병법》이다. 트럼프는 손자병법을 가까이 두고 읽으면서 고금에서 보기 드문 뛰어난 병법서라고 격찬했다. 손자의 "싸우지 않고 이기는 것이 최고의 전략"이라는 말에 공감을 표시한 것이다. 그러나 이 책의 단 한 가지 나쁜 점은 적을 속여서 이기는 것이라고 지적한 바 있다. 이처럼 트럼프 대통령이 중국 정부를 가장 싫어하는 이유는 바로 어느 국가보다 정직하지 못하다는 것이다.

앞서 트럼프 대통령은 2018년 9월 25일 유엔 연설에서 중국을 향한 자신의 속내를 노골화했다. 당시 연설에서 그는 "미국은 이제 모든 것을 갖춘 전대미문의 패권 부국이 되었다. 앞으로 우리 미국은 WTO체제에서 공정하게 자유무역을 하는 나라를 도울 것이다. 그러나 우리는 인권을 탄압하고 자유시장 질서를 교란하는 사회주의 국가와는 어떤 식으로든 함께하지 않을 것"이라고 천명했다. 이어 10월 4일 마이크 펜스 부통령은 트럼프 대통령보다 더 구체적으로 중국을 겨냥한 발언을 했다.

미·중 무역전쟁이 제2의 냉전이라고 선언한 펜스 미국 부통령의 2018년 10월 4일 허드슨연구소(Hudson Institute)에서 행한 대중국 정책에 관한 연설 요지이다. 초반에 펜스 부통령은 미국과 중국의 교역 역사를 상세히 다루면서 미국은 언제나 중국에 호의를 베풀었다고 주장했다. 중반부 이후 중국의 잘못을 조목조목 지적했다. 중국은 자유무역을 부정하고 전체주의적 태도로 미국의 선의를 파괴하고 있다고 선언했다. 미국은 절대로 이를 받아들이지 않을 것이고 중국이 협상테이블로 나올 것을 인내심을 가지고 기다린다고 말했다.

이어 2019년 4월 말 키론 스키너(Kiron Skinner) 미 국무부 정책기획국장이 미·중 간 갈등은 "완전히 다른 문명과 상이한 의식형태 간 한 차례 투쟁"이라는 놀라운 발언을 했다. 스키너는 미국과 중국 간의 이러한 경쟁은 아주 큰 '문명 간의 갈등'이라고 지적한 것이다. 트럼프행정부의 이러한 일련의 발언을 종합하면 미·중 무역전쟁이 단순한 무역수지 불균형의 문제가 아니라는 것을 분명히 한 것이다.

트럼프 대통령이 급기야 마지막 칼을 빼들었다. 미·중 무역전쟁은 트럼프행정부가 출범하면서 이미 예고된 것이다. 무역전쟁으로 촉발된 미·중 갈등은 이제 경제 문제에서 군사 갈등으로까지 번지고 있다. 미·중 무역협상에서 중국이 고분고분 말을 듣지 않자 트럼프 대통령이 8월 1일 곧바로 나머지 3,000억 달러에도 9월 1일부터 15%의 관세 부과를 선언했다. 이어 위안화 환율의 7달러 선이 붕괴되자 중국 당국이 통화가치 절하 조치를 취했다며 환율조작국으로 지정했다. 이로써 트럼프 대통령의 대선 공약 중 유일하게 지켜지지 않고 있던 중국 환율조작국 지정이 마지막으로 실현된 것이다.

시진핑 주석도 즉각 강력히 반발했다. 트럼프 대통령 재선의 걸림돌이 될 수 있는 팜벨트 지역의 농산품 수입을 금지했다. 이어 첨단 디스플레이, 반도체, 컴퓨터 등의 주요 소재인 희토류 수출 카드를 꺼내들었다. 중국의 요구로 10월 초 워싱턴에서 미·중 무역협상이 개최됐다. 세계가 이를 주시하고 있었다. 그러나 좋은 결과를 기대하기는 애당초 어려운 상황이었다.

이제 미국 트럼프 대통령이 완벽한 반격으로 나선 것이 분명하다. 서로 돌아올 수 없는 길을 나선 미·중 무역전쟁의 결과는 두 가지로 요약된다. 하나는 무역전쟁 두 당사국 중 한쪽이 무너지는 일이다. 다른 하나는 중국이 모든 걸 포기하고 미국이 주장하는 자유경제 질서에 동참하는 것이다. 이 두 가지 방법 외엔 달리 해법이 없다. 미국이 마지막 카드를 빼들었고 이에 중국이 반발하고 있다. 미·중 두 나라가 치킨게임으로 들어선 것이다.

INF조약 탈퇴, 러시아 아닌 중국 겨냥

미국이 8월 2일 'INF(중거리 핵전력) 조약'을 탈퇴한 것은 명목상 러시아가 조약을 위반한 것에서 비롯됐다. 하지만 미국의 진짜 속내는 중국을 겨냥한 것이다. 탈퇴하자마자 트럼프 대통령과 마크 에스퍼 국방장관은 동시에 중국 압박에 나섰다. 트럼프 대통령은 백악관 출입기자와 한 인터뷰에서 "분명히 어느 시점에 INF를 대체할 새로운 레짐이 필요하다. 여기에 중국도 포함돼야 한다"라고 주장했다. 에스퍼 장관도 "지상 발사 지대지 탄도미사일의 아시아 배치를 원한다. 현재 중국 미사일 보유량의 80% 이상이 중거리미사일이다. 우리는 대응 수단이 필요하다"라고 강조했다.

그렇다고 중국으로서는 트럼프 대통령의 제안대로 새로운 INF체제에 참가하는 방안을 선택하기가 거의 불가능하다. 참여할 경우 현재 중국이 보유하고 있는 미사일의 80%를 폐기해야 한다. 특히 미 항공모함을 겨냥해 개발한 중거리 지대지 탄도미사일 둥펑 계열(DF-21)을 이용한 대미 A2/AD 전략이 사실상 무력화되기 때문이다. 미국과 러시아가 INF조약을 체결할 당시 중국은 참가 대상이 아닐 정도로 미약한 국가였다. 그 후 중국이 경제발전을 등에 업고 급속도로 방위비를 높이면서 중거리미사일을 제재 없이 독자 개발해 온 것이다.

트럼프행정부는 중국의 중거리미사일의 독자 개발로 아시아 지역 군사력 균형추가 중국 쪽으로 기울자 2017년 출범 이후 곧바로 중국을 겨냥한 INF조약 탈퇴 카드를 꺼내 든 것이다. 그리고 머지않아 핵탄두를 장착한 중거리미사일을 한국이나 일본에 배치할 구상을 마친 것으로 알려졌다. 이 구상이 실현될 경우 미·중 간의 군사패권경쟁은 사실상 끝난 것이나 다름없다. 예를 들면 한국의 미군기지 평택이나 오산, 군산에서 베이징까지 거리는 1,000km, 일본의 오키나와나 규슈에서 베이징까지는 1,500km 정도다. 이는 불과 7~9분 정도면 중거리탄도미사일이 베이징 전역의 목표물을 정확히 타격할 수 있다. 그래서 시진핑 주석이 "사드 배치 때보다 더 가혹한 징벌적 대가가 있을 것"이라고 위협하고 나선 것이다.

군사전문가들은 에스퍼 장관이 8월 6일 호주에 이어 일본과 한국을 방문한 것은 아시아 지역 동맹국의 관심을 촉구하며 미·중 전쟁을 앞두고 재정비를 한 것이라고 말한다. 실제로 군사작전이 동반된 미국의 대중국 포위 전략에 아시아 동맹국의 참여를 적극 권한 것으로 알려졌다. 이런 상황에서 우리 한국의 미래가 불안하기 짝이 없다. 방어체계인 사드를 배치하는 데도 중국이 분기탱천하며 내정간섭이나 다름없는 경제보복을 가했다. 그런 중국이 이번에는 방어무기가 아닌 중국을 직접 겨냥한 중거리 공격 핵무기 배치를 두고 어떤 반응이 나올 것인지는 불을 보듯 뻔하다.

이제 한국 정부가 어떤 태도를 취할 것인지 걱정이 앞선다. 물론 전문가들은 한국 배치를 당연하다고 주장한다. 이유는 되새길 필요가 없다. 한국과 미국은 동맹국이다. 게다가 핵을 가진 북한이 우리의 주적이고 북한과 중국은 혈맹이다. 특히 이웃 중국이 향후 우리에게 가장 위협적인 국가라는 점을 명심해야 하기 때문이다.

화웨이 등에 첨단 핵심 부품 금수 조치

트럼프행정부가 2019년 8월 7일 연방조달청(GSA)이 운영하는 웹사이트를 통해 미정부기관이 중국 통신 및 감시 장비를 구매하지 못하도록 하는 규정을 게시했다. 이는 2018년 미 의회가 통과시킨 국방수권법에 따른 것으로, 트럼프행정부가 이미 중국 통신장비업체 화웨이에 취한 블랙리스트 지정과는 별도의 조치다. 그만큼 미국의 화웨이 제재는 확실하고 엄격해졌다.

앞서 국방수권법은 국가안보를 이유로 중국 통신장비업체 화웨이와 ZTE, 감시카메라 제조업체 하이크비전, 다화, 하이테라 등 5개 중국 업체의 장비 구입에 연방 재원을 사용하지 못하도록 했다. 미국은 그동안 여러 차례 화웨이 등 중국 업체 장비의 스파이 행위 등으로 국가안보 우려를 제기해 왔다. 최근 자코브 우드 백악관 예산관리국(OMB) 대변인은 "트럼프행정부는 해외 적으로부터 방어에 전념하고 있다"라며 "화웨이 장비를 포함해 중국 통신 및 감시 장비의 의회 금지 조치를 충실히 준수할 것"이라고 밝혔다.

이는 2015년 중국이 '중국제조 2025'를 발표한 직후 미국의 대중국 경계심이 고조된 탓이다. '중국제조 2025'는 향후 중국이 제조업 분야에서도 세계 최고가 되겠다고 발표한 것이다. 그러자 스마트폰의 핵심인 CPU라이선스와 OS라이선스를 제공한 일본 ARM사와 구글이 중지하면서 중국이 타격을 받기 시작했다. 미국이 제재를 가하는 동안 불과 반년 사이에 삼성과 노키아가 5G통신 분야에서 중국 화웨이를 따라잡았다. 최대 수혜국은 단연 대한민국이다. 또 미국의 제재로 중국의 반도체 굴기가 이미 좌절되고 있다.

하지만 중국은 운영체제와 핵심 부품에 취약점이 있다. 그래서 미국의 견제가 가능한 것이다. 반도체는 아직도 중국이 매우 취약하다. 또 미국이 제조 장비와 핵심 소재에서 중국 제압이 충분히 가능하다. 인공지능 등 소프트웨어는 지적재산권으로 견제하고, 통신장비는 보안 문제로, 스마트폰은 핵심 부품으로 공격하고, 반도체는 장비와 소재의 금수로 통제한다는 것이 미국의 첨단 핵심 부품과 관련한 전략이다.

미국 조야, 언론까지 중국 견제

미국의 중국 견제에는 여야가 따로 없다. 게다가 반 트럼프 진영을 구축해 온 언론까지도 중국 견제에는 한목소리를 내고 있다. 게다가 중국이 가장 앞서 나가는 5G통신이야말로 미·중 무역전쟁의 핵심 사안으로 또 다른 안보전쟁이다. 트럼프 대통령의 화웨이 압박이 2018년에 이어 2019년에도 계속되는 이유이다. 왜 트럼프는 세계 최대 통신장비 기업인 화웨이 5G를 가만두지 않을까.

현재 중국은 유튜브나 구글, 다음, 아마존 등 인터넷사이트를 단속하고 있다. 중국은 하늘의 그물망이라는 막강한 '톈왕프로젝트'를 성공적으로 진행하고 있다. 자칫 반국가적 농담이라도 하면 바로 이 그물망에 걸려들어 국가보안법 위반으로 체포된다. 특히 중국 정부는 소수민족 분열을 막기 위해 이런 시스템으로 인민을 사찰한다. 국내 분열을 막지 못한다면 구소련처럼 해체의 길을 걸을 수밖에 없기 때문이다.

어쨌든 중국은 기술굴기로 경제 난국을 해쳐 나가야 할 상황이다. 중국은 내수시장을 활성화해 미·중 무역전쟁을 극복해 나갈 수밖에 없다. 내수 활성화를 위해 절실히 필요한 것이 기술혁신이다. 시진핑 주석이 사활을 걸고 '중국제조 2025'의 기술굴기에 매달리는 이유이다. 그러나 미국 정부는 중국의 기술굴기를 더는 두고 볼 수가 없다. 5G통신 패권을 중국이 가져가면 그동안 미국 정부가 독점해 온 정보력을 빼앗길 수 있기 때문이다. 21세기 정보화 시대의 정보력이야말로 국가 우위를 지키는 핵심이다.

지재권-기술 도둑질로 성장한 중국

중국은 지난 20여 년 동안 사이버 해킹, 유학생 등 중국 국적자(산업스파이) 동원, 기업 M&A로 기술 탈취 등 다양한 수법으로 미국을 비롯한 선진국 기업 및 군사기술을 도둑질해 왔다. 이를 바탕으로 중국은 이미 많은 분야에서 선진국 기술을 턱밑까지 추격하고 있다. 제조업 기술은 벌써 많은 부문에서 한국을 앞서가고 있다. 제조기술에서 어느 정도 자신감을 얻게 된 중국은 2014년부터 공공연히 '중국제조 2025'를 선언하고 나섰다. 이는 2025년이면 제조업 기술에 관한 한 미국에 조금도 밀리지 않는다는 강한 자신감을 대내외에 천명한 것이다.

여기에다 중국은 이미 제4차 산업혁명에서도 전 세계에서 미국 다음으로 가장 강력한 선두 주자로 부상하고 있다. 이미 세계 10대 기업에 이름을 올린 알리바바와 텐센트는 한결같이 데이터와 디지털 기술을 기반으로 성장한 제4차 산업혁명의 핵심 기업이다. 또 5G 선도기업인 화웨이가 전 세계적 기업으로 급부상하고 있다. 이대로 가면 중국은 자본 총동원 등 공산당 독재정부의 특성을 십분 활용해 5~6년 내 제4차 산업혁명의 주도권을 거머쥘 역량을 축적할 수 있다.

미국이 2018년 7월 6일부터 본격적으로 추가 관세를 부가하면서 중국의 부상을 견제하고 나선 것은 무엇보다 제4차 산업혁명 시대의 위기감이 컸기 때문이다. 문명을 교체하는 새로운 패러다임에서 패배하면 제아무리 족탈불급의 미국이라고 해도 패권을 넘겨줄 수밖에 없다. 따라서 미·중 무역전쟁은 단순한 무역수지불균형 문제가 아니라 도래하는 새로운 문명의 주도권을 잡으려는 패권전쟁인 것이다.

미·중 무역전쟁의 여파로 급속한 경제성장의 둔화가 이어지면서 무엇보다 먼저 중국 스타트업의 비명이 여기저기서 들리고 있다. 신기술 관련 주가가 곤두박질치고 벤처기업 투자가 해가 갈수록 급격히 하락하고 있다. 따라서 이번 미·중 싸움은 향후 중국이 완전히 무릎을 꿇을 때까지 지속될 것이 분명하다. 미·중 양국은 이제 양보나 상호 타협은 존재하지 않는다. 먼저 칼을 빼 든 트럼프가 시진핑을 그냥 두고 보지는 않을 것이다. 무엇보다 패권의 속성상 적당한 타협은 존재하지 않기 때문이다.

다국적 기업 '탈(脫)중국' 러시

일본 기업 줄줄이 중국 엑소더스

미국이 2019년 9월부터 3,000억 달러 중국산 수입품에 제4탄 추가 관세를 발동했다. 그러자 중국 내 생산시설을 동남아시아 등 다른 나라로 이전하는 기업이 러시를 이루고 있다. 최근 일본 기업의 탈(脫)중국이 가속되고 있다. 전자업체 소니의 경우 가정용 게임기 '플레이스테이션(PS)4'와 오디오기기 등이 이번 제4탄 추가 관세 부과 대상이 된다. 이에 소니는 중국 이외 지역으로 생산 시설을 이전하거나 상품 가격을 인상하는 등 대응책을 검토하고 있다고 마이니치신문이 8월 20일 보도한 바 있다.

일본 게임업체 닌텐도는 게임기 '닌텐도스위치' 생산시설 일부를 이미 2019년 여름 중국에서 베트남으로 옮겼다. 미국이 수입하는 게임기의 90% 이상이 중국에서 생산되고 있어 소니와 닌텐도, 미국 마이크로소프트는 미국 정부에 게임기를 관세 부과 명단에서 제외할 것을 요청했다. 도토키 히로키 소니 최고 재무책임자(CFO)는 "높은 관세를 내는 것은 최종적으로 미국 경제에 해롭다"라고 촉구했다. 하지만 미국 정부는 이를 거절했다.

일본 리코는 제4탄 추가 관세 대상 품목인 복합기와 관련해 미국 수출용 상품 생산지를 2019년 7월 말부터 태국 공장으로 옮겼다. 이어 교세라도 복합기와 복사기 생산지를 베트남으로 이전했다. 오디오 제조업체 JVC캔우드는 헤드폰 생산지를 중국에서 필리핀으로 옮겼다. JVC캔우드 간부는 "중국은 인건비가 급등해 이전부터 이전을 생각하고 있었다. 하지만 미·중 전쟁이 격화돼 대응을 서둘렀다"라고 말했다.

일본의 한 대기업 상사의 고위 관계자는 "2019년 봄까지만 해도 미·중 무역 전쟁이 가까운 시일 내에 수습될 것이라는 기대감이 있었다. 하지만 이제 한계에 도달했다"라며 "대립 장기화에 대비해야 살아남을 수 있기 때문에 중국 생산거점을 대폭 재검토할 수밖에 없다"라고 말했다.

애플 등 다국적 기업도 중국 탈출

세계 최대 전자기기 위탁제조(EMS) 업체인 대만 훙하이(鴻海)정밀이 미·중 무역전쟁 장기화로 수요 감소에 직면하면서 중국에 세우는 액정패널 생산 공장의 매각을 추진하고 있다. 홍하이정밀은 중국 남부 광둥성 광저우(廣州)에 건설하고 있는 대형 액정 디스플레이(LCD) 공장을 팔기 위해 이미 주간사 은행을 선정하는 작업을 진행 중이라고 전했다.

홍하이가 매각을 검토하는 LCD 공장은 88억 달러 규모이다. 중국에 대규모 투자를 하고 있는 홍하이정밀은 미국에 애플을 비롯한 주력 고객을 두고 있다. 그래서 미·중 무역전쟁이 확대됨에 따라 안팎으로 어려움이 가중되고 있다. 더욱이 트럼프 대통령이 전날 대중 제재 4탄으로 발동을 선언한 9월 추가 관세 조치에는 홍하이정밀이 중국에서 생산하는 스마트폰과 노트북, 컴퓨터 등 주종 품목이 대거 포함됐다.

폭스콘이 5월 미국과 중국의 무역전쟁을 피해 대륙 소재 생산라인 일부를 대만으로 옮길 계획이라고 밝혔다. 9월 8일 관찰자망 등 중국 언론에 따르면 궈타이밍 폭스콘 회장은 “미국과 중국의 무역전쟁으로 홍하이는 선전과 톈진 일부 생산라인을 대만 가오슝으로 이전할 계획”이라며 “대만이 향후 홍하이의 고가 네트워크와 서버 장비의 대륙 이외 시장의 제조허브가 될 것”이라고 전했다.

한국 기업도 탈 중국 러시

2017년 사드 배치 여파로 롯데가 중국 시장에서 철퇴를 맞고 철수했다. 이어 삼성, 현대, LG 등 한국 기업이 영업실적 저조와 미·중 무역전쟁 여파로 줄줄이 중국을 떠나고 있다. 삼성을 필두로 많은 한국 기업이 영업실적 저조로 중국 철수를 이어가고 있다. 현재 삼성 스마트폰의 중국 판매량은 최근 몇 년간 급락했다. 2018년 삼성은 중국 시장 점유율이 약 1%에 불과해 톈진 공장 가동을 중단한 상태이다. 또 광둥성 스마트폰 공장은 인원 감축을 고려 중인 것으로 알려졌다.

현대차는 8월 연 생산량 30만 대 규모의 베이징 공장 운영을 잠정 중단했다. 기아자동차 장쑤성 공장 역시 생산을 중단했다. 또한 LG전자는 최근 저장성 냉장고 공장시설을 한국으로 이전했다. 이 공장은 미국으로 수출할 냉장고를 생산하는 시설이다. 중국 매체는 "중국의 반도체와 자동차 굴기가 삼성과 현대차의 '아름다운 꿈'을 깨뜨렸다"라며 "한국 기업이 중국 시장에서 철수하게 된 가장 큰 원인은 중국 기업의 도약 때문"이라고 비꼬았다. 그러나 실상은 우리 기업이 스스로 탈 중국을 선언한 것이다.

중국 공산당 정부의 예고된 몰락

중국 공산당 독재정부 부패

"절대권력은 절대 부패한다." 기원전 7세기 고대 중국 제나라 환공의 말이다. 중국 공산당정부는 1991년 12월 26일 소련이 망하는 것을 목격했다. 그래서 중국 공산당정부는 소련처럼 절대로 망하면 안 된다는 것을 명심하고 있다. 자국의 선조가 물려준 '금언'을 무시하고 중국은 되레 독재권력을 강화하고 있다. 실제로 공산사회주의 종주국 소련이 붕괴하면서 마르크스·레닌주의 공산체제 이념은 그야말로 '똥(dung)'이 됐다. 고귀한(?) 공산사회주의 이념으로 만든 국가체제의 말로가 부패와 악의 소굴이었다는 것이 만천하에 드러난 것이다.

소련 파멸과 함께 공산주의 사상이 더는 학문 그 자체로도 보존할 가치가 없다는 것이 판명됐다. 공산사회주의 학문적 연구가 비교적 자유롭고 심오했던 일본 사회주의 학자들은 대부분 공산사회주의 이념 책자를 불태우거나 휴지통에 폐기하고 학문적 전향을 했다. 그리고 전 세계적으로 몇몇 독재국가를 제외하고 사회주의 체제는 자취를 감췄다. 그런데 중국이 용케도 살아남았다. 그 이유는 당시 미국의 뒷배로 경제가 부흥했기 때문이다. 그 당시 덩샤오핑은 개방과 개혁으로 경제적 부를 쌓으면서 정작 그들이 추구하는 사회주의 이념은 인민을 압제하는 통치술로 이용했다. 미국의 뒷배를 이용해 덩샤오핑 공산당정부는 독재권력을 강화해 시진핑 시대에 이른 것이다.

빈부격차와 부정부패의 만연

공산사회주의 이념의 본질적 가치가 무엇인가. 인민 모두가 똑같이 평등하고 행복하게 잘사는 나라를 건설하는 것이 아닌가. 이미 소련의 모습에서 가당치도 않은 부패와 독재권력 악의 소굴로 드러났다. 그런데도 여전히 이 사악한 사상을 굳건히 지키고 있는 중국은 오히려 세계 G2국가로 발전한 것이다. 미국 정치학자 칼 민즈너(Carl Minzner) 박사가 쓴 《한 시대의 종말(End of An Era)》에서 중국 공산당의 부패실상의 한 단면을 지적하고 있다. 공산사회주의 이념과 사상을 실천하고 있는 중국의 실상을 한번 들여다보자.

2012년 중국 공산당대회에서 시진핑을 중국 국가주석으로 옹립한 핵심 대의원 160명의 재산 현황을 분석한 내용이다. 이들 160명은 그야말로 중국 공산당정부의 권력서열 160위나 다름없다. 이들 모두가 중국 부자 1,000명 중에 랭크된다. 인구 14억 명 중에서 부자 상위 1,000명 안에 든 거부들이 중국 공산당 고위 간부들이다. 문제는 160명의 총 재산이 2,210억 달러로 1인당 평균 재산이 1조 6,575억 원에 이른다. 더욱 놀라운 것은 자본주의 미국 입법, 사법, 행정부의 최고위직 관리 660명(평균재산 210억 원) 총 재산의 20배 규모라는 것이다.

희대의 정치재판으로 조명을 받은 전 충칭시 당서기 보시라이가 시진핑의 정적으로 몰려 2013년 10월 최종 무기징역 판결을 받고 교도소로 갔다. 기업인에게서 47억 원의 뇌물을 받았으며 직권을 이용해 아내의 살인 행각을 무마한 혐의로 무기징역을 선고받은 것이다. 그 당시 그의 은닉 재산이 수조 원이 넘는 것으로 밝혀졌다. 보시라이뿐이 아니다. 중국 철도청 장관의 부패상은 자본주의사회의 타락한 기업인도 혀를 내두를 지경이다. 2011년 부정부패로 쫓겨나면서 드러난 죄목이다. 내연의 처격인 정부(情婦)가 18명, 고급 아파트가 350채, 자택에 보관한 현금이 1억 달러가 넘은 것으로 밝혀졌다. 이처럼 부패한 공직자 수십 명이 베이징 친청교도소에서 복역하고 있다.

현재 중국은 14억 명의 인구 가운데 공산당 간부와 당원의 가족을 포함한 9,000만 명과 기업인 등 사업을 하는 4,000만 명을 포함한 1억 3,000만 명 정도가 중산층이다. 그리고 2~3억 명은 그냥 밥을 먹고 지내면서 국내 여행을 즐길 정도이다. 이들을 제외한 나머지 절대다수인 무려 10억 명이 극빈층이다. 이 10억 명 중에 4억 명이 하루 6달러로, 나머지 6억 명은 3달러로 생활할 만큼 빈부격차가 크다. G2국가 중국의 겉모습은 공산사회주의 이념을 가장 멋있게 실현하고 있는 것처럼 보인다. 그러나 내부 실상은 전혀 다르다. 2018년 현재 중국의 1인당 GNP는 9,560달러로 세계 평균 1만 300달러를 밑도는 빈국이다.

현재 지구상에서 사회주의 이념을 실현하는 국가는 중국과 북한뿐이다. 남미에서는 베네수엘라가 국가 독점 자본 석유를 믿고 퍼주기 식 포퓰리즘 사회주의 체제를 흉내 내다 지금 거지국가로 전락했다. 사회주의 이념이 추구하는 정치체제의 목표는 전 국민이 골고루 잘사는 나라를 건설하는 것이다. 이런 중국이 지금 부정부패와 빈부격차로 내부는 언제 폭발할지 모르는 용광로처럼 들끓고 있다.

반(反)문명 중국인의 도덕적 헤이

2011년 전 중국 신문을 장식한 사건이 있다. 세 살짜리 유아가 집을 나와 아장거리다 마침 거리를 지나는 두 대의 트럭에 번갈아 치였다. 선혈이 낭자한 채 거의 죽음 직전에서 한동안 울면서 꼼지락거리다 결국 숨을 거두고 만 참혹한 사건이었다. 그런데 사건 발생 이후 경찰이 CCTV에 찍힌 내용을 확인한 결과 당시 그 핏덩이 아이를 보면서 지나친 성인이 모두 18명이었던 것으로 집계됐다. 그들 중 3~4명은 곁으로 다가가 꿈틀거리는 아이를 빤히 쳐다보고도 병원으로 데려갈 생각은 않고 그냥 두고 가버린 것이다.

이 사건이 중국 전역에 뉴스로 보도되면서 소식을 접한 수많은 양심 있는 중국인들이 분통을 터트렸다. 많은 사람이 스스로 중국 국민임을 자탄하면서 "도대체 이게 나라냐?", "이게 사람이 사는 사회주의 국가냐?" 하면서 한숨을 토했다 한다. 특히 그들 중 한 사람은 "아가야 잘 가라, 그리고 너의 다음 생에는 부디 중국에서 태어나지 말아다오(Farewell, and do not be born in China in your next life)"라는 글을 남겨 전 세계인의 심금을 울렸다.

중국인은 사람의 생명과 직결되는 음식에도 돈이 된다면 무슨 짓이든 서슴지 않는다. 우리의 서해를 침범해 잡아간 꽃게를 도로 한국에 내다 팔면서 무게를 속여 돈을 더 받을 목적으로 인체에 치명적인 납덩이를 집어넣은 적은 한두 번이 아니다. 무엇보다 '짝퉁' 천국이 된 중국은 돈만 된다면 무엇이든 하는 종족이다. 중국에서 사업을 하다 빈털터리가 돼 돌아온 한 친구의 말이다. "평소 중국 사람들이 하는 거짓말은 그들 스스로의 생존을 위한 무기가 된 것 같다."

시진핑 국가 안전장치 허물어

1997년 2월 덩샤오핑이 죽기 전에 남긴 유언이다. "중국은 향후 100년간은 미국에 대항하지 말고 도광양회를 실천하라." 그러나 시진핑은 이를 무시하고 대국굴기를 드러냈다. 누가 봐도 시진핑의 무모한 자신감에서 비롯된 것이라고밖에 보이지 않는다. 영악한 덩샤오핑은 미국의 저력은 향후 100년 뒤에도 중국이 대항하기 어렵다는 걸 알아차린 것이다.

살아생전 덩샤오핑의 고민은 향후 중국을 안전하게 끌고 갈 정치체제였다. 중국은 개방과 개혁을 통해 엄청난 부를 쌓아 부국이 될 수 있다. 그러나 사회주의 체제에서 어느 국가도 막강한 부를 쌓아 본 경험이 없다. 부의 본질은 자유시장경제와 자유주의의 산물이기 때문이다. 덩샤오핑은 자신이 죽은 뒤 1인 독재권력이 나타난다면 반드시 절대권력으로 변질돼 국가가 망할 수밖에 없다는 사실을 생전에 깊이 고민한 것이다.

마침내 덩샤오핑은 절대권력 출현을 막기 위한 안전장치를 찾아냈다. 이를 위해 고안한 것이 집단지도 체제였다. 상하이방-태자당-공청단(공산주의청년단)이라는 3개의 권력 분점 구조가 집단지도 체제이다. 이는 자유민주주국가의 삼권분립 체제와는 다르다. 하지만 권력의 독주를 막아 절대권력을 방지하려는 덩샤오핑의 중국식 고육지책이었다. 국민이 자유선거를 통해 국가권력을 선출하는 방식에 비하면 턱없이 부족하다. 하지만 중국과 같은 사회주의 체제에서 절대권력을 막는 데는 그나마 효력이 있었다.

절대적 권력을 누린 마오쩌둥에게 사선을 넘나든 박해를 받은 덩샤오핑의 고심의 흔적이 묻어 있는 독재권력 방지책이다. 노 정객은 1997년 2월 19일 상하이방 좌장 장쩌민을 권력의 중심에 올려놓은 후 중화인민공화국

베이징에서 93세로 눈을 감는다. 상하이방 장쩌민에 이어 공청단 후진타오 그리고 태자당 시진핑으로까지 권력은 순조롭게 이어진다. 하지만 시진핑 시대에 권력분점은 종언을 고한다. 마침내 시진핑 독재권력 종신제 시대를 열고 만 것이다.

현대사회에서 독재권력은 시민의 거센 반발을 부른다. 비록 민주주의의 경험은 없지만 국경이 낮아진 지금 중국 인민이 반민주적 질서에 순응할 리 없다. 이것이 시 주석이 앞으로 맞을 근본적인 위협이다. 시진핑의 대응책이 더욱 중국의 미래를 암울하게 한다. 무엇보다 엄격한 인민 통제와 감시체제가 날이 갈수록 가중되고 있다. 중국 정부의 인터넷 통제가 너무나 철저해 벌써 조지 오웰의 《1984년》을 빗댄 중국식 '디지털 동물농장'이란 말이 회자되고 있다.

또한 시진핑 공산당 정부는 민족주의적 열정을 고취하고 있다. 미·중 무역전쟁을 벌이면서 공산당정권이 환구시보와 같은 관영매체를 통해 중화민족의식을 곧잘 애용하고 있다. 이미 마오쩌둥이 6.25전쟁에서 인민해방군을 전쟁터로 내몰면서 초강대국 미국에 이김으로써 중국이 비로소 강대국이 됐다고 선전한 고전적인 방법을 지금 시진핑 독재정부가 그대로 답습하고 있다. 시진핑은 2050년까지 중국이 세계에서 가장 강대한 나라가 될 것이라고 선언했다. 이로써 중국 인민을 열광시켰다. 민족주의적 열정은 배타적이고 공격적이므로 중국의 대외정책은 더욱 팽창적이고 위압적이다.

시진핑 주석이 장악한 절대권력엔 이처럼 음산한 함의를 내포하고 있다. 그 영향은 온 세계에 미칠 수 있다. 특히 작은 이웃인 우리나라에는 크고 직접적으로 와 닿을 수 있다. 무엇보다 '사드 배치 문제'가 일깨워 준 바 있다. 이제 시진핑 주석은 기다렸다는 듯이 용(龍)의 발톱을 드러내면서 절대권력을 완성했다. 그러나 이 독버섯 같은 절대권력이 마침내 중원 대륙을 붕괴시킬 요인이 될 것임은 분명하다.

미·중 전쟁, 냉전 시절과 흡사

래리 커들로(Larry Kudlow) 미국 백악관 국가경제위원회(NEC) 위원장은 9월 6일(현지 시간) 미·중 무역협상을 냉전 당시 미국과 소련 간 대립에 비유하며 협상이 장기화될 수 있음을 시사했다. 미국과 중국은 2019년 10월 초 미국 워싱턴DC에서 미·중 고위급 무역협상을 개최하기로 합의했다. 하지만 타협의 가능성이 거의 없다는 것이 트럼프행정부의 시각이다.

커들로 위원장은 2020년 대선 때문에 트럼프 미국 대통령이 서둘러 미·중 무역협상을 끝낼 가능성을 일축했다. 커들로 위원장은 이날 백악관에서 기자들에게 "중요성이 매우 크기 때문에 이를 올바로 처리해야 한다. 10년이 더 걸리더라도 그렇게 해야 한다"라며 냉전(cold war) 시절인 소련과의 협상에서 결실을 보기까지 수십 년이 걸린 사실을 상기시켰다.

당시 로널드 레이건 행정부에서 일했던 그는 "나는 레이건 대통령도 소련을 상대로 비슷한 싸움을 했던 걸로 기억한다"라며 미·중 무역전쟁을 과거 냉전시대 미국과 소련 간 경쟁에 비교했다. 커들로 위원장은 또 "때로는 그런 일을 감수해야 한다. 대통령은 무역전쟁을 통해 국가와 노동자의 안전을 보호하고 있다고 믿고 있다"라고 주장했다.

트럼프 대통령은 무역전쟁으로 피해를 보는 쪽은 중국이라며 미국의 그 누구도 피해를 보지 않았다고 주장했다. 커들로 위원장은 "트럼프 대통령은 이 협상이 아주 중요하다는 점을 미국인에게 알렸다"라며 "미·중 무역협상은 경제 이슈, 인권과 관련된 이슈 외에 가장 중요한 본질인 국가안보 이슈와 연관돼 있다"라고 강조했다.

커들로, 중국 경제 무너지고 있다

커들로 위원장은 "지금 중국 경제가 무너지고 있다(crumbling), 20년 전의 경제 강국이 아니다"라고 주장했다. 실제로 대중국 투자차트 등은 지속적인 퇴조를 보이고 있다. 몇 포인트 부풀려진 중국의 국내총생산(GDP)은 점점 낮아지고 있다. 중국의 2019년 2분기 성장률은 6.2%로 27년 만에 가장 낮았다. 하지만 경제전문가들은 한결같이 중국의 실제 경제성장률은 이보다 훨씬 낮은 3%대 기록을 보이고 있다고 주장한다. 중국이 미국보다 훨씬 더 큰 타격을 입고 있다고 입을 모으는 이유이다. 게다가 3분기 경제성장률은 6.0%로 중국 경제의 둔화 속도가 빨라지고 있음을 보여주고 있다. 그리고 4분기는 드디어 6% 성장률이 무너질 것으로 전문가들은 예측하고 있다.

특히 커들로 위원장은 중국이 현재 미·중 무역전쟁 여파로 경기가 둔화되면서 중국 기업이 속속 정리해고를 하고 있으며 대량 실업사태가 벌어지고 있다고 밝혔다. 실제로 홍콩의 사우스차이나모닝포스트(SCMP)는 2019년 9월 12일 제조업으로 촉발된 중국 기업의 고용위기가 IT업계로 번지고 있다고 밝혔다. 특히 IT업계는 제조업에서 회고된 사람들에게는 최후의 보루 같은 일자리인데 이마저 매우 나쁜 상황이라고 보도했다.

SCMP는 또 중국 둥관에서 2019년 초 28만 명이 일괄 해고됐고 삼성전자가 텐진의 스마트폰 공장을 폐쇄하면서 대량 실업자가 쏟아져 나왔다고 전했다. 중국은 현재 이 같은 대량 실업의 총체적인 난국을 맞고 있다.

그럼에도 불구하고 중국 정부는 최근 "실업률이 매우 안정돼 있다"라고 발표했다. 블룸버그통신은 중국은 경기둔화 사이클에도 20년간 실업률이 3%대로 일정하다며 중국 정부를 믿을 수 없다고 지적했다.

중국 베이징 대학 시안박사의 진단

중국 베이징대학 출신의 사우스캐롤라이나 대학 경영대학 교수인 프랭크 시안 박사는 이포크 타임스 기고문 〈중국경제 붕괴(China Economy collaspe)〉에서 "지금 중국은 경제붕괴의 위협에 놓여있고, 또 중국이야말로 세계 경제와 가장 밀접한 관련을 맺고 있는데 미·중 무역전쟁을 통해 앞으로 자유세계와 분리(decoupling)될 것이다."라고 발표했다. 그러면서 미·중 전쟁은 중국경제에 파멸적인 결과를 가져올 것이라고 지적했다.

그는 또 "트럼프 대통령이 G7회의를 통해 유럽도 미국처럼 관세를 매겨 중국에서 이익을 얻고 나아가 미국과 보조를 같이하기를 강력하게 주장하고 있다"면서 "대부분 유럽 국가들이 미국과 같은 보조를 취하지 않을 수 없어 중국은 결국 자유세계에서 고립되면서 붕괴의 길로 갈 수밖에 없다"고 평가했다. 이미 중국의 일대일로(OBOR: one belt one road)에 유럽 국가들은 오직 이탈리아만 중국과 보조를 같이하고 있다. 하지만 이제 이탈리아마저도 곧 중국과 결별하게 된다. 이는 새로운 이탈리아 정부가 출범하면서 이탈할 것이기 때문이다.

결국 중국이 자유세계 진영의 선진국인 미국, 유럽, 일본 등과 같은 거대 시장을 잃어버리면 경제적 파국을 맞지 않을 수 없다. 이는 나아가 곧 중국의 붕괴를 의미한다. 중국은 미·중 무역협상에서 마지막 기회를 잃어

버렸고, 중국 공산당 정부는 이제 선택이 없다. 프랭클 시안 박사는 중국이 미국과 죽기 살기로 싸우다가 머지않아 결국 미국에 손을 들면서 붕괴되고 많은 돈을 움켜쥔 공산당 간부들은 모두 외국으로 도망가게 될 것이라고 진단했다.

중국 앞날에 드리워진 불길한 그림자

세계 최대 싼샤댐의 붕괴 위험

싼샤댐은 1993년 착공해 2008년 10월 완공돼 연간 847억 kw 발전 용량의 에너지를 생산하는 최대 규모의 댐이다. 후베이성 양쯔강 이창의 취탕샤, 우샤, 시랑샤 등 싼샤(장강삼협)를 잇는다. 이는 미국 최대 댐 후버(애리조나와 네바다주 경계)의 약 11배에 달할 만큼 엄청난 규모다. 그런데 이 댐이 변형된 것으로 보이는 위성사진 한 장이 중국을 발칵 뒤집었다. 논란의 발단은 구글어스에 올라온 양쯔강 싼샤댐 사진으로 2019년 초 트위터 등 SNS에 퍼지면서 시작됐다. 실제로 구글어스의 사진을 보면 최초 설계 때의 모습과 현재 제방의 모습이 상당히 변형돼 있는 것을 확인할 수 있다.

하지만 중국 공산당정부는 이를 근거 없는 헛소문이라고 일축했다. 중국 정부에 따르면 싼샤댐은 2,600여 곳에 미세한 감지센서가 설치돼 있다. 그리고 24시간 점검이 이루어지기 때문에 댐에 변형이 일어나면 바로 알 수 있다고 반박했다. 또 중국 관영매체들도 위성의 위치와 속도 등 여러 가지 요인에 따라 사진은 얼마든지 다르게 보일 수 있다고 보도했다.

그런데 많은 전문가가 정부의 주장에 재반박하면서 자신들의 전문적인 의견을 제시해 논란이 가중되고 있다. 샨사댐 건설에 줄곧 반대해 왔다는 한 학자는 "싼샤댐은 길이가 2,300m로 모두 콘크리트 블록을 쌓아 연결해 중력으로 수압을 견딜 수 있도록 건설됐다"라며 "댐이 저수량의 무게를 견딜 수 있는 한계를 넘을 경우 블록이 뒤틀려 붕괴할 수 있다"라고 지적했다.

싼샤댐은 길이 2,300m, 높이 185m로 최대 저수량이 390억 t에 이른다. 그리고 호수 길이가 무려 640km에 이른다. 전문가들은 이 댐이 무너질 경우 직접 피해를 볼 수 있는 인구가 무려 한반도 전체 인구와 맞먹는 7,500만 명에 이른다고 말한다. 도시 인구 3,000만 명이 넘는 상하이시가 물로 넘치는 대홍수를 맞는다는 말이다. 그래서 만에 하나 댐이 무너진다면 현 시진핑 공산당 독재정부와 수명을 같이할 것이라고 지적한다.

홍콩 시민의 자유민주화 바람

홍콩 시민이 2019년 3월 31일부터 '범죄인 인도법(송환법)'에 반대하며 시위를 전개하고 있다. 6월 9일에는 100만 명이 넘는 시민이 참여하는 등 대규모 시위로 확산됐다. 홍콩 행정수반인 캐리 람 행정장관이 9월 4일 오후 6시부터 홍콩에서 대규모 시위를 촉발한 '범죄인 인도법안'을 공식 철회한다고 발표했다. 하지만 시위대는 여전히 반발하고 있다. 범민주 진영은 시위를 계속 이어가겠다고 밝혀 앞으로 열리는 시위에 홍콩 시민이 어느 정도 호응할지 주목된다.

홍콩 사우스차이나모닝포스트(SCMP) 등 현지 언론은 람 장관이 송환법 공식 철회를 발표했음에도 불구하고 홍콩 시위대와 야당 정치인들은 "너무 부족하고 너무 늦었다(too little, too late)"라고 주장했다고 전했다.

람 장관이 전날 송환법 공식 철회를 발표했지만 시위대가 요구한 내용을 모두 들어주지 못했다고 주장한다. 게다가 시기도 너무 늦었다는 것이다. 시위대는 홍콩 정부가 시위대의 '5대 요구사항'을 모두 수용할 것을 촉구하면서 요구가 받아들여질 때까지 시위를 계속하겠다고 선언했다.

시위 주최 측이자 야권 시민단체인 민간인권전선은 시위가 장기화하면서 송환법 철회에서 전반적인 민주주의 추구를 내걸었다. 시위대는 △송환법 완전 철폐 △경찰 강경 진압 독립적 조사 △시위대 '폭도' 규정 철회 △체포된 시위대의 조건 없는 석방과 불기소 △행정장관 직선제 실시 등 총 5개 요구사항을 주장하고 있다. 시위대 편에서 '송환법 완전 철폐'는 13주 넘게 계속되고 있는 반정부 시위의 요구사항 중 하나일 뿐이라는 것이다.

민간인권전선 지미 샴 대표는 "송환법 반대 시위 과정에서 11월 1일 현재 시민 18명이 목숨을 잃었고 1,000여 명이 체포됐다. 또 71명이 폭동죄로 기소된 상황에서 이번 발표가 너무 늦게 이뤄졌다"라고 비난했다. 그러면서 "진심으로 시민의 분노를 다스리려면 경찰의 강경 진압을 조사할 독립 위원회를 구성해야 할 것"이라고 말했다. 입법회 야당 의원인 클라우디아 모는 "람은 이처럼 작고 모호한 조치로 위기를 모면할 수는 없을 것"이라고 했다. 우치와이 홍콩 민주당 주석도 람 장관 발표를 '가짜 양보'이자 '시위대를 향한 더 강경한 조치의 서막'이라고 강력하게 비난했다.

홍콩 시위로 대만 친중 세력 위기

홍콩 시위로 한발 물러난 중국 대륙 정부는 속앓이를 하고 있다. '범죄인 인도법안'을 공식 철회하면서도 홍콩 시민을 전혀 납득시키지 못한 것이다. 오히려 홍콩의 반중 감정을 심화시킨 결과를 초래했다. 특히 대만에서도 중국 공산당에 그나마 협조적인 중국 국민당의 지지율이 대폭 하락하는 등 하나의 중국 원칙을 지키려다 도리어 역풍을 맞게 돼 손해가 만만치 않다. 게다가 홍콩 민주주의의 훼손이 해외에 알려져 구미 서방세계의 비난을 받고 있다.

특히 대만의 차이잉원 총통은 정부 차원에서 홍콩 시위대 지지를 표명했다. 중국은 대만에 하나의 중국을 내세워 압박하면서 홍콩의 일국양제를 대만에도 적용하겠다는 여지를 남겨두고 있다. 홍콩이 일국양제하에서 최대한의 권리를 보장받는 것은 대만으로서도 다행스러운 일이기 때문이다. 하지만 중국 정부의 대응은 일국양제가 훼손되는 방향으로 진행되고, 홍콩 정부의 한발 양보에도 시위가 계속되자 고민과 분노를 거듭하고 있다.

현재 대만에서는 친중 성향의 중국 국민당 지지율이 계속 하락하고 있다. 반대로 집권 여당인 민주진보당 지지율은 계속 오르고 있다. 홍콩 시위를 향한 중국의 대응이 반중 정서를 부추겼다는 해석도 나온다. 따라서 대만 민진당 정부는 현재 진행되고 있는 홍콩 시위의 영향을 강하게 받고 있다. 결국 향후 약 1년 후 치러질 선거에서도 반중 성향이 강한 민진당 정부의 집권으로 이어질 가능성이 높아지고 있다.

트럼프 대통령이 홍콩 시위가 한창이던 8월 중순 트위터로 미·중 무역협상 때문에 중국이 홍콩 시위 사태에 대응하는 자세가 많이 누그러졌다고 조롱한 적이 있다. 이제는 미·중 무역전쟁에 홍콩 문제뿐만 아니라 대만 등 중국과 관련한 모든 문제가 다각도로 얽혀 있음을 엿볼 수 있다.

공산당 간부 간 불신 고조

미국 사회학자 시모어 마틴 립셋 교수의 사회학 이론에 따르면 국민소득이 대략 1만 달러 수준에 이르면 국민은 이제 돈보다 자유를 요구한다. 이 단계에서는 대부분의 국민이 급속한 경제성장보다는 토요일이 있는 삶, 따뜻한 저녁이 기다리는 가정을 원한다는 것이다. 이는 앞만 보고 달리기보다는 삶에서 여유를 가지고 좀 더 사람답게 살기를 바라게 된다는 것이다. 그리고 그는 국제사회가 이를 잘 증명해 주고 있다고 말했다.

앞서 민즈너 교수는 한국과 대만이 유일하게 이를 잘 극복한 나라라고 평가했다. 이제 국민소득 1만 달러를 눈앞에 두고 있는 중국은 국민의 여망을 외면하고 오히려 감시와 억압으로 불신의 둑을 더 높이 쌓고 있다. 하지만 이는 둑을 높이 쌓음으로써 해결될 문제가 아니다. 세월이 흐를수록 중국 정부를 불안하게 만드는 원인만 될 뿐이다. 국제전문가들은 중국 공산당정부가 1911년 신해혁명 때처럼 붕괴될지 모른다는 불길한 예견도 속속 내놓고 있다.

4부 세계는 그리고 우리나라는

세계는 지금 제4차 산업혁명이 현대 문명을 빠르게 변화시키고 있다. 이 혁명은 이미 우리 곁에 다가와 진행되고 있음이 분명해졌다. 다만 일부 기술이 예상보다 늦어지고 있을 뿐 많은 핵심 기술은 오히려 생각보다 빨라지고 있다. 예를 들면 2013년 전문가들은 2019년이면 각 가정에서 3D프린터가 많은 부분에서 활용될 것이라고 예측했다. 그리고 꿈의 신소재인 그래핀은 인류 생활에 만능소재로 활용될 것으로 전망했다. 이런 예상은 생각보다 늦어지거나 실현가치가 떨어지고 있다.

그러나 인류사회를 가장 크게 변화시킬 제4차 산업혁명의 핵심 중 핵심 기술인 인공지능과 로봇 기술의 발전 속도는 우리가 예상한 것보다 훨씬 더 빠르게 진행되고 있다. 특히 인공지능과 로봇의 눈부신 발전과 함께 현재 인류가 가지고 있는 대부분의 직업이 머지않아 곧 사라질 것으로 보인다. 인공지능이 인류의 고유 영역이라고 여겨 온 바둑은 물론이고 시와 그림 등 예술 분야에까지 인간을 능가하고 있는 상황이다.

이제 인류가 가지고 있는 지식은 중요하지 않은 시대가 되고 있다. 인간보다 천 배, 만 배 더 많은 지식을 습득할 수 있는 인공지능을 장착한 로봇을 비서처럼 곁에 두고 부릴 날이 바로 눈앞에 왔기 때문이다. 이제 인간은 지식보다 어떤 방법으로 학습 능력을 키우느냐 하는 방향으로 교육체제를 바꾸어야 할 처지이다.

국제사회의 질서와 패러다임의 변화는 늘 우리의 삶에 깊은 영향을 미쳐 왔다. 경제흥망, 전쟁, 테러 등 위험한 이슈가 국제사회의 힘겨룸과 밀접한 관련이 있다. 일반인들이 국제질서 변화를 바르게 이해하고 판단하기는 쉽지 않다. 전문가들마저도 다양한 견해, 엇갈리는 주장을 내놓기 마련이다. 그래서 정치지도자와 지식인, 언론인들이 글로벌 생태환경 변화에 깊은 관심을 기울여야 한다. 훌륭한 지도자는 특정 이념이나 정파의 말을 믿고 따르기보다 다양한 견해를 수렴하고 예리하게 분석해 시대를 꿰뚫는 통찰력을 발휘해야 한다.

세계질서 변화를 잘못 판단해 엉뚱한 시류에 편승하거나 영합해 뼈아픈 역사를 경험한 국가가 많다. 우리가 임진왜란과 병자호란, 일제강점기에 고통을 당한 것은 국제사회를 잘못 이해한 정치지도자들의 무지에서 비롯된 참화였다. 국제사회는 지금 우리가 알게 모르게 엄청난 변화의 소용돌이에 휩싸여 있다. 작금 이 거대한 문명 교체를 두고 미국과 중국이라는 두 국가가 헤게모니 싸움을 벌이고 있다. 구체적으로 드러난 것이 바로 2018년 7월 6일 본격화된 미·중 무역전쟁이다. 미·중 전쟁의 본질과 국제질서를 올바로 파악하고 전략을 펼쳐야 한다.

미국의 신(新)국제 전략

세계 최대 산유국이 된 미국

미국은 러시아와 사우디아리비아 등 기존 산유 대국을 제치고 명실공히 세계 1위 산유국 지위에 올랐다. 2018년 하루 1,100만 배럴의 원유를 생산하면서 처음으로 1위 러시아를 앞지르고 산유국 1위 자리를 탈환한 것이다. CNN머니는 8월 12일(현지 시간) 미 에너지정보국(EIA) 보고서를 인용해 미국이 1973년 이래 45년 만에 처음으로 세계 최대 원유 생산국으로 올라섰다고 보도했다. 미국의 원유 생산량은 지난 10년 동안 갑절 이상 늘어났다. 석유시장에서는 미국이 전 세계 원유의 15%를 공급하고 있는 것으로 추산하고 있다.

특히 2019년 9월 14일 오전 4시쯤 드론 10대가 사우디아라비아 최대 석유회사인 아람코 석유시설 2곳을 공격해 불이 났다. 아람코는 당분간 하루 전체 생산량의 절반인 570만 배럴의 생산차질을 빚게 됐다. 이는 전 세계 공급량의 6%에 해당하는 양으로 예전 같으면 기름값 폭등 현상이 일어날 수밖에 없는 상황이다. 그러나 이날 로이터통신은 미국이 자체 생산량을 늘려 충격을 완화할 수 있을 것이라고 보도했다. 이는 사우디 아람코가

상당한 비축유를 보유하고 있음에도 미국이 먼저 사태 장기화를 예상하고 대책을 제시한 것이다.

이번 사우디아라비아 석유시설 파괴 사태로 지난 수년간 지속돼 온 미국과 석유수출국기구(OPEC) 간의 석유 패권 다툼도 승자의 저울추가 미국 쪽으로 더욱 기울 것으로 전문가들은 분석하고 있다. 여기에 트럼프 대통령이 국제 유가가 더 낮아져야 한다면서 계속 OPEC가 원유 생산을 늘리도록 압박할 정도로 목소리를 크게 내고 있다. 미국의 셰일원유가 전 세계 에너지 시장의 지형을 완전히 재편한 것을 보여 주는 대목이다. 그리고 그 중심에는 미국 텍사스의 셰일채굴 붐이 자리하고 있다.

이제 미국이 산유대국 이란과 베네수엘라, 러시아의 숨통도 쥐고 있다. 그런 만큼 사우디 사태가 장기화할수록 미국에는 오히려 이익이 된다. 미국이 2019년은 지난해보다 20% 늘어난 하루 1,340만 배럴의 원유를 생산하면서 최고 기록을 경신했다. 여기다 3년 내에 하루 수출량도 현재 300만 배럴에서 600만 배럴로 두 배가량 늘릴 계획이다. 뱅크오브아메리카는 9월 15일 "지난 7년 동안 OPEC가 해마다 1%씩 원유시장 점유율을 잃어 가고 있다"라며 "이제는 미국 중심으로 원유시장이 확실하게 재편되고 있다"라고 주장했다.

미국 셰일채굴 기술의 급속한 발전

미국이 세계 최대 산유국 자리를 차지하게 된 것은 셰일채굴 기술의 급속한 발전에서 비롯된다. 새로 개발된 '수압 파쇄법(Fracking)'은 셰일암반층에 묻혀 있는 방대한 양의 원유와 천연가스를 채굴하는 길을 열었다. 새 기술의 개발로 채굴 비용도 대폭 줄였다. 에너지 투자기업 'BP캐피털펀드어드바이저스'의 포트폴리오 매니저인 벤 쿡은 "새로운 셰일채굴 기술이 '게임 체인저' 역할을 했다"라며 "이는 미국이 원유 생산의 탄력성과 경쟁력을 갖추었다는 것을 의미한다"라고 강조했다. 원유 생산의 탄력성이 필요한 이유는 유가 등락이 워낙 심하기 때문이다. 따라서 지난 9월 14일 사우디아라비아 최대 석유시설이 공격당한 지 1개월 반이 지난 11월 현재까지도 기름값은 여전히 베럴당 50~60달러 선을 유지하고 있다.

실제로 2008년 금융위기 때 유가는 배럴당 140달러까지 치솟았다. 이듬해인 2009년 한때 40달러까지 폭락했다. OPEC와 러시아 등 산유국이 하루 180만 배럴을 감산키로 합의하면서 유가는 다시 2010~2014년 70~80달러대를 유지했다. 하지만 2014년 40달러까지 내려간 뒤 2015년 이후 50~60달러대를 지속하다 2016년 2월 한때 국제유가는 배럴당 30달러 선까지 급락했다. 2016년 말 다시 산유국 간 하루 180만 배럴의 원유를 감산키로 합의하면서 유가는 70달러 선을 회복했다. 그러나 2016년 미국 셰일혁명이 완성됐다. 그 후 미국이 국제유가 조정자 역할을 하면서 줄곧 50~60달러 선을 유지하고 있다.

산유국(OPEC)의 미국 셰일 고사작전

중동지역의 OPEC는 한때 미국의 셰일오일업자들을 고사시키기 위한 가격 전쟁을 벌이기도 했다. 사우디아라비아 등 OPEC 회원국은 2014년 중반 이후 2년여 동안 유가가 급락세를 보였다. 하지만 감산하지 않았다. 급기야 국제유가는 배럴당 40달러 선까지 떨어졌다. 당시 채굴단가가 배럴당 57달러 수준이었던 미국 셰일을 죽

미국은 본토 전역에 방대한 셰일이 매장돼 있어 그 양을 헤아리기 어렵다. 미국 서부 로키산맥의 동쪽 콜로라도와 유타, 와이오밍 지역을 포괄하는 '그린리버 분지(Green Rive Basin)'에 매장돼 있는 셰일은 지구 총 원유 매장량의 60%에 해당하는 2조 배럴 수준인 것으로 밝혀졌다. 2조 배럴은 현재 미국의 하루 소비량 1,800만 배럴을 기준으로 304년을 사용할 수 있는 어마어마한 양이다. 전문가들은 셰일혁명으로 이제 미국은 인류 역사상 전대미문의 패권국 지위에 올랐다고 입을 모은다.

이기 위한 작전이었다.

예상대로 셰일오일을 생산하는 미국의 에너지 기업은 줄도산을 시작한다. 셰일오일업자들이 배럴당 30~40달러로는 셰일오일의 생산 단가를 지탱할 수 없기 때문이다. 그러나 중동 산유국의 원유 생산 비용은 배럴당 30달러 선을 버틸 수 있었다. 원유 가격이 40달러를 밑돌면서 수입은 줄었다. 하지만 미국 셰일업계를 고사시키기 위해 작전을 폈던 것이다. 당시 원유 수입국인 중국, 일본, 한국은 큰 이익을 누렸다. 반대로 채굴단가가 높은 러시아와 베네수엘라가 직격탄을 맞고 국가부도 위기를 맞았다. 이처럼 기름은 전 세계 경제에 큰 영향력을 행사하고 있다.

미국 채굴 기술발전으로 위기 모면

앞서 미국은 1975년 중동발 오일쇼크를 겪은 이후 자국 원유를 해외에 수출하는 것을 금지해 왔다. 그동안 미국은 캐나다 등 일부 동맹국가에만 제한적으로 원유를 수출했다. 수출량도 하루 50만 배럴로 제한돼 있었다. 그러나 셰일혁명으로 미 의회가 2015년 12월 40년 만에 원유수출 금지 조처를 해제했다. 현재 미국은 남미와 유럽, 한국, 일본, 중국 등으로 원유를 수출하고 있다.

산유국의 감산 합의에도 불구하고 셰일회사들은 2016년 말 다시 일어서기 시작했다. 무엇보다 줄도산한 중소업체가 당시 대부분 대형 석유업체로 흡수되면서 셰일채굴이 한층 더 탄력을 받았다. 그리고 새로운 채굴 기술의 발전으로 셰일오일 생산 단가를 사우디아라비아와 같은 수준으로 크게 낮췄다. 게다가 원유수출 금지가 해제되면서 셰일오일의 판로 확대로 셰일업계에 호황을 안겨 주었다. 이로써 미국산 셰일오일은 날개를 달게 된다. OPEC의 미국 셰일 고사작전이 되레 셰일혁명을 부추긴 꼴이 되고 말았다. 셰일혁명의 완성으로 이제 미국이 국제유가를 좌지우지하고 있다.

미국의 셰일혁명, 신이 내린 축복

미국 지질학자들은 이미 반세기 전인 1970년대 초부터 미국 내 영토에 방대한 양의 셰일(Shale) 암반층이 형성돼 있다는 것을 알고 있었다. 그리고 셰일 내부에 원유찌꺼기와 천연가스가 부존해 있다는 것을 밝혀냈다. 셰일은 작은 모래나 점토 크기의 입자로 형성된 층상 구조의 퇴적암이다. 이를 지질용어로 '혈암' 또는 '점판암'이라 부른다. 그런데 미국 셰일은 원유(Oil)와 천연가스(LNG)를 켜켜이 머금고 있다. 이를 원유와 가스로 분리해 채굴하면 각각 셰일오일과 셰일가스가 된다. 따라서 셰일가스라고 통칭하는 것은 잘못된 표현이다.

이런 사실에도 불구하고 당시 미국 정부는 이를 채굴할 엄두도 내지 못했다. 대부분 셰일암반층이 지하 400~3,000m 깊이에 형성돼 있어 향후 채굴기술을 개발한다고 해도 채산성이 거의 없을 것으로 판단하고 포기한 상태였다. 그러나 1973년부터 시작된 오일쇼크를 겪으면서 많은 사람이 셰일채굴에 도전장을 던졌다. 결국 모두 포기하고 말았다. 하지만 유일하게 끝까지 달라붙어 성공한 사람이 있다. 텍사스 지역의 중소 석유대회사 대표인 조지 미첼(George Mitchell)이었다. 그는 40년 가까이 실패를 거듭하면서도 굴하지 않고 끈질기게 도전했다. 마침내 2004년 초 어느 정도 채산성을 갖춘 셰일채굴 기술에 1차 성공했다.

우리(미국)는 망하는 날 흥했다

2004년 채굴 기술 개발은 성공했지만 여전히 채산성은 낮은 수준이었다. 채굴단가가 80달러 선에 육박한 것이다. 하지만 2008년 새로운 채굴기술 완성에 성큼 다가서게 됐다. 새 기술은 염분이 있는 물과 화학제품, 기름기가 섞인 모래 등을 혼합한 합성물질을 고압으로 분사해 바위를 깨뜨리는 '프래킹(Fracking: 수압파쇄)' 기법이었다. 2008년 셰일채굴 기술이 한 발 진보하면서 미국 정부와 정유업계는 환호로 들썩였다.

조지 W. 부시 행정부의 말미인 2008년 9월 7일 리먼브러더스 사태가 발생했다. 전 세계는 엄청난 경제적 충격에 휩싸였다. 그 당시 세계는 너도나도 미국의 몰락을 얘기하면서 곧 다가올 중국의 패권을 찬양하기에 여념이 없었다. 그런데 때마침 그날 동시에 미국에 셰일혁명이 일어난 것이다. 미국 행정부와 정유업계는 내심 표정 관리에 여념이 없었다고 전해진다. 당시 미국의 한 고위관리는 "우리는 망하는 날 흥했다"라는 말로 셰일혁명을 미국의 축복으로 표현했다.

버락 오바마 행정부가 2009년 출범할 당시 미국은 금융사태로 실업률이 10%에 달했다. 기름값과 렌트비가 무려 2배 이상 뛰면서 그와 동시에 각종 물가도 폭등하기 시작했다. 그야말로 미국 경제는 엉망이 됐다. 하지만 셰일혁명의 여파로 곧바로 안정을 되찾았다. 미국은 경제적 안정을 기반으로 행정부와 민간기업이 호흡을 맞춰 새로운 변화로 밀려오는 제4차 산업혁명까지 착착 준비하면서 다시 한 번 도약의 발판을 다지고 있다.

이를 바탕으로 오바마 대통령은 2013년 재선에 성공했다. 그리고 2015년 연두교서를 통해 이제 미국은 셰일혁명으로 수백 년을 쓰고도 남을 오일과 가스를 갖게 됐다고 전 세계에 알렸다. 2015년 8월 31일 오바마

행정부는 이란 인근의 호르무즈해협에 안정적인 기름 공급을 위해 30년간 배치해 온 항공모함 두 대를 전격적으로 철수했다. 향후 원유가격에서 미국의 자신감을 만천하에 드러낸 것이다. 오바마 대통령이 퇴임하던 2017년 1월 불과 8년 만에 미국은 실업률이 4%대로 안정되면서 경기 호황을 맞이했다.

전대미문의 패권국이 된 미국

미국은 본토 전역에 방대한 셰일이 매장돼 그 양을 헤아리기 어렵다. 미국 서부 로키산맥의 동쪽 콜로라도와 유타, 와이오밍 지역을 포괄하는 '그린리버분지(Green Rive Basin)'에 매장돼 있는 셰일은 지구 총 원유 매장량의 60%에 해당하는 2조 배럴 수준인 것으로 밝혀졌다. 2조 배럴은 현재 미국의 하루 소비량 1,800만 배럴을 기준으로 304년을 사용할 수 있는 어마어마한 양이다.

게다가 현재 사우디아라비아를 비롯한 OPEC 산유국을 몰락으로 밀어 넣고 있는 노스다코타주 바켄(Baken)의 셰일은 그 넓이가 대한민국 전체 면적의 4분의 1이 넘는다. 이런 엄청난 셰일이 미국 전역에 매장돼 있다. 석유전문가들은 채굴 기술이 발전되고 더 많은 양의 셰일 암반층이 발견되고 있어 '석유종말의 시대'라는 말이 이제는 인구에 회자되지 않을 것이라고 단언한다.

중국 셰일은 채산성 없는 '그림의 떡'

셰일은 전 세계 몇몇 국가에 집중 매장돼 있다. 세계 5대 셰일 보유국으로 중국이 31조 ㎥로 단연 1위다. 이어 아르헨티나 2위(22조), 알제리 3위(20조), 미국 4위(18조), 캐나다 5위(16조)로 셰일 매장량이 엄청나다. 특히 중국에는 미국과 캐나다를 합친 것과 맞먹을 정도로 가장 많은 양의 셰일이 부존돼 있다. 원유 40%를 수입에 의존하고 있는 중국이 즉각 셰일 개발에 착수했다.

중국은 2012년 본격적으로 셰일을 개발하기 시작했다. 그러나 현실은 '그림의 떡'이라는 결론이 내려졌다. 중국 경제지 '차이징'은 2019년 7월 17일 셰일개발업자들이 속속 탐사권을 반납하고 있다고 보도했다. 2019년 4월부터 시작된 탐사권 반납이 이어진 가운데 9월 영국 석유회사 BP가 쓰촨 지방에서 2개의 셰일개발 프로젝트를 철수키로 했다. 로이터통신은 이날 셸, 엑손모빌, 코토필립스, Eni사 등 글로벌 석유 기업이 모두 중국 셰일개발 프로젝트를 포기하고 탐사권을 중국에 반납했다고 전했다. 그리고 마지막으로 남아 있던 영국 BP마저 중국 셰일개발을 접었다고 보도했다.

완벽한 셰일채굴 기술을 보유한 글로벌 메이저 석유회사들이 왜 중국을 떠날까. 전 세계에서 가장 많은 셰일 매장량을 보유하고 있는 중국에서 셰일개발을 포기하는 이유가 무엇일까. 무엇보다 개발 채산성이 없기 때문이다. 중국 셰일은 미국과 달리 셰일이 형성된 지질구조부터 다르다. 미국은 수억 년 전부터 해저에서 형성된 양질의 해양셰일이다. 그러나 중국은 형성된 연대도 낮은데다 호수셰일이어서 채산성이 매우 빈약하다.

특히 셰일 채굴에는 엄청난 양의 물이 필요하다. 물 부족 국가인 중국에서는 큰 장애가 아닐 수 없다. 미국 셰일층은 대개 지하 400~1,000m에 매장돼 있다. 하지만 중국 셰일층은 3,500m 깊이에 퍼져 있다. 게다가 대량 매장 지역인 쓰촨은 지진 다발 지역이다. 이곳에서는 그 누구도 안전을 확보할 수 없다. 그런 이유로 야심 찬 중국 정부의 셰일 개발 포부는 결국 그림의 떡이 되고 만 것이다.

호랑이 등에 날개를 단 미국

이제 미국은 그동안 약한 고리 역할을 해 온 석유자원에서 완전히 벗어났다. 전문가들은 "호랑이 등에 날개를 단 형국"이라고까지 말한다. 미국은 지난 반세기 이상 석유 때문에 패권국의 지위를 마음껏 행사하지 못했다. 석유를 지키기 위해 해양경찰 노릇을 해야 했다. 무려 10대의 항공모함을 운용하면서 엄청난 자본을 낭비했다. 무엇보다 중동 산유국의 눈치까지 봐야 했다. 때로는 산유국 중 친미 세력인 사우디아라비아와 쿠웨이트를 지키기 위해 전쟁도 감수해야 했다. 천문학적인 달러를 낭비하면서 벌인 이라크전쟁, 아프가니스탄전쟁이 모두 석유와 직접 관련돼 있다.

그런 미국이 셰일혁명으로 이제는 세계 유가를 손아귀에 넣고 쥐락펴락하게 된 것이다. 하물며 국제 전문가들은 지금 미국과 같은 패권국가는 지구 역사에서 이전에도 이후에도 다시 있을 수 없다고 주장한다. 군사력과 자본(기축통화), 첨단기술 그리고 천연자원(석유 및 천연가스) 등 패권국가가 갖춰야 할 가장 강력한 무기를 모두 확보한 셈이다. 세계 패권국가로서 미국과 같은 절대 조건을 모두 갖출 수 있는 나라는 지구 역사에서 지금의 미국이 유일하다. 그래서 국제정치 전문가들은 미국을 가리켜 이제 호랑이 등에 날개를 달았다고 표현한다.

국제 전문가들은 지금 미국과 같은 패권국가는 지구 역사에서 이전에도 이후에도 다시 있을 수 없다고 입을 모은다. 항공모함만 해도 무려 11척인 가공할 해군력과 자본(기축통화), 첨단기술 그리고 셰일 천연자원(석유 및 천연가스) 등 패권국가가 갖춰야 할 가장 강력한 무기를 완벽하게 확보한 셈이다. 세계 패권국가로서 미국과 같은 절대 조건을 모두 갖출 수 있는 나라는 지구 역사에서 지금의 미국이 유일하다. 그래서 국제정치 전문가들은 미국을 가리켜 이제 호랑이 등에 날개를 단 형국이라고 표현한다.

중국 겨냥한 미국의 국제전략

문명과 반문명의 전쟁

미·중 전쟁은 불공정 무역관행을 바로잡으려는 단순한 무역 분쟁이 아니다. 지금 미국은 중국을 상대로 전쟁을 선포한 것이다. 트럼프 대통령이 처음으로 2019년 7월 중국을 '적(enemy)'이라고 공식 규정하고 나섰다. 이미 트럼프 대통령은 2018년 9월 25일 유엔 연설에서 셰일혁명으로 미국이 유일한 패권국임을 공식 선언했다. 이날 트럼프 대통령은 먼저 전례 없이 산유국 OPEC를 말 펀치로 사정없이 깔아뭉개버렸다. 그리고 중국을 향해 반문명적인 사회주의와는 함께 세계문명을 추구할 수 없다고 공식 천명했다.

이어 10월 4일 펜스 부통령이 허드슨연구소에서 한 연설은 중국을 향해 전쟁을 공식 선포한 것이나 다를 바 없다. 펜스 부통령의 연설 요지는 이렇다. 중국이 전 세계 국가를 상대로 자유무역을 통해 잘살게 되면 미국과 같은 자유민주주의 국가가 될 것으로 판단했다. 그러나 중국은 지금 정반대의 행동 양상을 보이고 있다. 중국은 강탈적 국가자본주의 중국공산당 지배체제로 가고 있다. 인권 탄압도 갈수록 가혹해지고 있다. 신장웨이우얼 지역 인구의 10%에 해당하는 100만 명을 강제 수용하고 있다. 특히 쇼셜 크레딧을 통해 중국 전 인민을 감시하고 있다. 중국이 반문명적 사회주의 국가로 회귀하고 있다. 그리고 펜스 부통령은 이제 중국은 대만과 같은 자유민주주의 국가가 될 것을 강력히 경고했다.

2019년 5월 미 국무부 정책기획국장 키론 스키너는 미국 역사상 처음으로 전혀 다른 성격의 문명과 충돌하고 있다며 미·중 전쟁이 중국과의 문명 충돌 전쟁임을 공언했다. 처음에 미·중 분쟁은 관세전쟁으로 시작해

ZTE와 화웨이를 겨냥한 첨단기술 전쟁으로 번졌다가 마침내 미국의 궁극 목표인 문명충돌로 이어졌다. 미국 조야도 이제 서구적인 현대 문명의 혜택을 받은 중국과 충돌하고 있다면서 이를 문명과 반문명의 충돌로 규정했다. 중국은 지금 서구문명과 너무 멀어져 버렸다. 중국은 과거 전체주의였던 중화제국으로 향하고 있다고 비판한 것이다.

트럼프행정부의 백악관 수석 기획전략국장을 지낸 존 배넌은 지금 민간 차원에서 중국의 무서운 음모를 파헤치고 있다. 배넌 전 국장은 '현존하는 위협 중국에 대처하는 위원회'를 만들어 워싱턴에 본부를 두고 있다. 그는 지금 중국의 문제점을 전 세계에 알리는 캠페인에 열을 올리고 있다. 특히 미·중 전쟁은 전 세계를 상대로 자유무역을 통해 엄청난 돈을 번 중국을 현대 문명이라는 바다에서 문명을 강탈하는 반문명 국가로 규정하고 나선 것이다.

특히 2019년 9월 24일 유엔 연설에서 트럼프 대통령은 "중국은 약속된 기술강제 개혁을 거부했을 뿐만 아니라 대규모 시장 장벽, 과중한 국가보조금, 환율 조작, 덤핑, 강제 이전 및 지적재산권 도용, 영업 기밀 절취 등에 의존한 경제 모델을 채택했다"라고 지적했다. 이어 "지난 수년간 이러한 (무역) 남용이 용인되거나 무시되었고 심지어 장려되기까지 했다"라며 "미국이 관여하는 한 이런 시대는 이제 끝났다"라고 역설했다.

미·중 무역전쟁을 두고 트럼프 대통령은 "우리는 양국에 모두 이익이 되는 합의를 원한다"라며 "그러나 분명히 언급하고 싶은 것은 미국인을 위해 나쁜 거래를 수용하지 않을 것"이라고 밝혔다. 그러면서 '범죄인 인도법안' 추진으로 촉발된 홍콩 시위 사태에 중국의 대응과 관련해 "미국은 홍콩의 상황을 주의 깊게 지켜보고 있다"라며 "세계는 중국 정부가 영국과 맺은 구속력 있는 조약을 존중하고 홍콩의 자유와 법체계, 민주적 삶의 방식을 보호하기를 전적으로 기대한다"라고 말했다.

괴물 '프랑켄슈타인', 미국이 키웠다?

이제는 트럼프행정부뿐만 아니다. 미국 전체가 중국이 화웨이 5G통신장비를 통해 전 세계를 감시체제로 몰아가려는 악질적인 '디지털 전체주의' 음모를 실행하고 있다며 비난하고 나섰다. 미국 정부 고위 관계자는 중국을 '프랑켄슈타인'이라는 괴물에 비유하고 있다. 무엇보다 그런 괴물을 키운 국가가 바로 미국이라며 미국이 이 괴물을 바로잡을 도덕적 책무가 있다며 자성을 촉구하고 나섰다.

중국의 문제는 친중적인 색채를 띠어 온 미국 민주당까지도 반중 정서로 돌아선 것이다. 그와 함께 유럽 국가까지도 중국의 반문명적 행태를 강력하게 비난하면서 미국에 동조하고 있다. 트럼프행정부 출범 당시만 해도 유럽은 트럼프를 전혀 신뢰하지 않았다. 특히 독일 앙겔라 메르켈(Angela Merkel) 총리는 트럼프행정부에 사사건건 각을 세우며 반대했다. 그런 유럽이 2018년 트럼프의 유럽방위비 1,000억 달러 인상을 반발 없이 수용했다. 지금 유럽은 트럼프행정부의 주장에 속속 동조하고 있는 상황이다.

미국의 인도·태평양사령부 신설

미국 국방부는 인도·태평양 방위전략 구상을 통해 중국을 군사적으로 봉쇄하겠다고 천명하고 나섰다. 2018년 태평양사령부를 인도·태평양전략사령부로 개칭하고 인도를 포함한 일본,

한국, 호주가 연합해서 중국을 견제하겠다는 방위구상을 밝혔다. 이에 앞서 2017년 11월 트럼프 대통령이 문재인 대통령과 회담하면서 인도·태평양 구상을 밝히고 동참을 호소했다. 그러나 문재인 대통령은 아직도 견해 발표를 유보하고 있다.

미국은 최근 싱가포르 샹그릴라호텔에서 개최된 아시아안보회의에서 중국을 겨냥해 인도·태평양 지역을 어느 한 국가가 지배하게 하면 안 된다는 것을 결의했다. 이어서 인도·태평양 안보보고서에 뉴질랜드, 몽골, 싱가포르, 대만을 포함시켰다. 특히 대만을 미국의 동맹국이라고 선언한 것이다. 미국의 대(對)중국 전략이 극명하게 엿보이는 대목이다. 이런 점에서 미·중 전쟁에서 미국의 승리는 필연적이다. 무엇보다 미국은 정치체제, 군사, 자본, 자원, 기술 등 현대 문명을 주도할 모든 조건이 중국보다 우위에 있기 때문이다.

대한민국이 취할 스탠스는?

미국은 소련 전체주의에 대항해 자유민주주의 현대 문명을 구축한 주인공이다. 서구사회에서 시작된 르네상스 이후 지난 600여 년 동안 영국과 미국이 현재 인류가 신뢰할 수 있는 국제규범을 만들었다. 이는 정직성과 인간존중 그리고 도덕적 가치를 바탕으로 한 종교개혁, 산업혁명, 과학발전으로 이어지면서 현대 문명을 주도해 왔다. 이와 함께 우리 대한민국은 1948년 건국 이후 줄곧 한미동맹으로 북한 공산주의 독재체제에 맞서 왔다. 게다가 미국 주도의 자유주의무역체제에서 대한민국을 세계경제 10대국으로 발전시켰다.

작금의 현실에서 우리가 취해야 할 스탠스는 너무도 자명하다. 우리는 동맹국 미국 편에 확실히 줄을 서야 한다. 지금 문명 패권을 놓고 정면대결을 벌이고 있는 미·중 전쟁이 우리에게는 그야말로 천재일우의 기회라고 할 수 있다. 중국이 반도체와 5G통신 등 첨단산업 분야에서 우리 턱밑을 추격하고 있다. 이런 시점에서 미국이 중국을 제재하고 나선 것이다. 이를테면 1985년도 플라자합의 때 미국이 일본을 제재하면서 일본이 빠진 자리에 삼성과 현대가 대신 미국으로 진출할 기회를 얻었다. 삼성은 그 당시 반도체산업 육성의 기회를 얻어 오늘의 영광을 누리고 있다.

미·중 전쟁은 이제 그 누구도 양보할 수 없는 무서운 치킨게임으로 치닫고 있다. 무엇보다 미국이 이 전쟁의 승자가 될 것임은 확실하다. 과거 역사에서 전쟁 패자에 잘못 줄을 서거나 손을 들어주다 패망한 사례는 수없이 많다. 우리는 불과 120년 전에 일어났던 청일전쟁(1894~1895) 당시 스스로 청나라 속국이라고 자처하면서 청국에 기대어 서양의 동맹국인 일본을 업신여기다 모진 낭패를 당했다. 결국 전쟁의 승자인 일제의 식민지로 전략해 36년간 지배당하면서 고초를 당한 뼈아픈 경험을 지금도 기억하고 있다.

중국은 가능성이 커 보이는 자국 기업은 대대적인 정부 지원을 통해 발전시킨다. 중국 기업은 첨단기술 및 수출기업으로 지정되면 각종 세금 우대와 융자 등의 혜택을 받기 때문에 막강한 미국 기업도 감당해 내기 어렵다. 2012년 중국에 들어간 우버가 불과 4년 만에 중국 우버라는 '디디추싱'에 모든 것을 탈탈 털리고 빈털터리가 돼 철수했다. 하물며 세계 최고를 자랑하는 애플과 삼성까지도 중국 스마트폰에 기술 이전만 해준 꼴이 된

채 철수하지 않았는가.

미·중 전쟁에서 미국이 중국을 몰아붙이고 있는 이번 기회를 잘 활용하지 못한다면 천추의 한을 남길 것이 분명하다. 2017년 사드 배치 때문에 당한 부끄러운 경험이 있다. 중국은 국가독점자본의 힘을 발휘해 자국 산업을 육성하고 있다. 지금 미국에 덤빌 수 있는 것도 시진핑 독재체재에서 국가자본을 총동원할 수 있기 때문이다. 만약 미·중 전쟁이 아니라면 중국이 반도체 등 우리의 먹거리를 뺏는 일은 시간문제다. 지금 미·중 전쟁으로 중국 경제가 몰락하고 있다는 것은 우리 대한민국에는 더없는 축복임을 명심해야 한다. 특히 친중반미 세력은 머지않아 국민의 준엄한 심판을 받게 될 것이다.

우리 대한민국의 현주소

수치로 본 한국의 제4차 산업혁명

최근 스위스 투자은행 UBS가 제4차 산업혁명을 준비하고 있는 정도를 나타내는 '준비지수'를 발표했다. 대한민국은 139개 국가 중에서 25위에 랭크됐다. 이는 경제협력개발기구(OECD) 34개 회원국 중에서 하위인 셈이다. 아시아에서는 일본이 12위, 대만이 16위, 중국이 18위인 것으로 나타났다. 또 내용면으로 보면 대한민국의 기술력이 23위, 교육지수가 19위, 노동유연성이 83위로 현저하게 낮게 나타나고 있다. 특히 우리나라 기업의 경우 제4차 산업혁명 준비지수를 10점 만점으로 볼 때 평균 1~5점으로 대부분 낙제점 수준인 것으로 드러나 충격을 안겨 주고 있다.

현재 제4차 산업혁명의 핵심 기술의 발전 상황을 본다면 아시아 국가는 단지 일본을 제외하고 미국이나 유럽 국가들에 비해 현저하게 뒤떨어지고 있다. 우리나라의 경우는 제4차 산업혁명의 준비지수와 기술력 모두 일본과 대만에도 크게 밀리고 있는 형국이다. 그래서 우리의 기술력으로는 향후 이 혁명에서 선진국 대열에 올라서기가 매우 어려운 실정이다. 제4차 산업혁명을 주장하는 전문가들이 한결같이 실망하고 염려하는 이유이다.

우리나라는 제4차 산업혁명을 구체적으로 명시한 건 아니지만 박근혜 정부 때부터 창조경제, 정부3.0 등을 주장하며 기업 혁신에 일정 부분 관심을 가졌다. 또한 기업을 중심으로 제조업 혁신3.0, 스마트 팩토리를 만들겠다고 공언한 바도 있다. 하지만 대부분 뚜렷한 성과를 내지 못했다. 그러나 지금 우리나라는 삼성, LG 등 몇몇 기업을 제외하고 이런 흉내조차 내지 않고 있어 미래가 더욱 암울하다.

한발 늦은 대한민국 제4차 산업혁명

다른 나라의 제4차 산업혁명 현황을 우리와 비교해 보자. 전문가들은 우리의 제4차 산업혁명 준비 수준이 형편없이 낮은 수준이라고 말한다. 특히 정부 차원에서는 미국이나 독일, 일본, 영국, 프랑스, 네덜란드, 이스라엘 등 선진국의 절반 수준에도 미치지 못한다고 평가한다. 미국의 경우 이 혁명을 민간기업이 주도하면서 정부는 각종 규제 완화, 금융 및 조세지원 등 좋은 환경을 만들어 지원하는 시스템으로 가고 있다. 미국이 가장 무섭게 발전하고 있는 것은 이미 데이터가 입증하고 있다. 세계 10대 기업에 미국 기업이 단연 두각을 드러내고 있다.

선진국은 제4차 산업혁명이라는 개념이 도입되기 전에 이미 이에 걸맞은 준비를 시작했다. 특히 미국은 이미 2011년 오바마 대통령 때부터 정보 및 첨단기술 개발에 바탕을 둔 '스마트 제조' 정책을 정부 차원에서 강력히 추진했다. 오바마행정부는 당시 국가제조 개혁시스템을 만들었다. 그리고 스타트업을 위한 투자펀드 조성 및 세금 혜택 등 제4차 산업혁명을 돕기 위한 환경을 완벽하게 조성했다. 미국은 이미 우리나라보다 10년을 앞서가고 있는 것이다. 지금 트럼프행정부에서 그 빛을 발휘하고 있다.

독일은 '민관 공동형'으로 분야별 한계를 넘어 기술혁신을 지원하는 하이테크 전략을 국가 차원에서 주도하고 있다. 무엇보다 독일은 일본과 함께 제조업이 세계에서 가장 강한 나라이기 때문에 이를 바탕으로 '스마트 팩토리' 등에 가속화하고 있다. 독일은 2012년에 디지털 경제와 사회, 지속 가능한 경제와 에너지 등의 신하이테크 전략을 발표했다. 독일은 이를 토대로 제조업 전체를 거대 플랫폼화하는 구체적인 청사진을 마련했다. 민간기업이 이에 동조하도록 백업하고 있다. 미국에 이어 독일이 제4차 산업혁명에 선도적인 역할을 하고 있다.

일본은 민간과 정부가 합동으로 제4차 산업혁명을 합작하는 노력이 세계에서 가장 강력한 것으로 나타나고 있다. 일본은 2013년 '민관 동등형'으로 '신산업구조비전'을 만들어 총리실 산하에 두고 있다. 총리실은 제4차 산업혁명과 관련한 결정 컨트롤타워를 두고 미래투자회의로 정부와 민간기업을 일원화했다. 또한 일본은 민관회의를 만들어 정부의 지도능력과 민간기업의 흡수 능력이 조화를 이루면서 발전해 나갈 수 있는 시스템을 갖추었다. 일본은 로봇산업, 사물인터넷, 인공지능 3개 분야를 스마트 제조 전략산업으로 선정해 집중 육성하고 있다.

이웃 중국은 전체적으로는 조금 뒤처져 있다. 하지만 내용 면으로 보면 중국은 무서운 나라다. 중국은 제4차 산업혁명 분야에서 공산당정부가 국가 주도로 2015년 독일의 콘셉트를 벤치마킹했다. 그리고 이를 바탕으로 '중국제조 2025'라는 정부정책을 제시했다. 지금은 중국이 우리 한국보다 한발 앞선 채 더 적극적으로 준비하면서 이미 한국을 추월했다. 중국은 전자상거래, 게임산업, 금융산업 등을 정부가 적극적으로 지원해 일부는 미국을 앞지를 정도로 빠르게 성장하고 있다.

한국, 무엇이 문제인가?

대한민국은 제4차 산업혁명의 기반 산업인 IT 분야에서는 글로벌 강자로 군림해 왔다. 이와 함께 디지털 기술세계를 전 세계에서 가장 비옥한 옥토로 일궈 놓았다. 그런데 우리 대한민국이 어쩌다 이 지경이 됐을까. 국가 정책을 책임지고 있는 정부와 국회가 제4차 산업혁명의 본질을 근본적으로 이해하지 못하고 있다. 우리 정부는 지금 신인류가 풀어낼 수많은 벤처 스타트업(start-up) 기업의 비즈니스 혁신 모델을 오히려 규제로 막고 있다.

IT산업 강자 대한민국의 몰락

40여 년 전 박정희 대통령 시절에 대한민국 정부와 기업은 오늘 우리나라에 막대한 부를 안겨 주고 있는 IT산업에 주목했다. 이 산업을 미래 성장동력산업으로 본 것이다. 그래서 기업은 엄청난 자본을 투자했다. 정부는 기업과 손발을 맞추어 투자환경을 제공했다. 이를테면 당시 우리 정부는 공과대학을 지원하는 우수한 학생들에게 군복무 면제를 비롯해 국비유학생 장려 등 IT산업 분야의 미래를 위해 각종 혜택 등 지원을 아끼지 않았다.

그래서 우수한 인재가 의대와 약대로 진학하기보다 기계공학이나 컴퓨터 공학 쪽을 선택했다. 그런 기반이 오늘의 이 열매를 따 먹을 수 있게 해 준 것이다.

그런데 이제 우리나라의 IT산업은 중국에 넘겨질 위기에 처했다. IT산업에 버금가는 또 하나의 산업이 만들어지지 않으면 미래가 위험할 지경이다. 현재 IT산업 분야의 전 세계 시장 규모는 약 4조 달러다. 그 가운데 우리나라가 차지하는 비중이 무려 8%나 된다. IT 분야가 2018년 무역흑자 957억 달러 중 955억 달러를 차지할 만큼 절대적인 기여를 했다. 이제는 그런 달콤한 열매를 따 먹을 기회가 곧 사라질 위기에 처해 있다. 중국에 많은 흑자를 낸 IT 분야가 이제는 첨단기술 일부를 제외하고 중국이 우리 기술을 이미 따라잡았거나 앞서고 있기 때문이다. 향후 IT산업 분야의 흑자는 급격히 줄어들 수밖에 없는 실정이다. 전문가들은 이미 몰락의 길에 들어선 것이나 다름없다고 지적한다.

기업 돈 투자, 규제에 발목 잡혀

우리나라가 IT와 제조업의 강국인데도 비단 제4차 산업혁명 준비단계에서 뒤처진 이유가 무엇일까. IT는 크게 두 개의 측면으로 나눠 볼 필요가 있다. 첫째는 네트워크를 잘 갖추는 것이다. 이때 네트워크를 도로에 비유하면 고속도로를 잘 닦아 놓은 것이다. 그런데 고속도로만 잘 닦은 것으로 문제가 해결되는 것이 아니다. 그 위에 다양한 물건을 실어 나르는 차량이 다녀야 한다. 그런데 우리가 잘하는 IT는 제4차 산업혁명의 기반 도로만 잘 닦아 놓은 셈이다. 물건을 싣고 달리는 차량이나 실린 물건이 바로 소프트파워라고 할 수 있는데 이것이 턱없이 부족하다.

IT인프라와 소프트파워는 다르다. 그래서 우리는 부족한 소프트파워를 키우기 위해 기술혁신에 박차를 가해야 한다. 제4차 산업혁명에 필요한 소프트파워는 증기나 전기의 힘이 아니다. 소프트파워는 우리 눈에는 보이지 않는다. 하지만 엄청난 가치를 만들어 내는 상상력과 아이디어를 발휘해 기술을 혁신해야 한다. 이 기술혁신의 힘이 바로 소프트파워다. 이 소프트파워를 기르기 위해 정부는 기업이 연구개발을 통해 혁신을 잘할 수 있도록 각종 규제를 완화하고 세제 혜택 등을 지원해야 한다.

그런데 오히려 우리는 규제를 더 강화하고 있다. 지금 우리가 무너지고 있는 것은 바로 소프트파워가 절대적으로 부족하기 때문이다. 제4차 산업혁명을 우리 대한민국은 어떻게 준비하고 있을까? 시장의 평가로는 반도체 등 몇 개 분야를 제외하고 준비가 턱없이 부족하다고 지적한다. 규제는 산더미 같고 기업은 국가 차원의 방향성을 잃고 각개전투를 하고 있다. 문제는 그마저도 성과가 뚜렷이 보이지 않고 있는 것이다. 그래서 50대 기업이 900조 원이 넘는 막대한 돈을 쌓아 두고도 제4차 산업혁명에 선뜻 뛰어들지 못하고 있다.

외교와 경제적 실리의 병행이 해결 방안

지금부터 정부와 기업, 온 국민이 팔을 걷어붙이고 노력해도 5년 내에는 일본과 독일이 준비하고 있는 제4차 산업혁명의 기술 수준을 따라잡을 수 없다는 것이 전문가들의 평가이다. 업계와 전문가들은 제4차 산업혁명에서 국가적 경각심 없이 현재와 같은 식으로는 시간이 흐르면 흐를수록 이들 선진국과의 격차가 점점 더 벌어질 것이라고 분석한다.

특히 우리나라의 경제·사회 시스템은 일본과 비슷하다. 일본은 우리보다 한발 앞서 이러한 문제를 경험하면서 대안을 찾기 위해 노력하고 있다. 이를테면 노인인구 문제, 저출산·생산인구 부족 등은 일본이 먼저 겪고 있다. 아직 우리나라에는 심각하게 다가오지는 않았지만 10년 이내에 부닥치고 극복해야 할 일이다. 그래서 이런 문제를 해결하기 위해 일본의 정책과 기술개발에 관심을 가지고 또 그들이 찾은 해법을 벤치마킹해야 한다.

무엇보다 우리나라의 많은 산업이 일본과 닮았거나 연계돼 있다. 그래서 제4차 산업혁명에서 우리보다 한발 앞서가는 일본과 엇박자를 내면 낼수록 손해는 우리에게 돌아온다. 우리나라가 제4차 산업혁명에 성공할 요건을 가지고도 뒤처져 있는 것은 바로 이런 문제를 올바로 처리하지 못하기 때문이다. 제4차 산업혁명은 첨단 및 핵심 기술을 함께 나누면서 혁신을 모색할 때 더 좋은 비즈니스 모델을 만들어 낼 수 있다. 정치문제는 능숙한 외교로 풀어 가되 경제 및 산업문제는 전략적 우호관계를 통해 실리를 챙기는 지혜가 필요하다.

이미 제4차 산업혁명의 최선두를 달리고 있는 우방 미국, 일본과 군사적인 파열음을 내면서 삐걱거리고 있다. 비록 우리나라로서는 일본에 얄미운 점이 있다고 하더라도 정부 당국은 외교력을 발휘해야 한다. 과거 맺힌 부분은 풀어내고 미래지향적으로 나아갈 방향을 모색하면서 대안을 찾아가는 것이 바람직하다. 그런데 지금 눈앞에 펼쳐지고 있는 제4차 산업혁명에 한발 뒤처진 우리나라가 오히려 나쁜 감정을 부추기며 일본을 백안시하고 있으니 걱정이 아닐 수 없다.

대한민국은 지금 개인의 정보 보호 및 사생활(privacy)보호, 그리고 생명윤리, 정보공개 비밀 등 다양한 규제를 통해 기성세대 보호에 여념이 없는 나라다. 우리는 미국이나 중국과 달리 청년들이 만들고 서야 할 자리를 정부가 다 막아놓은 형국이다. 그러다 보니 지금 우리의 청년 실업률이 거의 재난 상태로 높을 수밖에 없다. 우리 정부는 이 문명의 틀을 현재 기성세대의 눈높이에 맞춰 놨다. 하루빨리 이를 제4차 산업혁명 시대 신산업을 잘 이끌어 갈 청년들의 눈높이로 바꿔주어야 한다.

특히 지금 쏟아져 나오는 신산업은 대부분 스마트폰족이 잘하는 영역이다. 이미 어느 나라보다 청년 창업이 활발한 미국과 중국에서 이런 사실이 분명한 증거로 드러나고 있다. 그런데도 우리는 이런 것을 모두 막아 놓았다. 그러니 청년들이 스스로 찾아서 가꾸어 가야 할 일자리가 생길 수 없다. 제4차 산업혁명 시대 대부분의 비즈니스 모델은 스마트폰을 잘 사용하는 신인류가 추구하고 좋아해서 만들어 낸 것들이다.

현재 1조 원 벤처기업 유니콘이 2014년 25개사에서 2016년 100개사, 2017년 200개사, 2018년 300개사, 2019년 500개사를 육박하고 있다. 게다가 증가 속도는 더 빨라지고 있다. 이들은 대기업의 협력을 통해 혁신성장을 빠르게 구현한 것이다. 그리고 대부분이 포노사피엔스마켓 기업이다. 지금 미국에서 실업률이 3%대인 완전고용을 실현할 수 있는 것도 바로 젊은 청년들의 창업이 활발한 데다 그들이 창업한 기업이 또한 청년들을 고용하고 있기 때문이다.

그런데 현재 우리 문명의 잣대로는 이런 기술혁신이 거의 불가능하다. 미국이나 중국 의 청년들이 신산업 분야에서 성공한 벤처기업이 우리 대한민국에서는 50% 이상 불법이기 때문이다. 이미 세계시장은 바뀌고 있다. 또 이 세상을 바꾸고 있는 기업들이 자본을 긁어모으고 있다. 그리고 이 거대한 자본의 눈이 주목하는 먹거리가 바로 신인류 세대인 젊은 대학생이 찾아내고 만들어 갈 공간이 아닌가.

철밥그릇에 매달리는 대학생

대한민국에서 최고 똑똑하다는 이과 학생은 대개 의대와 약대를 선택한다. 그런데 IT산업의 2배가 넘는 8조 달러 규모의 시장에서 우리나라 의료·보건 헬스 산업이 차지하고 있는 비율은 0.7%다. 이 거대한 시장에서 고작 0.7%를 차지한다는 것은 의대나 약대를 졸업한 학생들의 97%가 돈을 더 많이 버는 의사나 약사의 길을 선택하기 때문이다. 제4차 산업혁명 시대 블루오션이나 다름없는 이 의료서비스 분야를 현재의 10배 규모인 7%로 높이지 못하면 한국에 미래는 없다. 현 정부의 기획재정부가 이런 것들을 전략적으로 준비해야 한다.

제4차 산업혁명을 세상이 송두리째 뒤바꾸고 있는 지금 우리의 중고등학생들은 너도나도 틀에 박힌 수능 공부에 목을 매고 명문대를 노래하고 있다. 게다가 명문대를 졸업하면 철밥그릇 '공시족'으로 몰리는 현실이 가히 절망적이다. 현재 대한민국 청년 40만 명이 평생직업인 철밥그릇을 꿰차기 위해 공무원시험에 목을 매고 있다. 문제는 인공지능과 로봇 시대에 이런 직업은 10년 뒤면 80% 이상이 자취를 감추게 된다는 사실이다.

지금 우리와 미래 먹거리를 놓고 치열한 경쟁을 벌이고 있는 이웃 중국은 전체 대학생 중 40%가 개인의 꿈을 찾아 벤처창업이라는 험난한 길을 스스로 개척하고 있다. 이 같은 추세로 향후 20년이 지나면 우리와 중국은 어떤 격차를 보일까? 청년들이 꿈을 상실한 채 편안하고 안정된 철밥그릇에 매달리는 우리 사회에 희망이 있을까. 한마디로 끔직하고 암울할 뿐이다.

왜 똑똑한 젊은이들이 안정된 직업에만 그토록 목을 매는가. 왜 모험과 실패를 그렇게 두려워하는가. 그들은 지금 우리 주변을 변화시키고 있는 제4차 산업혁명의 모습을 보지 못하고 있단 말인가. 문제는 우리의 청춘들이 안타깝게도 푸른 꿈을 잃어 가고 있다는 것이다. 세상의 변화를 읽지 못하고 곧 사라지게 될 철밥그릇에 목을 매고 있다는 것은 정부 당국자를 비롯한 우리 기성세대가 올바른 방향과 미래를 제시하지 못하고 있기 때문이다.

지도층 지식인 사회에 만연한 부패

지식 그 자체는 관념적이든 구체적이든 공적이고 윤리적이다. 지식은 기본적으로 정치, 경제, 사회, 문화적인 문제 또는 병리적인 모든 문제를 해결하고 치료하는 것이다. 지식을 공적이라고 말하는 것은 자기한테만 필요한 뭔가를 찾으려는 것이 아니기 때문이다. 그 시대와 사회의 잘못되고 병적인 '아픈' 문제를 위해 해결책을 찾는 행위이다. 이러한 행위를 하는 사람들을 우리는 참된 지식인이라고 말한다. 그런 점에서 한 국가나 사회에서 제대로 된 지식인이라면 근본적으로 공적이고 윤리적인 태도를 지녀야 한다.

그런데 정작 문제는 우리 사회를 계도하고 이끌어야 할 지식인 지도계층이 너무나 부패하고 타락해 있다는 것이다. 2019년 OECD 회원국 중에서 한국 지식인 부패지수가 가장 높은 것으로 나타났다. 지금 우리 사회는 교수, 문인, 예술가, 정치인, 언론인, 종교인 등 지식인 지도계층의 부패와 타락, 도덕적 해이가 극에 달했다. 게다가 진짜 더 큰 문제는 대부분 지식인 지도계층은 자신이 부패하고 타락한 존재인지를 모르고 있다는 것이다. 그래서 이들은 말과 행위가 너무 가증스러울 정도로 이중적인 태도를 취하고 있다.

지식인 지도계층이 강단에서, 교단에서, 연단에서, 강대상에서 날마다 입으로는 근엄하게 진실 존중과 진리를 말하면서도 정작 그들이 취하는 행동은 천박하고 추하기 이를 데 없다. 지금도 지식인들은 보이지 않는 곳에서는 자신들의 말과는 너무나 정반대의 행동양식을 나타내고 있다. 우리 사회 곳곳에서 벌어지고 있는 대부분의 큰일이 지식인 지도층의 비도덕적이고 비양심에서 비롯되고 있는 것이다. 실제로 우리는 2017부터 본격적으로 불거져 나온 '미투(MeToo)' 운동에서 지식인 지도층의 부패와 타락 양상을 너무도 생생하게 목격한 바 있다.

그렇다면 지금 우리 사회의 지식인 계층이 왜 이렇게도 부패하고 썩어 문드러져 있다는 말인가. 서강대 철학과 최진석 교수의 말을 빌리면 이렇다. "우리 대한민국은 지식 생산국이 아닌 수입국이다. 이는 곧 우리가 아직 스스로 우리의 세계를 확정하거나 통제하는 능력을 갖추지 못하고 있다는 말이다. 자신의 경험을 통제하는 능력에 있어서 아직 우리는 독립적이지 않다. 이는 다른 말로 아직은 우리 스스로가 자유로운 지식인이 아니라는 것이다."

우리도 이제는 지식 수입이 아니라 지식을 생산하려는 도전에 나서야 한다. 우리 문명사회에 존재하는 모든 지식은 문제를 해결한 결과들이다. 그래서 독립적인 우리의 지적 영토를 확장하지 않으면 우리는 이미 만들어진 해결 방법이나 치료 방법을 습득하는 수밖에 없다. 남이 만들어 놓은 처방전이나 해결 방법을 습득하는 사람은 결국 지식 노예나 다름없다.

우리는 지적인 진보가 일어나는 나라를 일반적으로 선진국이라고 말한다. 선진국의 지식인이 창의적인 활동도 더 활발하고 지적인 도전과 탐구도 더 과감하고 적극적이다. 그들은 스스로 창조적인 지적 활동을 통해 윤리적이고 공적 헌신성을 발휘할 수 있다. 지적 탁월성과 윤리적 민감성, 공적 헌신성이 한덩어리가 되기 때문이라고 최 교수는 진단한다. 남이 만들어 놓은 지식을 습득하고 흉내 내면서 그것을 적용하려는 우리 대한민국 대부분의 지식인은 공적이고 윤리적인 훈련을 받을 기회가 없었다. 지금 우리의 지식인들이 부패하고 타락한 이유다.

탈(脫)원전이 부른 국가적 재난

원전 전문가들은 문재인정부의 탈(脫)원전 정책을 40년 넘게 축적된 한국 원자력 기술과 성과를 무시한 '공포의 정책'이라고 말한다. 현 정부가 탈원전을 추진하는 것은 안전 때문이라고 주장한다. 그러면서 "이는 실제 아무런 데이터도 없이 막연히 앞으로 큰 사고가 날 것이라는 공포감과 심리적인 불안감에 근거한 맹목적 주장"이라고 비난한다. 왜냐하면 한국이 원전을 40년 이상 운영하면서 문제가 발생하면 즉각 가동을 중단해 해결했다. 그래서 지금까지 단 한 건의 사고도 없었다는 것이 '팩트'라고 강조한다.

게다가 만약 미래 원전사고 불안감 때문에 원전을 포기할 경우 우리 한국만 원전을 없애면 안전성이 확보되지 않는다. 현재 중국이 우리의 서해 쪽에 건립하고 있는 수십 기에 이르는 원전은 우리의 힘과 기술로 안전성을 확보하는 것이 불가능하다. 무엇보다 중국이 건립한 서해 쪽 원전에서 만에 하나 사고가 난다면 피해는 고스란히 우리 한국이 볼 수밖에 없는 상황이다. 실제로 편서풍이 부는 좁은 바다를 사이에 두고 중국 원전 수십 기가 한국의 서해안 방향으로 집중 배치돼 있기 때문이다. 중국은 2030년까지 원전 130기를 새로 지을 계획인데 이들 대부분이 우리의 서해안을 향하고 있다.

2019년 8월 퇴임한 김명현 전 한국원자력학회장은 2018년 9월 언론과 한 취임 인터뷰에서 "우리 대한민국의 원전은 전 세계 어느 나라의 원전보다도 안전한 최고의 기술 수준을 자랑한다"라며 "정부가 안전을 중요시한다면 국내에서 탈원전을 주장할 게 아니라 중국 원전 안전 대책이 더 시급하다"라고 지적했다. 그러면서 "후쿠시마원전 사고 이후 국민 불안감 때문에 원전 가동을 일시 중단했지만 결국 가스 발전 부작용으로 원전을 재가동한 일본을 참고해야 한다"라고 강조했다. 특히 "첨단 원전 기술력 유지와 수출 경쟁력 확보를 위해 탈원전을 포기하고 신한울 3·4호기 건설 재개를 검토해야 한다"라고 주장했다.

2018년 7월 사단법인 '우리들의 미래'와 한국환경공단이 개최한 '탄소시장포럼 2018' 에 참석하기 위해 방한한 세계적인 에너지 전문가인 로버트 스타빈스 미국 하버드대 케네디스쿨 교수는 한국의 탈원전 정책과 관련해 "한국이 원전 의존도를 줄인다고 해서 이를 재생에너지로 모두 보완하기는 불가능하다. 결국 석탄발전을 늘릴 수밖에 없다"라고 지적했다. 그는 "이산화탄소, 황산화물(SOx), 미세먼지를 동반하는 석탄발전의 확대는 환경오염을 악화시킬 뿐이다"라며 "원전은 탄소 배출이 제로(0)여서 환경오염도 야기하지 않는다. 한국 정부의 탈원전 정책을 이해할 수 없다"라고 말했다.

한국전력공사는 원전 가동 중단 등의 여파로 2018년에 이어 2019년에도 대규모 영업적자가 예상된다고 밝혔다. 한전은 2019년 영업적자가 2조 4,000억 원에 이를 것이라는 자체 분석을 내놨다. 이는 한울 1호기, 한빛 1, 2호기 등 원자력발전소 재가동이 지연되고 신재생에너지 확대로 비용 부담이 늘어날 것으로 예상되기 때문이다. 앞서 한전은 박근혜 정부 시절인 2013년부터 5년 연속 흑자를 낸 바 있다.

한전은 급기야 전기요금 체계를 개편하는 등 이익을 늘리고 비용을 줄이는 비상경영계획을 내놓고 있다. 하지만 원전 전문가들은 탈원전 정책을 중단하지 않는 한 어떤 대책도 효과를 보지 못할 것이라고 지적했다. 무엇보다 한국은 세계 최고의 원전기술을 보유하고 있다. 그래서 원전기술을 통해서도 엄청난 국가수익을 창출할 수 있는데도 이를 포기한다는 것은 국익을 해치는 일이 아닐 수 없다.

이대로이면 망하는 길밖에 없다

지금 우리의 현실은 어떤가. 아니 우리가 안고 있는 문제는 무엇인가. 현재 우리 대한민국의 발전을 가로막는 가장 큰 장애물이 50~60대 기성세대이다. 우리 속담에 "뭘 알아야 면장을 한다"는 말이 있다. 지금 이 나라를 이끌고 있는 대부분의 지도자가 바로 기성세대로 구성돼 있다. 대통령도, 국무총리도, 비서관도, 여야 국회의원도 모두 신인류의 세계를 잘 이해하지 못하는 구시대 인물로 채워져 있다. 무엇보다 이들의 머릿속에는 오직 정권을 장악하는 것 외에 다른 생각은 보이지 않는다는 것이 문제다.

지진해일(쓰나미)처럼 덮쳐 오는 제4차 산업혁명은 기성세대 개념과 전혀 다른 개념의 신인류가 담당하고 있다. 새로운 문명을 신인류가 만들어 가고 있기 때문에 그들이 당연히 잘할 수밖에 없다. 그래서 나라 경제가 어려워지고 곤두박질쳐도 대책을 세울 수가 없는 것이다. 신인류를 이해하지 못하고 있으니 이들이 주목하고 만들어 낼 신산업에 대안을 제시할 수 없는 것은 너무나 당연하다.

정치, 경제, 교육 등 국가를 이끌 많은 분야에 새로운 피가 공급되지 않은 채 이대로 나아간다면 우리는 결국 망국의 길을 걸을 수밖에 없다. 차기 총선에는 심지어 20대부터 30~40대가 주류가 돼야 이 나라가 살아날 수 있다. 이제 산업화, 민주화 세력은 이들 신진세력에 길을 터주고 한 발 물러나 그동안의 경험으로 젊은이들이 잘할 수 있도록 조언하고 훈수하며 돕는 것으로 만족해야 한다. 아직도 구시대 사람들이 자리 유지에 급급해 한다면 안타깝게도 우리에겐 미래가 없다.

우리 젊은이가 해야 할 공부

미국이 제공하는 온라인 공개강의

기본적으로 미국의 대학과 기업에서 제공하는 온라인 공개강의를 듣는 것은 매우 힘들 수 있다. 무엇보다 영어로 강의하기 때문이다. 그래서 스터디그룹을 구성해 모두 녹음한 뒤 반복해 들으면 영어공부도 하면서 차츰 내용을 알아듣게 되면 일석이조의 효과가 있다. 처음 잘 안 들리는 내용을 대충이라도 듣고 스터디그룹을 통해 이를 재조합해서 논의를 한다면 큰 성과를 얻을 수 있다.

한양대 김창경 교수가 소개한 공짜로 당장 들을 수 있는 공개 강의 프로그램을 소개한다. 현재 이러한 공개 온라인 강의로는 250개의 아이비(IVY) 코스가 있다. 이들은 기본적으로 모두 무료인 만큼 제4차 산업혁명 시대를 꽃피울 젊은 층에서 시간을 투자한다면 반드시 미래에 아름다운 보답으로 돌아올 것으로 확신한다.

초급자 코스(Beginner: 67개 개설)

- Introduction to Computer Science
- Harvard University via edX
- +++++(59 ratings) / Self paced
- An Introduction to Interactive Programming
- Rice University Coursera
- +++++2919 ractings) / 6th Mar, 2017

중급자 코스(Intermediate: 243개 개설)

- Machine Learning(머신 러닝)
- Stanford University via Coursera
- +++++279 ratings / 6th Mar, 2017

상급자 코스(Advanced: 68개 개설)

- 6. S191: Introdcution to Deep Learning
- Massachusetts Institute of Technology via Independent
- +++++(1 raging) / Self Paced
- Deep Learning(딥 러닝) for Natural Language Processing
- University of Oxford via Independent

- Self Paced
- 6.S094: Deep Learning for Self, Dividing Cars
- Massachusetts Institute of Technology via Independent etc...

이것 말고도 개인에게 수여하는 제4차 산업혁명 관련 학위(나노학위: Nano degree)가 약 7,000개 정도 개설돼 있다. 누구든 해외에서 특히 미국 실리콘밸리에서 직장을 구하려는 사람은 이런 학위가 필요하다. 그곳 기업은 한국의 어떤 학위도 인정해 주지 않는다. 외국에서는 한국의 학위를 쉽게 믿지 않기 때문에 이처럼 개인에게 주는 나노학위, 맞춤형으로 주는 나노학위는 수강이 결코 쉽지 않은 온라인 강의다. 매주 진행 되는데 매주 치르는 시험을 통과해야 다음 주로 넘어 갈 수 있다.

특히 인공지능의 경우 수십만 명이 듣는데 여기서 숙제를 낸다. 이 숙제는 교수가 아니라 인공지능이 개인별로 채점한다. 그리고 수강자가 프로젝트를 내면 인공지능이 그것을 실제 맞는 것인지 대입해서 알아본다. 그래서 16주 과정이 끝나면 학위를 주는데 이것을 나노학위라고 한다. 나노학위를 따라, 구글이 제공하는 나노 학위(인도의 인력을 교육시키기 위한 구글에서 제공하는 나노학위[India Nano Degree]), 구글의 운영체계인 '안드로이드(Android)', '나노 학위' 등을 만들었다.

파이선(Python) 나노학위

한양대 김창경 교수는 고급 프로그램 언어인 파이선(Python)을 우리나라 대학 교수 중에서 제대로 이해하는 분은 거의 없다고 단언한다. 그래서 신기술을 배울 곳과 사람이 없다. 관심이 있는 학생들이나 미래를 준비하는 젊은 직장인은 온라인 공개강의를 통해 그룹스터디로 배우는 것이 훨씬 더 낫다.

파이선은 초보자부터 전문가까지 누구든 쉽게 접근할 수 있는 프로그래밍 언어로 다양한 플랫폼에서 활용이 가능하다. 라이브러리 지원으로 시스템, 네트워크, 웹 개발, 빅데이터 분석 등에 활용되는 기초 문법을 공부하는 교육 프로그램이다. 주 2~3 회 총 2개월간 구성되지만 파이선 기본 문법만 필요한 사람은 1개월만 학습하면 기초 문법에 집중할 수 있다. 알고리즘을 알아야 언어를 제대로 활용할 수 있으므로 2개월 차부터는 파이선을 활용한 자료구조 수업이 진행된다.

대학도 교육도 빛의 속도로 변화

지금 세상은 빛의 속도로 변화하고 있다. 그런데 문제는 변화하는 시대를 더는 교육할 기관과 선생이 없다는 것이다. 우리는 머지않아 인공지능과 로봇 같은 제4차 산업혁명 시대로 살아 갈 수밖에 없다. 이런 시대를 살아가야 할 사람은 반드시 준비를 해야 한다. 제4차 산업혁명 시대를 꿰뚫고 미래강연에 나선 일부 앞선 교수들은 인류의 수명이 꾸준히 증가하면서 지금의 대학 교육만으로 기나긴 생을 감당할 수 없다고 주장한다. 즉, 100년을 지나 200년을 살게 될 미래 인류는 기본적으로 직업을 5번은 바꿔야 한다는 것이다.

이제 새로운 것은 대학이라는 상아탑이 아니다. 이러한 온라인 공개강의나 나아가 평생교육을 통해 새로운 자기 직업을 준비하면서 살아가야 한다. 그렇다고 새로운 시대가 도래하는 것을 두려워할 필요는 없다. 사람들이 이런 시대가 올 것에 대비해 많은 준비를 하고 있기 때문에 이를 잘 찾아서 활용하면 된다. 무엇보다 시대의 흐름을 주목하고 그것에 대비하고 적합한 지식을 습득한다면 다가오는 제4차 산업혁명 시대의 주역이 될 수 있을 것이다.

외부 세계에 비친 한국의 두 얼굴

세계 최빈국 눈물의 보릿고개

우리나라는 제1차 산업혁명의 대열에 편승하지 못하면서 세계 최고 농업빈국으로 전락한 채 삶을 이어 온 고달픈 민족이었다. 좌우 이념의 격변기에 남과 북이 갈라지고, 1950년 6.25전쟁까지 겪으면서 1950년대와 1960년대 초에는 그야말로 전 세계에서 가장 가난한 국가로, 불쌍한 민족으로 전락했다. 하물며 아프리카의 가난한 나라 에티오피아로부터 원조를 받은 나라가 우리 대한민국이 아니던가.

6.25전쟁 이후 1950년대 중·후반기는 1인당 국민소득이 겨우 50달러를 넘는 정도였다. 미국의 원조 없이는 전 국민이 생명을 이어가기 어려운 극빈 상황이었다. 그 후 1960년대 초 북한의 1인당 GNP가 우리나라(79달러)의 3배가 넘는 240달러였다. 필리핀이 우리나라의 10배가 넘는 800달러였다. 1960년대 초 필리핀은 장충체육관을 짓는 데 참여해 도움을 줄 만큼 부자 나라였다. 한국 여성 가운데 영어를 할 줄 아는 여성이 필리핀 가정부로 취업할 정도였다고 한다. 그런 필리핀도 마르코스라는 지도자 한 사람 잘못 만나는 바람에 빈국으로 전락했다.

전쟁의 폐허에서 그 당시 우리나라의 가난은 실로 절망적이었다. 미국의 원조 없이는 무엇 하나 기대거나 짚고 일어설 지팡이가 없었다. 우리나라는 자본은 말할 것도 없고 기술이나 자원마저도 없는 너무나 빈약한 농업국가였다. 국토 70%가량이 산악지일 정도로 농토는 턱없이 모자랐다. 춘궁기에 우리 민족이 겪어야 했던 가난의 고통은 이루 말로 다 표현할 수 없었다. 가난의 설움을 상징하던 '보릿고개'라는 용어는 전 세계 어느 나라 역사에도 존재하지 않는다. 우리나라만큼 가난했던 캄보디아, 라오스 등은 그나마 이모작이 가능해 기막힌 춘궁기는 없었다.

6.25전쟁 이후 대한민국 농촌 사람들의 생명줄을 이어 준 것은 소나무였다는 말이 있다. 노인들은 보릿고개가 시작되는 춘궁기에 소나무가 많은 대한민국의 산기슭 언저리가 하얗게 변했다고 그 당시를 회고한다. 너도나도 산으로 달려가 송기(봄철에 물이 오른 소나무의 속껍질)를 채취해 주린 배를 채웠다. 베이비부머(baby boomer)인 필자도 어린 시절에 아버지가 봄날 저녁 소꼴을 베어 짊어지고 집으로 돌아오는 지게 위에는 언제나 물오른 여린 소나무 줄기 대여섯 자루가 꽂혀 있었다. 우리 형제들이 그것을 맛있게 벗겨 먹던 기억이 지금도 생생하다.

극한 상황에서 피워 낸 '한강의 기적'

의제(Agenda) 설정이 기적의 바탕

흔히 세상은 대만민국의 눈부신 경제 발전 성과를 두고 '한강의 기적'이라고 말한다. 기적은 무에서 유를 창출할 때 붙여지는 말이다. 그런 의미에서 '한강의 기적'이야말로 세계에서 유례가 없는 일이다. 한 국가의 발전이란 그 국가가 보유한 사회·경제적 조건과 그 조건이 요구하는 의제(agenda)가 바르게 설정될 때 비로소 가능해진다. 이 경우에 효율이 생기고 그 효율을 통해 앞으로 전진할 수 있기 때문이다. 이를 우리는 '발전'이라고 말한다.

광복 이후 우리나라가 첫 번째로 발전할 조건은 건국 또는 정부수립이었다. 1945년 8월 15일 광복 이후 우리나라는 극심한 좌우 이념 갈등으로 남북이 갈라졌다. 우리는 무엇보다 건국이 필수 선결조건이었다. 정부가 구성되지 않고서는 어떤 발전도 이룩할 수 없기 때문이었다. 그런 와중에 당시 이승만 대통령을 중심으로 1948년 자유민주주의라는 국가의제를 설정했다. 이를 달성하기 위해 수없이 많은 말썽과 소음, 소란과 폭력, 갈등이 있었다. 하지만 오늘날 부흥을 맞을 올바른 국가의제(National Agenda)를 설정한 것이다.

남한은 미국을 동맹으로 자유민주주의를 선택했다. 하지만 곧 이은 6.25전쟁으로 나라가 잿더미로 변했다. 미국을 비롯한 자유세계의 원조에 의존해 주린 배를 채워 나가는 상황에서 정치가 안정되기는 어려웠다. 정부는 국가를 이끌 자본조차 없었다. 친일파와 남로당의 잔존세력이 여전히 곳곳에 뒤섞여 날뛰며 정치적, 사회적 혼란을 부추겼다. 한마디로 바람 잘 날이 없었다. 게다가 정부마저 부정부패로 얼룩져 마침내 1960년 4.19혁명을 맞았다. 혁명 정치세력도 무능하고 부패하기는 마찬가지였다. 이들은 남북이 갈라진 상황에서 국가를 이끌 지도이념도, 정강정책도 정립하지 못한 정치세력이었다.

우리가 다시 뭉치고 힘만 모으면 무조건 잘할 수밖에 없다. 자본도, 자원도, 기술도 없는 무(無)의 기반에서 우리나라는 조선, 철강, 자동차 등 산업화에 성공하면서 엄청난 부를 이룩했다. 특히 일본도 독일도 어려워 포기했다는 반도체 산업은 명실공히 우리가 세계 일등이다.

게다가 우리 나라는 전 세계에서 머리가 가장 똑똑한 나라로 판명됐다. 해마다 영국에서 발표하는 국가별 IQ가 10년 연속 106~107로 홍콩이나 싱가포르(106) 등 도시 국가를 제외한 국가 단위로는 독보적으로 1위를 차지하고 있다. 미국과 중국이 100 수준이며, 특히 이스라엘이 95~100 수준에 불과하다. 무엇보다 우리 대한민국은 한강의 기적을 이룬 눈부신 저력을 가진 민족이다.

남한 땅은 더 깊은 정치혼란 속으로 빠져들었다. 그런 혼란 중에 박정희 정부가 들어서 정치적·사회적 혼란을 잠재웠다. 그 당시 국가적 최우선 과제는 국민이 먹고살 국민 창고를 채우는 일이었다. 하지만 우리나라가 가진 것이라곤 좁은 국토에서 배를 채우기도 턱없이 부족한 농산물뿐이었다. 열악한 국토 환경에서 농업사회로 국가발전을 이룩한다는 것은 사실상 불가능했다. 배고픔을 벗어나는 방법은 새로운 길을 모색하는 것 외에 다른 선택이 없었다. 그래서 우리의 현실로는 감히 엄두를 내기 어려운 산업화를 채택한 것이다.

막상 산업화 의제를 선택하고 보니 이를 수행할 자본은커녕 기술과 자원마저도 전무한 형편이었다. 이런 마당에 산업화란 의제는 그야말로 그림의 떡이었다. 이를 완수할 그 어떤 조건도 배경도 갖춰지지 않았다. 그럼에도 불구하고 박정희정부는 1965년 한일협정에 이어 독일 간호사와 광부 파송, 베트남전 파병 등을 통해 땀과 피 값으로 자본을 마련해 가까스로 산업화 의제를 설정하고 수행했다. 건국 의제에 이어 성공 가능성은 희박했다. 하지만 그래도 우여곡절 끝에 산업화 의제를 잘 설정했다.

산업화 의제의 핵심 분야로 철강, 조선, 자동차, 석유화학에 이어 1980년대 반도체에 이르기까지 대한민국 정부는 이들 의제를 수행하면서 착착 성공을 향해 나아갔다. 그 성공의 배경에는 산업화시대 각 분야를 이끌 만한 걸출한 지도자가 필요한 분야에 예비돼 있었던 것이다. 남북한이 이념으로 대립한 관계에서 반공정신에 투철한 지도자 박정희 대통령을 중심으로 철강의 박태준, 자동차·조선의 정주영, 반도체 분야의 이병철 같은 걸출한 인물이 있었기에 산업화 의제를 성공적으로 수행할 수 있었다.

산업화의 완성으로 우리나라는 1995년 꿈에도 그리던 국민소득 1만 달러 시대를 달성했다. 그러나 절치부심 끝에 완성한 산업화를 큰 성공으로 수행해 나가기 위해서는 올바른 정치체제인 완전한 민주주의 정부가 절실히 필요했다. 그래서 산업화라는 바탕 위에 민주화를 이룩하기 위해 목숨을 건 민주화 투쟁이 일어났다. 당시 김영삼, 김대중 같은 민주화 투사가 투쟁대열에 앞장선 것이다.

민주화 의제(Agenda) 설정

세계역사를 개관해 보면 국민소득 1만 달러 시대를 전후해 민주화는 필수적으로 동반되는 인간의 염원이었다. 허리띠를 졸라매고 밤낮 없이 일해 배고픔의 한을 달래기에 급급하기보다 따뜻한 저녁이 있는 여유와 사랑이 넘치는 가정을 원했다. 그런 국민의 염원에 부합한 실천적 행동이 1987년 박종철과 이한열 사태를 거치게 된다. 그 당시 민주화 열기는 최고조에 달했다. 결국 김영삼 대통령의 문민정부가 탄생했다. 그리고 김대중 대통령의 참여정부로 이어지면서 수없이 많은 소란과 말썽에도 불구하고 우리는 또 한 번의 기적과 같은 민주화 의제를 완성했다.

민주화 의제를 완성하기까지 우리나라는 그야말로 수많은 우여곡절을 경험했다. 소란과 폭력, 정치적 테러 등. 그러나 이런 역사의 파고를 넘어 우리는 민주화까지 완성하면서 이른바 피와 땀의 기반 위에 '한강의 기적'을 꽃피웠다. 시대마다 공과가 있게 마련이다. 그 과정마다 나름대로 명분과 설득력이 필요했다. 그리고 그 고비를 잘 넘겼다. 지금 그 공과를 가지고 가치의 크기를 따진다는 것은 무의미하다. 모두 가치가 있었고 명분이 있었다. 그래서 시대마다 설정된 어젠다의 목표를 잘 달성할 수 있었던 것이다.

민주화까지 완성한 우리 대한민국은 허리띠를 졸라매고 피땀을 흘리면서 그야말로 숨 가쁘게 달려왔다. 국력 신장과 함께 1988년 서울올림픽에 이어 2002년 월드컵을 치르면서 국력은 급격히 신장했다. 급기야 2007년 국민소득 2만 달러 시대를 활짝 열었다. 불과 반세기 전만 해도 세계 최빈국으로 원조 없이는 도저히 살 소망마저 없던 대한민국이 세계사에서 그 어느 나라도 달성하지 못한 기적을 일궈 낸 것이다. 세계는 이를 일러 '한강의 기적'이라고 침이 마르도록 칭찬하면서 부러워했다.

미국의 원조 없이는 살 수 없었던 세계 최빈국 대한민국이 마침내 2007년 국민소득 2만 달러대를 돌파하고 예비 선진국으로 등극했다. 원조를 받던 가난한 나라가 원조를 하는 성공한 국가로 거듭난 것이다. 이런 경우는 세계 제2차 세계대전 이후 전무후무한 첫 번째 모범케이스이다. 그래서 '한강의 기적'이라는 칭호와 함께 세계가 칭찬하는 특히 개발도상국의 무한 부러움을 받는 자랑스러운 대한민국으로 우뚝 서게 된 것이다.

한강의 기적이 세계의 조롱거리로

대한민국 문제는 민주화 이후부터

민주화를 완성한 이후부터 우리나라에는 새로운 문제가 불거진다. 민주화 어젠다를 완성한 김대중 대통령의 참여정부 시절부터 우리나라에는 거센 변화의 바람이 불어 닥쳤다. 이제 산업화시대의 먹거리를 넘어 새로운 것을 찾지 않으면 우리는 단 한 발도 더 전진하기 어려운 경제생태계의 변화가 찾아온 것이다. 우리가 이 변화의 파고를 넘기 위해서는 마지막 관문인 선진화 어젠다가 절실히 필요한 것이다.

선진화 어젠다는 건국 이후 산업화와 민주화 어젠다와는 차원이 달랐다. 산업화와 민주화 의제는 매우 구체적이기 때문에 국민을 설득하기가 어렵지 않았고 세력을 결집하기도 쉬웠다. 다시 말해 기존 어젠다는 있는 모델을 베끼고 흉내 내어 만들 수가 있었다. 하지만 선진화 어젠다는 없는 모델을 스스로 만들어야 하기 때문에 의제 설정이 간단하지 않았다. 민주화 완성 이후 2000년 초부터 지금까지 우리는 거의 20년 가까이 지금까지도 선진화 어젠다에 목을 매고 있다. 그리고 창조적 기술혁신을 위해 기업과 정부, 학계가 노력했지만 여전히 물거품이 되고 말았다.

선진화 어젠다를 설정하는 데 가장 큰 장애물이 있다면 과거 세력의 득세와 정치 참여이다. 선진화 어젠다를 설정하기 위해서는 무엇보다 새로운 기운과 세력이 필요했다. 김대중 참여정부 시절 젊은 피 수혈이 유행한 적이 있다. 하지만 이는 단순 정치세력에만 국한됐기 때문에 성공으로 이어지지는 못했다. 게다가 젊은 피의 정치세력 마저도 구세대인 민주화 세력에 무참히 밀려나고 만 것이다.

이제 우리 역사가 선진화 의제로 순조롭게 진행되려면 구시대 세력이 물러나야 한다. 지금도 산업화 세력과 민주화 세력이 설치고 있다. 그래서 지금 우리나라의 현실은 미래가 제대로 열릴 수 없는 상황에 처해 있다. 이들 과거 세력이 스스로 물러나거나 도태되지 않는 한 선진화 의제 설정은 기대할 수 없다. 아직도 민주화 세력이 스스로 신진세력으로 착각하고 있다. 또한 그것이 우리 미래를 여는 하나의 바람직한 시각이라고 믿고 있는 한 우리는 미래를 절대로 열릴 수가 없다.

대한민국, 이대로는 선진화 안 된다

한강의 기적도 잠깐이었고 우리나라는 지금 경제위기를 맞고 있다. 2013년 4월 매킨지(Mackinsey Global Institute)의 제2차 한국보고서는 "한국은 가계부채가 증가하고 저출산·고령화로 북한의 핵보다도 한국경제가 더 위험하다"라고 지적했다. 그러면서 이제 '한강의 기적'은 멈춰 버렸고 한국 경제는 지금 뜨거워지는 냄비 속 개구리와 같다고 조롱한 것이다. 뜨거워지는 냄비에 들어간 개구리는 자신이 죽는 줄도 모르고 죽는다는 것이다. 이것은 현재 한국 경제를 향한 조롱이고 비하이다.

외부 세계의 조롱보다 더 큰 문제는 정부도, 기업도, 국민도 우리의 경제현실을 심각하게 생각하지 않는다는 것이다. 이를 두고 경제전문가들은 환자가 시름시름 아파 죽어가면서도 자신이 환자인 줄 모르고 있다고 비유한다. 이는 그냥 놔두면 죽을 환자가 병원을 찾아가 의사에게 진단받을 생각은 하지 않는 것처럼 심각하다는 지적이다. 게다가 작금의 정부는 우리가 어디로 가야 할지 방향조차 제대로 설정하지 못하고 있는 상황이다. 경제전문가들은 한결같이 이대로는 안 된다고 지적한다.

그리고 급속하게 진행되는 저출산·고령화 등 여러 가지 난관으로 우리 경제는 지속 가능한 발전의 성장동력 엔진마저 꺼져 가고 있다. 실제로 매킨지보고서에서 조롱당한 이후 6년이 지난 지금 한국 제조업의 메카로 불리며 30년 가까이 불황을 모르고 지냈던 울산과 창원, 거제, 구미 등의 공업도시가 현재 위기에 내몰리고 있다. "울산은 지금 불이 꺼지고 있다." 최근 울산시장이 한 언론과의 인터뷰에서 한 말이다. 우리나라를 부국으로 살찌운 제철, 조선, 중공업 등이 심각한 불황을 맞고 있다.

제4차 산업혁명에 꺼져 가는 제조업

2014년 산업별 매출 증가율을 보면 유일하게 제조업만 마이너스 성장을 기록했다. 문제는 이후 제조업 매출 감소가 이어지고 있다는 것이다. 제조업의 영업이익률이 2010년 이후 계속해서 내리막길을 달리고 있다. 지금까지 우리 제조업은 더 싸고 더 좋은 제품을 만드는 데 사활을 걸어 왔다. 좋은 원료와 기술력, 값싼 노동력을 투입해 세계시장에서 경쟁력을 갖출 수 있었다.

그런데 선진 외국 기업이 우리나라와 다른 전략을 취하기 시작했다. 앞서 본 GE처럼 제조업(하드웨어)에 정보통신기술(소프트웨어기술)을 결합해 새로운 가치를 창출하기 시작한 것이다. 이들은 제품이 아니라 산업 전체를 소프트웨어와 결합하려는 대단한 시도를 진행 중이다. 지금 GE와 캐터필러의 변화를 전 세계가 주목하고 있다. IT산업 강국인 대한민국의 제조업을 넘어 우리와 경쟁하던 선진국은 제조업 분야에서마저도 제4차 산업혁명의 길목에 들어선 것이다.

우리는 선진국이 될 수 있을까!

선진국 기로에 선 대한민국

우리 대한민국이 기술선진화로 선진국이 될 수 있을까. 이 문제는 20년 전부터 수많은 사람의 관심거리였다. 그러나 안타깝게도 대기업 CEO를 비롯해 중소기업 책임자 등 기업인은 한결같이 우리가 선진국이 되는 것은 불가능하다고 판단한다. 경제학자들과 인문학자들조차도 똑같은 견해를 보인다. 역사적 사례를 살펴봐도 우리나라가 선진국이 될 수 있는 확률은 제로에 가깝다.

인류 문명을 획기적으로 변화시킨 제1차 산업혁명은 1780년 시작해 1820년까지 완전한 구조와 틀이 짜였다. 흔히 인간이 최초로 이룩한 기계 문명이 그 당시 60여 년에 걸쳐 완전히 새로운 문명의 모습으로 세팅된 것이다. 현대 문명의 큰 틀에서 보면 당시 제1차 산업혁명 물결에 편승한 국가가 모두 선진국으로 발돋움했다. 그때 선진국이었던 영국, 독일, 프랑스, 이탈리아, 미국, 일본 등은 지금도 선진국이다. 반대로 당시 후진국은 대부분 지금도 여전히 후진국으로 머물러 있다.

제1차 산업혁명 때 기술이 그대로 심화, 확대하면서 제2, 3차 산업혁명으로 이어지고 있다. 1820년대 1차 기계혁명의 완성과 함께 만들어진 국제 지배질서가 현재까지 거의 변함없이 이어지고 있다. 제1, 2차 세계대전 당시 제국으로 성장한 이들 국가가 모두 전쟁의 중심에 서 있었다. 지금까지 제1차 산업혁명의 대열에 편승하지 못한 국가가 세계사에서 선진국이 된 사례는 없다. 그때 기계역학을 바탕으로 기초과학인 수학과 물리학, 화학, 생물학이 정립된 것이다. 따라서 대부분의 역사학자가 제1차 산업혁명 때 기계문명이 완성되면서 동서양의 생활수준 격차가 벌어지게 된 것을 두고 '대분기(the great divergence)'라고 일컫는다.

그런 과정에서 한 나라가 유일하게 후진국이나 세계 최빈국에서 벗어났다. 전 세계에서 전무후무하게 자본도 기술도 자원도 없는 후진국에서 탈피해 선진국 간 간격을 좁힌 나라가 있다. 바로 자랑스런 우리 대한민국이다. 지금 대한민국은 20여 년간 기술혁신을 외치고 있다. 하지만 여전히 선진국 반열에 올라서지는 못한 채 그 기로에서 헉헉대고 있다. 앞서 지적한 바와 같이 우리나라 스스로의 원천기술을 개발하지 못하고 있다. 기술 및 지식수입과 모방으로 선진국 기술을 베끼고 흉내 내기에 그쳤기 때문이다.

유일한 선진국 도약 기회

제1~3차 산업혁명 같은 기술의 진보에 따른 제4차 산업혁명이 도래한다면 한국은 아무리 노력해 봐야 선진국 진입이 불가능하다는 게 그동안의 정설이었다. 그러나 대한민국은 운이 좋게도 선진국 진입이 가능한 새로운 도약의 시대를 맞았다. 지금 진행되고 있는 제4차 산업혁명은 근본적으로 기술발전에 이은 산업혁명이 아니기 때문이다. 현재 세계문명은 패러다임이 근본적으로 흔들리고 있다.

첫 번째 이유는 새로운 인류의 출현이다. 이에 따라 세계 문명은 전혀 다른 세계로 변화하고 있다. 두 번째로는 디지털 소프트웨어 커넥터가 가상세계와 현실세계를 융합해 새로운 산업으로 발전하고 있다. 이 두 가지 변화를 동반한 것이 제4차 산업혁명의 특징이다. 이는 기존의 산업혁명과는 전혀 다른 문명의 패러다임인 것이다. 게다가 대한민국은 제4차 산업혁명의 바탕이 되는 디지털 기술토양이 매우 잘 갖추어져 있다. 또 경제력까지 어느 정도 갖춘 상태여서 기업과 정부, 민간이 협력한다면 충분히 제4차 산업혁명의 대열에 합류할 수 있다는 것이 전문가들의 견해이다.

그런데 문제는 제4차 산업혁명에 대한 기업과 민간의 이해도가 낮으며 특히 정부가 각종 규제로 제4차 산업혁명 자체를 외면하고 있다는 것이다. 신인류가 추구하는 것과 정부정책을 주도하는 사람들 간의 연령차에 따른 이해충돌이 일어나고 있다. 무엇보다 눈높이의 관점에서도 뚜렷한 차이를 나타내고 있다. 따라서 지금 정부는 대부분의 정책이 제4차 산업혁명을 법으로 막거나 규제하고 있다. 우버를 한 가지 대표적인 사례로 들 수 있다. 특히 개인정보보호법, 생명윤리보호법 등이 이 혁명을 역회전시키고 있다.

그럼에도 불구하고 우리나라에는 절대 궁핍에서 한강의 기적을 이룬 저력과 경험이 있다. 또 그나마 다행인 것은 새로운 패러다임에 대비할 스마트폰족의 뛰어난 기량과 디지털 기술의 좋은 토양이 있다. 우리가 머뭇거리는 사이에 한발 늦은 것은 사실이다. 하지만 새로운 혁명을 어떻게 맞이하고 성공시킬 수 있을 것인가를 신인류와 기성세대가 머리를 맞대고 논의해야 한다. 지금이라도 그렇게 한다면 새로운 패러다임으로 다가오고 있는 제4차 산업혁명의 성공 가능성은 아직도 남아 있다. 그래서 전문가들은 제4차 산업혁명이야말로 우리 대한민국이 선진국으로 갈 수 있는 유일한 마지막 기회라고 평가한다.

전문 자문기관과 학자, 한국의 미래 예견

골드만삭스 한국 미래 전망

세계적인 투자금융기관인 골드만삭스는 2050년 한국의 1인당 GDP가 세계 2위를 기록할 것이라 전망했다. 2050년 한국의 1인당 연평균 개인소득이 8만 1,462달러에 달할 것으로 예측된다며 이는 미국(8만 9,633달러)에 이어 세계에서 두 번째 높은 수치가 될 것으로 추산했다. 따라서 한국은 2025년이면 경제력이 G7 국가의 수준에 근접하거나 능가하고 2050년에는 세계에서 두 번 째로 잘사는 나라가 될 것이란 전망을 내놓은 것이다.

경제 규모(GDP) 역시 한국이 2025년 2조 6,000억 달러로 미국, 중국, 일본, 독일, 인도, 영국, 프랑스, 러시아에 이어 세계 9위를 차지하고 2050년엔 3조 7,000억 달러로 미국, 인도, 중국, 일본, 브라질, 멕시코, 러시아, 독일, 영국, 프랑스, 인도네시아, 나이지리아에 이어 13위를 차지할 것으로 내다봤다. 한국의 GDP 성장률은 2005년에서 2010년까지 연평균 9.2%, 2010년에서 2015년은 7.2%, 2015년에서 2020년은 5.0%, 2020년에서 2025년은 2.1%, 2025년에서 2030년은 1.5~2% 등으로 2020년까지는 가파르게 성장하다가 그 후 완만한 성장세를 보일 것으로 전망했다.

한때 한국인을 열광시켰던 이 '골드만삭스 보고서'는 2005년 말 골드만삭스가 세계 각국을 평가한 장기 성장잠재력지수(GES: Growth Enviroment Score)를 근거로 작성한 것이다. 골드만삭스는 이 보고서를 통해 우리나라가 2050년까지 고속 성장을 거쳐 미국 다음으로 1인당 소득이 높은, 이른바 '잘사는' 국가가 될 것으로 전망했다. 골드만삭스는 2003년 성장 가능성이 높은 신흥 경제성장국을 일컫는 '브릭스(BRICs: 브라질, 러시아, 인도, 중국)' 개념을 처음 내놓아 미래 예측 능력을 인정받은 바 있다.

조지 프리드먼 박사 예언

21세기 노스트라다무스로 불리는 조지 프리드먼(George Friedman) 박사는 1997년 대한민국 외환위기를 정확히 예측한 바 있다. 그리고 코소보전쟁과 1998년 아시아지역 외환위기를 예견하면서 국제적으로 주목받고 있는 인물이다. 미 국방부는 '얼리버드(early bird)'로 불리는 조간 브리핑에서 매일 빠짐없이 그가 제공하는 정보를 체크해 활용하고 있을 만큼 그의 능력과 유명세는 대단하다. 프리드먼 박사의 정세 분석 적중률이 매년 80% 이상에 달해 '21세기의 노스트라다무스'라는 훈장 같은 별명도 얻고 있다. 그가 본 미래 한국의 모습이다.

"한국은 10~20년 내에 통일될 것이다. 한국은 역동적인 국력을 보유하고 있다. 북쪽에 무슨 일이 생기든 국력은 유지될 것이다. 통일 후 10년은 고통스럽겠지만 길게 보라. 북한의 땅과 자원, 값싼 노동력에 남한의 기술, 자본, 리더십이 합쳐지면 엄청난 시너지 효과가 발생한다. 난 항상 한국이 통일되었을 때 만주가 어떻게 될지 궁금하다. 중국은 내부를 통제하기에 급급할 것이다. 러시아도 극동아시아에서 영향력이 약화되고 있다. 일본은 거리가 너무 멀다. 한국이 통일되면 만주 지역에서 큰 기회가 열릴 것이다. 통일이 되면 한국은 강대국이 될 것이고 일본에 가시(thorn) 같은 존재가 될 것이다. 죽일 정도는 아니지만 충분한 위협은 된다는 뜻이다."

미국 코넬대 정치학 박사인 프리드먼은 1996년 루이지애나주립대학 교수를 그만두고 정치, 경제, 외교 분야의 싱크탱크인 '스트랫포(Stratfor: Strategic Forecasting)'를 개설했다. 여기에서 매일 발간되는 정세예측보고서는 220만여 명이 유료 구독하고 있다. 유료 회원 중 상당수가 금융인이다. 그의 보고서는 국방부 조간 브리핑에도 올라간다. 미국 언론은 그를 '그림자(Shadow) CIA'라고 부른다. 정치, 경제, 안보 분야에서 독자적이고 은밀한 정보를 제공한다는 평가에서 나온 별명이다.

북극항로가 열리면서 찾아올 행운

김태유 서울대 산업공학과 교수는 《패권의 비밀》이라는 제4차 산업혁명 관련 저서를 통해 새로운 길이 열려야 비로소 새로운 시대가 열린다고 역설한다. 인류가 지금 가장 많이 사용하는 항로가 바로 적도항로인 믈라카해협과 수에즈운하다. 그런데 머지않아 지구온난화로 빙하가 녹아내리면서 북극항로가 열리게 된다는 것이다. 지금도 연간 3개월가량은 북극항로가 열리고 있다. 하지만 김 교수는 향후 10년 뒤인 2030년이 되면 연간 10개월가량 북극항로가 열리게 되면서 주요 항로로 자리매김하게 될 것이라고 강조한다.

이처럼 북극항로가 본격적으로 열리면서 새로운 항로가 본격적으로 가동될 경우 운 좋게도 이 북극항로는 한반도의 동해를 가로질러 지나게 된다. 하지만 김태유 교수는 북극항로가 열리게 되면 어떤 새로운 상품이 나와서 새로운 신항로를 채우고 유통될지는 아직 잘 모르고 있다고 말한다. 그러나 분명한 것 하나는 북극항로가 한반도를 지난다는 사실이다. 지난날 멀리 떨어져 있어서 향신료 루트도, 대서양 루트도 다 비켜간 새로운 인류문명사의 큰 길이 바야흐로 한반도를 가로지른다는 것이다. 이는 우리 한민족에게는 행운 중 행운이 아닐 수 없다는 것이다. 그래서 김 교수는 우리 인류에게 새로운 북극항로를 기반으로 제4차 산업혁명이 일어날 것으로 확신한다며 우리 한국에는 지금 역사적 큰 행운이 찾아들고 있다고 역설한다.

다시 한 번 팔 걷어붙이자

우리는 제4차 산업혁명 잘할 수 있어!

우리가 다시 뭉치고 힘만 모으면 무조건 잘할 수밖에 없다. 무엇보다 대한민국은 광복 이후 좌우 이념 대립으로 극심한 혼란을 극복하고 자유민주주의라는 대한민국 건국 어젠다를 세웠다. 이어 1950년대 전쟁을 겪으면서 전 세계에서 가장 못사는 지독히 가난한 나라였다. 그런 우리가 산업화시대를 거쳐 민주화를 이룩하면서 불과 50년, 반세기 만에 선진국 문턱에까지 올라서는 한강의 기적을 일궈 낸 저력의 한민족이다.

자본도, 자원도, 기술도 없는 무의 기반에서 우리나라는 조선, 철강, 자동차 등 산업화를 이룩하면서 엄청난 부를 이룩했다. 일본도 독일도 어려워 포기했다는 반도체산업은 우리가 세계 일등이다. 우리는 또 군부독재 세력에 맞서 완전한 민주주의를 이룩한 전 세계에서 몇 안되는 국가다. 이것이 바로 1950년대 국민 일인당소득 50달러에 태어난 사람들이 이룩한 쾌거다. 현대 문명의 100년사에서 이러한 종족이나 국가가 있었던 적이 없다. 우리는 저력과 잠재력을 갖춘 국민임을 한강의 기적을 통해 분명히 입증했다.

지금 BTS를 필두로 K팝과 문화콘텐츠에서도 우리 대한민국 젊은이들이 전 세계를 휩쓸고 있다. 전 세계 어디를 가나 한류가 열풍을 불러일으키고 있다. 전 세계 인간이 사는 곳이라면 한국이 없는 곳이 없다. 지금도 800만 명에 가까운 한민족 디아스포라가 곳곳에서 위력을 발휘하고 있다. 무엇보다 우리는 독하다. 우리는 엄청난 잠재력이 있다. 우리 민족은 머리가 우수함이 입증됐다. 전 국민 평균 IQ가 106으로 단연 세계 최고로 높은 민족이다.

그래서 우리는 한발 늦은 제4차 산업혁명에도 잘할 수 있다. 문제는 정부와 이를 주도하고 이끄는 올바른 정책 리더십이 필요하다. 우리에게는 제조업에서 지난 30년 동안 갖춘 세계 최고의 잠재력이 있다. 이 새로운 혁명의 토양인 디지털 기술은 단연 세계 최고의 수준이다. 데이터로 보면 우리가 성공할 수 있다는 가능성이 보인다.

그러니 이제 다함께 제4차 산업혁명의 시대로 들어가 보자! 100년 만에 열린 새로운 문명의 문으로 들어가기만 하면 우리는 반드시 성공할 수 있다. 우리가 정신만 차리고 이 혁명을 차근차근 준비해나간다면 엄청난 변화의 물결인 〈제4차 산업혁명〉이야말로 우리 대한민국에는 축복의 쓰나나미가 될 것이 분명하다.

참고문헌

4차산업혁명 이미 와 있는 미래=롤랜드버거(Roland Berger) : 김정희, 조원영 옮김

The Fourth Revolution(4차산업혁명) : Klaus Schwab

창업국가 21세기 이스라엘 경제성장의 비밀: 댄 세노르, 사울 싱어 저 /윤종록 역

4차산업혁명으로 가는 길 : 이민화 교수

대한민국의 4차산업혁명 : 이민화 교수

하드웨어 스타트업 : 이민화 교수

패권의 비밀 : 김태유 서울대 산업공학과 교수

제로 투 원(Zero to One) : 피터 틸

셰일혁명과 미국 없는 세계 : 홍지수 옮김

사피엔스(Sapiens) : 유발 하라리Yuval Harari)저, 조현욱 역

21세기를 위한 21가지 제언: 유발 하라리(지은이), 전병근(옮긴이)

이기적 유전자(Selfish Gene) : 리처드 도킨스

빅히스토리(Big History) : 데이비드 크리스천

포노 사피엔스 : 최재붕 성균관대 교수

누가 인간복제를 두려워하는가?: 그레고리 펜스, 이용해 역
21세기 의학혁명 줄기세포란 무엇인가: 문신용 등 엮음
생명공학기술과 국제규제: 배영자 지음

김문수(KIM MOON-SU)

세계일보에서 사회부 기자로 근무했다. IMF 이후 영남일보 사회부, 경제부기자로 일하던 중 세계일보로 복귀하여 2002년 뉴욕특파원을 지냈다. 이후 미주 한민족포럼재단(학술재단) 연구위원 및 사무국장으로 10년간 재임하며 국제 문제를 깊이 연구했다. 미주 뉴욕한국일보에서 칼럼리스트로 활동했으며, 2018~2019년 UPI뉴스에서 국제 에디터 및 국제문제 전문가로 근무했다.

청도에서 태어나 대학에서 국문학과 영어영문학을 전공했고 평생 읽은 책이 오거서(五車書)일 정도로 독서량이 폭넓다. 또한 미국 컬럼비아대학 언론대학원과 뉴욕대(NYU) 번역대학원을 수료했다. 저서로는 〈글쓰기 차별화전략〉, 〈논술의 정석〉, 〈논술의 기술〉, 〈How to write English Paragraph and Essay〉, 〈수능영어 한방에 끝낸다〉, 〈트럼프 시대 트럼프를 말하다〉를 집필했다. 또 자서전 작가로 전 현대중공업 CEO 등 유명인 다수의 자서전을 집필했다.

moonsu44@hanmil.net